Winfried Elliger
Mit Paulus unterwegs in Griechenland

Winfried Elliger

Mit Paulus unterwegs in Griechenland

Philippi, Thessaloniki, Athen, Korinth

Verlag Katholisches Bibelwerk GmbH, Stuttgart

Die Deutsche Bibliothek – CIP-Einheitsaufnahme

Elliger, Winfried:
Mit Paulus unterwegs in Griechenland : Philippi, Thessaloniki, Athen, Korinth / Winfried Elliger. – Stuttgart : Verl. Kath. Bibelwerk, 1998
ISBN 3-460-32542-9

ISBN 3-460-32542-9

Umschlaggestaltung: Finken & Bumiller, Stuttgart
Gesamtherstellung: Kösel, Kempten

Inhalt

Vorwort

Thema des Buches sind die Städte Griechenlands, in denen Paulus sich auf seinen Missionsreisen länger oder kürzer aufgehalten hat. Darüber berichtet er selbst in seinen Briefen, weitere Informationen liefert die Apostelgeschichte. Trotzdem bleibt das Bild dieser Städte fragmentarisch, man wüßte gern mehr über sie. An dieser Stelle setzt das vorliegende Buch an. Was können wir aus außerbiblischen Zeugnissen entnehmen über Geschichte, Kultur und Gesellschaft der vier Städte? Wie sah ihr Alltag aus? Und vor allem: Mit welchen Problemen hatten sich Paulus und die von ihm gegründeten Gemeinden in diesen Städten auseinanderzusetzen? Eine wichtige Rolle wird dabei auch die Archäologie spielen, die auch dann, wenn nur Ruinen übriggeblieben sind, am anschaulichsten von den Städten zu berichten weiß. So vermittelt das Buch fast von selbst zwischen der theologischen Fachliteratur und den gängigen Kunst- und Reiseführern, die den theologisch interessierten Griechenlandreisenden nur bedingt zufriedenstellen können.

Der stärker wissenschaftlich ausgerichtete Vorgänger dieses Buches ist der Band 92/93 der „Stuttgarter Bibelstudien" aus dem Jahr 1978 (2. Auflage 1987/90), „Paulus in Griechenland". Jetzt wird er einem weiteren Interessentenkreis zugänglich gemacht, einfacher in der Diktion, ohne Anmerkungen und griechische Zitate und mit nur wenigen Literaturangaben. Das mag der Wissenschaftler bedauern, aber der „alte" Paulus steht in Bibliotheken ja nach wie vor zur Verfügung.

Vieles ist neu in diesem Buch. Es ergaben sich neue Fragestellungen, etwa zur Rolle der Frauen in Philippi, zu Gemeindeproblemen in Korinth, zur paulinischen Missionspraxis. Ferner waren die Ergebnisse der letzten archäologischen Grabungen einzuarbeiten, die vor allem in Philippi zu überraschenden Erkenntnissen geführt haben.

Neu sind schließlich auch die Bilder, die mehr sein wollen als gefällige Dekoration. Ihre Auswahl erfolgte in erster Linie nach sachlichen Gesichtspunkten in engem Zusammenhang mit dem Text.

Tübingen, im Juni 1998 *Winfried Elliger*

I. Die griechische Stadt

1. Allgemeine Voraussetzungen

Die griechische Bezeichnung für „Stadt", *pólis,* bedeutet, wenn auch nicht von Anfang an, „Siedlung" und „Gemeinwesen" in einem. Mit dem Begriff kann sowohl der Zusammenschluß einer Gruppe und ihre Organisationsform gemeint sein als auch der Ort, an dem sich dieser Zusammenschluß vollzog. Daher bezeichnen sich die Mitglieder einer Polis auch nicht schlicht als „Einwohner", sondern als „Bürger" *(polítai)*. Sie waren es, die den Staat trugen, oder, wie Thukydides formuliert: „Die Männer sind die Stadt" (VII 77,7). Im Unterschied zur abstrakten *res publica* der Römer war der Staat für den einzelnen Griechen immer gegenwärtig und konkret erfahrbar, mehr noch, der notwendige Lebensraum, ohne den menschliche Existenz kaum denkbar schien.

Diese Identität von Staat und Gesellschaft macht es möglich, die Anlage einer griechischen Stadt als Ausdruck griechischen politischen Lebens und Denkens zu verstehen. Natürlich ist dabei eine Fülle von historischen, geographischen, klimatischen, wirtschaftlichen und kulturellen Faktoren zu berücksichtigen. Es macht einen Unterschied, ob sich eine Stadt aus einer dörflichen Siedlung allmählich entwickelt hat, ob sie auf dem Wege des Synoikismos, also durch Zusammenlegung mehrerer Siedlungen, entstanden ist oder ob sie, etwa als Kolonie, völlig neu gegründet wurde. Und die Siedlungsbedingungen auf einem Hochplateau sind andere als in einer Binnenebene oder am Meer. Trotzdem ist das griechische Stadtbild in seinen wichtigsten Elementen und in seiner Grundstruktur auffallend konstant geblieben. Wenn Pausanias (2. Jh. n. Chr.) in seiner „Beschreibung Griechenlands" zögert, der kleinen phokischen Stadt Panopeus den Titel *pólis* zuzuerkennen, weil sie „weder Amtsgebäude noch Gymnasion, weder Theater noch Markt *(agorá)* noch Wasser, das in ein Brunnenbecken fließt", besitze und die Behausungen eher an primitive Gebirgshütten als an menschliche Wohnungen erinnerten (X 4,1), so sind fast alle Charakteristika genannt, die eine griechische Stadt auszeichnen. Die Tempel sind vielleicht deswegen nicht erwähnt, weil sie zu selbstverständlich waren, die Burg (Akropolis) nicht, weil sie zu Pausanias' Zeit nicht mehr die Bedeutung früherer Jahrhunderte besaß.

Die von Pausanias in Form einer Liste aufgeführten wesentlichen Bauten der griechischen Polis sind schon bei Aristoteles genannt und funktional aus der wichtigsten Aufgabe der Polis, nämlich ihre Autonomie zu wahren, abgeleitet. So muß die Stadt vor allem in der Lage sein, sich selbst zu verteidigen und das materielle Auskommen ihrer Bürger zu sichern. Zu den politischen und administrativen Aufgaben treten also militärische und wirtschaftliche. Sie alle haben dem Erscheinungsbild der griechischen Polis ihren Stempel aufgeprägt.

Für die Verteidigung gegen äußere Feinde war natürlich die Zitadelle auf dem Burgberg von ausschlaggebender Bedeutung. Nicht nur in Athen und Korinth, auch in manchen kleineren Städten stellte die **Akropolis** das beherrschende Element im Stadtbild dar. Auch wenn sie in späterer Zeit ihre militärische Aufgabe verlor, blieb sie doch in vielen Fällen wegen ihrer mythisch-historischen Bedeutung ein bevorzugter Ort der Polis.

Für die Verwaltung und vor allem für die Zusammenkünfte der politischen Körperschaften benötigte man entsprechende Bauten. Denn in der Regel war die griechische Polis nicht ein isoliertes Gebilde, sondern bestand, wie das Beispiel Attika und Athen zeigt, aus der Hauptstadt *und* dem umgebenden Gebiet, das von beachtlicher Ausdehnung sein konnte. Die städtischen Beamten hatten also neben den kommunalen sozusagen auch nationale Aufgaben wahrzunehmen, und dem hatten die Verwaltungs- und Versammlungsgebäude zu entsprechen.

Für das wirtschaftliche Leben schufen Marktplätze, Vorratsspeicher, Werkstätten, die oft zu einzelnen Stadtteilen zusammengefaßt waren (zum Beispiel das berühmte „Töpferviertel" in Athen), gegebenenfalls auch Hafenanlagen die notwendigen Voraussetzungen.

Eine besondere Rolle spielten seit je die **Tempel,** bis in die klassische Zeit vielleicht die einzigen Gebäude, denen man das Prädikat „repräsentativ" zubilligen möchte. Wenn auch die Stadtgründung bei den Griechen ein politischer, nicht wie bei Etruskern und Römern (siehe unten) ein religiöser Akt war, so ist doch das politische Leben der Griechen ohne die religiöse Komponente undenkbar. Bürgersein bedeutete weitgehend Teilhabe an den Kulten der Stadtgottheiten, und allenthalben wurde der Bürger daran erinnert. Auf der Agora, im Theater, im Gymnasion, überall befanden sich Altäre oder für den Kult vorgesehene Räume. Und auch die Tempel lagen über die ganze Stadt verstreut. Zwar läßt sich eine gewisse Konzentrierung im Agora-Gebiet, gelegentlich auch auf der Akropolis beobachten, aber feste Vorschriften oder auch nur Regeln für ihre Position im Stadtganzen gab es nicht. Eine hervorgehobene Lage wie beim Hephaisteion oberhalb der Athener Agora oder beim Apollontempel in Korinth sind seltene Ausnahmen. Nicht architektonische Gesichtspunkte bestimmten die Anlage eines Tempels, sondern lokale Kulttraditionen, die auch bei der Neugründung von Städten peinlich beachtet wurden.

Zu den charakteristischen Bauten einer griechischen Polis gehören schließlich, neben den kommunalen und sakralen, auch jene, die mit dem für das griechische Wesen so bezeichnenden Begriff der Paideia zu tun haben: das **Theater** und mehr noch das **Gymnasion.** Das Gymnasion war nicht nur sportliche Übungsstätte der Jugend. Welche Rolle es im kulturellen Leben der Stadt spielte, ersieht man allein schon aus der Tatsache, daß drei der berühmtesten Philosophenschulen der Antike mit solchen Gymnasien verknüpft waren. Platons „Akademie“ hat ihren Namen vom Hain des Akademos, in dem das Gymnasion lag, das als Ort des philosophischen Gesprächs diente. Aristoteles traf sich mit seinen Schülern im Lykeion (daher unser „Lyzeum“), und Antisthenes, den die Tradition zum Begründer der Kynischen Schule gemacht hat, lehrte im Kynosarges, einem außerhalb der Mauern gelegenen Gymnasion. Aber nicht nur als Sportstätten und als Art Universität dienten diese Gymnasien, sie waren mit ihren schönen Anlagen und reichen Baumbeständen zugleich auch Oasen der Ruhe, die zu preisen die Dichter der Griechen nicht müde wurden.

2. Die Agora

Zentrum und Lebensnerv einer jeden griechischen Stadt war die Agora, die die Ansammlung von Häusern erst zur Polis, die Einwohner erst zu Bürgern werden ließ. Wie der Name sagt, war sie ein Versammlungsort, an dem man aus den verschiedensten Anlässen zusammenkam. Hier war der Kommunikationspunkt, an dem das wirtschaftliche, politische, soziale und religiöse Leben der Stadt am stärksten pulsierte. In welchem Ausmaß die Agora als Kernstück des griechischen Gemeinwesens zu gelten hat, macht ein von Herodot überlieferter Ausspruch des Kyros deutlich (I 153). Auf die Drohung der Spartaner, den von den Persern bedrängten ionischen Städten zu helfen, soll Kyros gesagt haben, er fürchte keine Männer, „die mitten in ihrer Stadt einen Platz anlegen, auf dem sie zusammenkommen, sich gegenseitig Eide leisten und betrügen“. Die ganze Verachtung des Persers gegenüber demokratischen Formen trifft die Agora als den Kristallisationspunkt für das Mitspracherecht des einzelnen.

Natürlich hat sich die Agora aus bescheidenen Anfängen erst allmählich entwickelt. Den Weg, den viele griechische Städte in ihrem historischen Werdegang von der Monarchie über die Aristokratie zur Demokratie genommen haben, spiegelt sich auch in der Entwicklung der Agora wider, die in demselben Maß wichtiger und funktionstüchtiger wurde, wie die Akropolis, Sitz des Königs, an Bedeutung verlor. Je mehr sich die Städte als autonome Gemeinwesen mit eigener Verwaltung und eigenen demokratischen Organen verstanden, desto mehr Raum wurde für öffentliche Gebäude benötigt. So tagte, wenn auch nicht zu allen Zeiten und in allen Städten, die Volksversammlung *(ekklesía)* auf der Agora. Für den Rat *(boulé)* gab es hier einen Versammlungsraum **(Buleuterion),** oft mit halbkreisförmig angeordneten Sitzreihen. Und auch die höchsten Beamten der Stadt hatten ihren Sitz auf der Agora: im **Prytaneion,** wo auch der heilige Staatsherd und in der Regel das Staatsarchiv untergebracht waren; ebenso wurden dort Gesandte und verdiente Staatsbürger empfangen und bewirtet.

Aber nicht nur das politische, auch das religiöse Leben spielte sich weitgehend auf der Agora ab. Sie selbst war ein geweihter, bisweilen durch Grenzsteine vom profanen Bereich der Stadt abgetrennter Bezirk, zu dem als unrein geltende Verbrecher und Angeklagte keinen Zutritt hatten. Sodann waren auch die öffentlichen Gebäude Gottheiten der Stadt geweiht. Vor allem gab es die Gruppe der „Marktgötter“, womit nicht etwa Götter gemeint sind, die auf der Agora ihr Heiligtum besaßen, sondern solche, die mit den spezifischen Funktionen einer griechischen Agora zu tun hatten. In erster Linie führte Zeus diesen Beinamen: als Schutzherr der Ratsversammlungen, als Hüter der getroffenen Entscheidungen, als Garant der Eunomie (Gesetzlichkeit).

Der religiöse Charakter der Agora verband sich für den Griechen fast selbstverständlich mit dem agonalen. Hier war der Ort, an dem **Feste** gefeiert, Kultreigen getanzt und **Wettkämpfe** abgehalten wurden. Mögen sich diese Wettspiele in späterer Zeit in säkularisierter Form auch verselbständigt haben, so ist über ihren kultischen Ursprung doch kein Zweifel möglich. So hieß in Sparta zumindest ein Teil der Agora *chorós* (Tanzplatz) nach den Tänzen, die nackte Knaben jährlich an den Gymnopaidien hier aufführten. Vor allem aber war die Agora Stätte des **Heroen- und Totenkults**. Zu erinnern ist etwa an den gegen Ende des 6. Jahrhunderts auf der Athener Agora von Kleisthenes abgesteckten Bezirk der zehn attischen Heroen, nach denen die zehn Phylen (Bezirke) der Stadt ihren Namen hatten. Und auf der Agora von Korinth wurden, wie in anderen Städten Griechenlands auch, noch bis in römische Zeit Leichenspiele abgehalten, blieb also die alte Verbindung zwischen Agora und Theater gewahrt.

Erst relativ spät, etwa seit dem ausgehenden 6. Jahrhundert, beginnt die griechische Agora auch die Funktionen unseres Marktes zu übernehmen. Ursprünglich gab es für den Warentausch und -kauf von der Agora unabhängige Plätze, nicht selten am Hafen oder am Rand der Stadt gelegen. Sowohl Platon als auch Aristoteles befürworten eine solche Trennung, weil sie die Gefahren des Handels besser von der Stadt fernhalte. Trotzdem hat die Entwicklung, gefördert durch den zunehmenden Güterverkehr und die aufblühende Wirtschaft einerseits, die Umverteilung der politischen Kräfte andererseits, dazu geführt, daß sich die altgriechische Agora immer mehr zu einer Art Marktplatz wandelte und damit aufhörte, Symbol der autonomen Polis zu sein.

Die Konzentration der vitalen Kräfte des griechischen Gemeinwesens auf einen Punkt bedeutet nun aber keineswegs, daß die Agora zum planbildenden Element im Gesamt der Stadt geworden wäre. Zumindest in älterer Zeit ist sie weder geometrischer Mittelpunkt der Stadt noch selbst nach geometrischen Prinzipien angelegt. Jeder Baukörper ist ein plastisches Gebilde für sich und behauptet sein eigenes Recht im Raum. Auch ist die Agora von den sie umgebenden Wohnquartieren architektonisch nicht klar abgegrenzt. Zwar wurde die Stoa, in ihrer einfachen Form aus einer Säulenreihe, einer Rückwand und dem überdachten Zwischenraum gebildet, wegen der Fülle künstlerischer Möglichkeiten und der praktischen Vorteile als Schutz gegen die Unbilden der Witterung mit Vorliebe bei der Ausgestaltung größerer Gebäude und ganzer Platzanlagen benutzt, jedoch nie im Stile hellenistischer Prunkfassaden oder so, daß ein Geviert aus dem Areal der Stadt herausgeschnitten worden wäre. Im Gegenteil, wenn das Straßengewirr einer alten griechischen Stadt überhaupt eine Orientierung aufweist, so die, daß alle Straßen irgendwie zur Agora führen und gleichsam selbstverständlich in sie einmünden. Mit Recht hat man daher die Anlage griechischer Städte „zentripetal“ genannt und sie gegen die „zentrifugalen“ Stadtanlagen des Ostens, etwa die zum Außenring der Tempel (Ägypten) oder der Stadttore (Mesopotamien) drängende Straßenstruktur von El Amarna oder Babylon, abgesetzt. Zwar besaßen auch viele griechische Städte, wenn auch meistens erst seit dem 6. oder 5. Jahrhundert, einen **Mauerring,** der oft auch die Akropolis mit einbezog. Aber er war nur locker um die Stadt herumgelegt und ließ für raumaufwendige Bauten wie Theater und Gymnasion, die an dafür geeigneten Stellen angelegt werden mußten, genügend Raum. Wie sehr die Ringmauer griechischer Städte sekundären Charakter hatte, geht schon aus der Tatsache hervor, daß die Lage der Stadttore gewöhnlich nach strategischen Gesichtspunkten gewählt und keineswegs durch die aus dem Stadtinneren auf den Mauerring zulaufenden Straßen bestimmt wurde. Nicht die Peripherie, sondern das Zentrum zog alle Kräfte an sich.

Trotz der Bedeutsamkeit der genannten Baulichkeiten für das politische und kulturelle Leben der Stadt haben wir uns deren architektonische Ausführung eher bescheiden vorzustellen. Wenn die Agora auch schon vor der klassischen Zeit durch **Säulenhallen** und eine gewisse Großzügigkeit ein repräsentatives Aussehen bekommen haben dürfte, so war doch Monumentalität allein dem Tempel vorbehalten. Einen Palast wie auf Kreta oder eine Burg von vergleichbaren Ausmaßen gab es in griechischen Städten nicht. Wichtiger als luxuriöse Lebensführung war dem Griechen seine Freiheit. Dieses Streben fand in einer gleichmäßigen, große Unterschiede vermeidenden Wohnarchitektur seinen adäquaten Ausdruck. Der Gegensatz zwischen Herr und Diener, der etwa den ägyptischen Arbeitersiedlungen das Gepräge gab, war der griechischen Polis, zumindest während ihrer Blütezeit, unbekannt.

3. Das hippodamische System

Am geistigen Habitus der griechischen Städte änderte sich nur wenig, als im Lauf des 5. Jahrhunderts ein völlig neuer Typus von Stadtanlage in Erscheinung trat und sich bei der Gründung neuer Städte immer stärker durchsetzte. Seit dieser Zeit nämlich verwandte man bei der Neugründung von Städten lieber einen streng geometrischen Plan mit geradlinigen, parallel verlaufenden und rechtwinklig sich kreuzenden Straßen. Als „Erfinder" dieses Rektangulärsystems gilt **Hippodamos** von Milet, und sicher hat er nach der Zerstörung seiner Vaterstadt durch die Perser im Jahr 494 v. Chr. beim Wiederaufbau Milets seit 479 nach dem neuen System entscheidend mitgewirkt. Aber ebenso sicher konnte man die neuen Prinzipien nur deswegen in so souveräner Manier anwenden, weil man sie bei der Gründung der achtzig Tochterstädte Milets bereits im Kleinen reichlich ausprobiert hatte. Eine gleichmäßige Aufteilung des Geländes war bei der Anlage einer Kolonie aus Gründen der besseren Organisation und größeren Gerechtigkeit bei der Grundstückverteilung geboten; außerdem entsprach sie dem konstruktiven, wissenschaftlichen Denken der Ionier. Hippodamos ist also nicht der „Erfinder" des rechtwinkligen Straßennetzes; eher dürfte er die theoretischen Grundlagen dafür geliefert und die praktischen Erfahrungen systematisiert haben.

Die nach dem neuen System angelegten Städte – außer Milet etwa die Hafenstadt Piräus (gegen 450 v. Chr.) und wenig später Thurioi in Unteritalien, Olynthos auf der Chalkidike und Priene, heute das besterhaltene Beispiel einer hippodamischen Stadt – zeigen ein ganz anderes Erscheinungsbild als die archaischen Städte mit ihrem weitgehend dem Zufall überlassenen Wachstum. Die Stadt war in sogenannte *insulae* eingeteilt, die ihrerseits wieder aus einer bestimmten Anzahl von Häusern bestanden. Für Plätze wurden mehrere *insulae* zusammengefaßt, öffentliche Gebäude wie Rathaus oder Gymnasion sowie Tempel konnten auch die ganze Fläche eines Häuserviertels ausfüllen, waren aber gleichfalls, sofern das Gelände es gestattete, dem Straßennetz eingeordnet. Auch die Breite der Straßen war festgelegt. Eine Hauptstraße konnte wohl breiter sein, aber sie war es zur besseren Bewältigung des Verkehrs, nicht um der optischen Wirkung willen. Nach wie vor bestand ihre wichtigste Aufgabe in der Verbindung der städtischen Lebenszentren, von Hafen, Agora, Märkten, Tempeln, Gymnasien und Theater.

Für die **Agora** bedeutete das hippodamische System die Aufgabe der unregelmäßigen Platzanlage zugunsten einer strengen rechteckigen Form. Wie die Märkte von Milet, Priene oder Magnesia (am Maiandros), aber auch die durchs Gelände bedingte unregelmäßige Platzanlage von Assos zeigen, war die Agora jetzt von Säulenhallen umgeben, wobei die hufeisenförmige Anlage mit einer offenen Seite besonders beliebt war. Auch im griechischen Mutterland zollte man dieser neuen Errungenschaft Tribut, indem man, etwa in Athen und Korinth, die alten Marktanlagen dem für die ostgriechischen Städte nunmehr obligatorischen Typ der ionischen Agora anzupassen suchte. Aber trotz dieser eingreifenden Veränderung im architektonischen Bereich blieb die Agora auch jetzt noch, was sie von Anfang an gewesen war: der geistige, gesellige, politische und wirtschaftliche Mittelpunkt der Stadt, der weniger der Repräsentation als den täglichen Bedürfnissen des Bürgers zu dienen hatte. Denn auch für die Ausgestaltung der ionischen Agora sind nach wie vor nicht künstlerisch-ästhetische oder kultische Gesichtspunkte ausschlaggebend, sondern praktische. Nach wie vor bleibt die Agora eingebettet in den Organismus der Stadt, wofür gerade die Säulenhallen den besten Beweis liefern. Denn sie übernehmen die Funktion der das betreffende Viertel umschließenden Straßen, indem sie den Platz tangential und nicht, wie es römischer Bauweise (siehe unten) entsprechen würde, axial erschließen. Die ionische Agora steht ihrem Wesen nach der altgriechischen näher als dem Peristyltypus hellenistischer Platzanlagen – trotz aller Ähnlichkeit im äußeren Erscheinungsbild.

Gewiß bedeutete es vom Architektonischen her nur einen kleinen Schritt, die Agora auf allen vier Seiten mit Säulenhallen abzuschließen. Damit war zwar die Möglichkeit einer geschlossenen, streng symmetrischen Monumentalkomposition gegeben, aber zugleich wurde die Agora als selbständiger, nach außen abgegrenzter Bereich aus dem Organismus der Stadt herausgelöst. Solche Platzanlagen konnten sogar, wie etwa die untere Agora in Pergamon, ohne Beziehung zum Straßensystem der Stadt angelegt werden.

4. Der Monumentalstil

Nach hellenistischen Vorstufen, etwa dem zur Königsstadt ausgebauten Pergamon, erlebte der monumentale Stil seine Blüte im 1. und 2. nachchristlichen Jahrhundert, nachdem die römischen Kaiser in der Pax Romana die beiden wichtigsten Voraussetzungen dafür geschaffen hatten: wirtschaftliche Prosperität und eine auf staatliche Repräsentation bedachte Baugesinnung. Jetzt legte man **Prachtstraßen** an, deretwegen viele Städte Kleinasiens und Syriens berühmt wurden: optische Achsen, die auf einen Platz zuliefen, oft von Kolonnaden gesäumt und an hervorgehobenen Punkten wie Platzeinmündungen oder Kreuzungen von Bogen und Prachttoren überspannt.

Das für diese Anlagen neu hinzugekommene Baugesetz ist das Prinzip der Axialität und, damit eng verbunden, der Perspektive. Beides läßt sich aus griechischen Stadtanlagen, gleich welcher Zeit, nicht ableiten. Ihr Ursprung liegt vielmehr in den etruskisch-italischen Städten mit dem zentralen Achsenkreuz als charakteristischem Merkmal: Zwei in der Mitte sich rechtwinklig schneidende Koordinaten bildeten die beiden Hauptstraßen der Stadt; die eine, der *decumanus,* verlief in ostwestlicher, die andere, der *cardo,* in nordsüdlicher Richtung. Die vier Arme trafen, meistens in gleicher Entfernung vom Mittelpunkt, auf die vier Haupttore der Stadtmauer, die die Stadt in quadratischer, seltener auch in rechteckiger Form umgab, nun aber nicht – und das ist der entscheidende Unterschied zur griechischen Stadtmauer – als locker um die Stadt herumgelegter Gürtel, sondern als feste, primär sakral zu verstehende Abgrenzung nach außen. War die Mauer bei griechischen Städten reiner Zweckbau, so kennzeichnete sie bei den etruskisch-italischen Städten die durch rituelle Handlungen wie Umpflügen der Erde abgesteckte und geweihte Stadtgrenze. Durch einen ebenfalls geweihten Geländestreifen, der auf der Innenseite der Mauer verlief, das sogenannte *pomerium,* wurde die sakrale Funktion der Mauer noch stärker betont. Hier dachte man sich den Ort der Unterweltsgötter, die die Stadt gegen Gefahren von außen abschirmten. Der sakralen Peripherie entsprach im Stadtinnern das sakrale Zentrum: ein der Stadtgottheit geweihter Tempel, der auf einem Podium die Stadt überragte. Die Verbindung zwischen beiden Bereichen herzustellen war bei diesem Stadttyp die wichtigste Funktion der Straßen, nicht, wie in den altgriechischen Städten, die Verbindung der einzelnen Häuser untereinander.

Ein letzter Schritt auf dem Weg der Verselbständigung der Straße waren dann die Prachtanlagen der römischen Kaiserzeit: keine den praktischen Bedürfnissen dienende Verkehrswege ohne individuelle Auszeichnungen, sondern unabhängige architektonische Gebilde, die nach den Gesetzen von Axialität und Symmetrie größere Komplexe perspektivisch zusammenschlossen. Diesen Gesetzen fügten sich auch die Platzanlagen und größeren Gebäude.

Das **Forum,** nicht mehr Versammlungsplatz freier Bürger, sondern Ort prunkvoller Repräsentation, brauchte und durfte nicht mehr von allen Seiten frei zugänglich sein, sondern wurde als ein in sich ruhendes architektonisches Ensemble unter Berücksichtigung einer optimalen perspektivischen Wirkung axial erschlossen.

Analoges gilt vom römischen **Tempel**. Selbst wenn er sich im Lauf der Zeit vom etruskischen Typ, bei dem die Front besonders betont war, gelegentlich zum Peripteraltempel nach griechischem Muster wandeln konnte, blieb ihm doch die Betonung der Schauseite, die als repräsentative Schmuckfassade verstanden werden sollte. Die Säule, an griechischen Bauten primär durch ihre tragende Funktion bestimmt, wurde jetzt zusätzlich und an erster Stelle mit einer dekorativen Aufgabe betraut.

Griechenstädte aller skizzierten Typen hat Paulus auf seinen Reisen kennengelernt. Trotz eingreifender Änderungen in römischer Zeit dürfte Athen noch am ehesten den Eindruck einer griechischen Polis vermittelt haben, und der Bericht der Apostelgeschichte wird dem voll gerecht. Korinth hingegen, 146 v. Chr. von den Römern zerstört, trug nach seinem Wiederaufbau vor allem im zentralen Bereich der Agora ausgeprägte römische Züge, wenn auch sein geistiger Habitus dem anderer griechischer Städte entsprach. Die von Paulus an erster Stelle besuchten Städte Nordgriechenlands hingegen, Thessaloniki und Philippi, waren von ganz anderer Art: erst relativ spät gegründet, ohne bedeutende Tradition, die erste eine typische Stadtgründung der Alexanderzeit, die zweite eine römische Kolonie; an der Peripherie Griechenlands gelegen und damit anderen Bedingungen unterworfen als die Städte im Herzen Griechenlands; durch die ethnische Uneinheitlichkeit der Bevölkerung mit zusätzlichen Problemen konfrontiert.

Wie diese so unterschiedlichen Städte im Neuen Testament und vor allem in der Apostelgeschichte als Missionsorte des Apostels Paulus dargestellt werden und wie umgekehrt die besonderen historischen, politischen, kulturellen und wirtschaftlichen Bedingungen der einzelnen Stadt auf den jeweiligen Bericht abgefärbt haben, soll eine Leitfrage dieses Buches sein.

II. Philippi

1. Der Übergang nach Europa

Die Missionsreise, die den Apostel Paulus und seine Begleiter nach Makedonien und Griechenland führen sollte, begann im syrischen Antiocheia, also in einer Stadt, die bereits während der ersten Reise ein wichtiges Missionszentrum gewesen war. Hier in Antiocheia überwarf sich Paulus mit seinem bisherigen Begleiter Barnabas und wählte Silas zum neuen Gefährten (Apg 15,36-40). Das Ziel dieser zweiten Reise ist zunächst die Bestärkung der bereits gegründeten Gemeinden im Glauben. Als Wirkungsgebiete werden Syrien und Kilikien genannt, dazu die beiden lykaonischen Städte Derbe und Lystra (15,41–16,1); auch Ikonion, das dritte Missionszentrum dieser Gegend, dürfte dabei nicht übergangen worden sein. Dann aber verliert sich die Route im Ungewissen. Zwar enthalten die Verse 16,6–8 noch eine ganze Anzahl von geographischen Angaben, aber sie sinnvoll und widerspruchsfrei miteinander zu kombinieren, will nicht gelingen. Geht man von der hypothetischen Frage aus, an welche neuen Missionsgebiete Paulus gedacht haben könnte, ist die Antwort nicht schwer zu finden. Als geistige Zentren – und auf sie kommt es Paulus in erster Linie an – boten sich das westliche Küstengebiet mit seinen griechischen Städten, also vor allem Ephesos und Smyrna an, dann aber auch der Norden: die Gegend am Bosporos mit Städten wie Nikaia und Nikomedia, in denen es jüdische Kolonien gab. Diese Vermutung scheint der Bericht, den die Apostelgeschichte gibt, zu bestätigen: „Sie zogen durch Phrygien und das galatische Land, vom heiligen Geist daran gehindert, das Wort in der Asia zu verkünden. Als sie aber nach Mysien gekommen waren, versuchten sie, nach Bithynien weiterzureisen, doch der Geist Jesu ließ sie nicht. Als sie aber Mysien durchquert hatten, zogen sie nach Troas hinab“ (16,6–8).

Die Angabe „in der Asia“ (V. 6) weist auf das an erster Stelle genannte mögliche Missionsfeld, gleichgültig, ob damit die römische Provinz Asia oder, was wahrscheinlicher ist, lediglich das Gebiet um Ephesos gemeint ist (vgl. zum Beispiel 19,10). Da Paulus vom „heiligen Geist“ der Zugang in dieses Gebiet verwehrt wird, schwenkt er in nördlicher Richtung ab, um von Mysien aus nach Bithynien, also in die Bosporosgegend, zu gelangen. Aber auch hier schreitet wieder eine göttliche Macht ein, so daß er schließlich nach der Durchquerung von Mysien nach Alexandria Troas gelangt, der vierzig Kilometer südlich vom alten Troia gelegenen Hafenstadt.

Die erwähnten Unklarheiten in den geographischen Angaben des Berichts führt man in der Regel auf die fehlende Ortskenntnis des Verfassers zurück, der einen ihm vorliegenden ausführlichen Reisebericht verkürzt habe. Das läßt sich natürlich genausowenig wie das Gegenteil beweisen. Aber ganz unabhängig davon zeigen die fraglichen Verse zwei Besonderheiten, die es unmöglich machen, hier von einer flickwerkartigen Notlösung zu sprechen, zumal beide Eigentümlichkeiten in der Apostelgeschichte ohne Parallele sind.

Die erste ist negativer Art. Soweit Paulus und seine Mannschaft auch im Land herumkommen, nirgends sind sie – nach diesem Bericht – missionarisch tätig geworden. Aber dieses auffällige Defizit ist mit einem durchaus positiven Akzent versehen. Denn nicht widerwärtige Umstände oder Mißerfolge verhindern die Arbeit, sondern eine göttliche Macht, die offenbar etwas anderes mit Paulus im Sinn hat. Zwar entspricht es durchaus dem Verständnis der Apostelgeschichte, menschliches Handeln unter die Leitung des Geistes zu stellen und es auf diese Weise zu motivieren. So geschieht es etwa bei Philippus (8,29.39), bei Petrus (10,19; 11,12), bei Paulus und Barnabas (13,4). Aber an keiner anderen Stelle der Apostelgeschichte ist der Geist derart prononciert zum formenden Prinzip einer ganzen Versgruppe geworden wie in diesem Fall. Und das ist der zweite hervorstechende Gestaltungszug. Jede Richtungsänderung der verhinderten Missionsreise wird durch den Geist verursacht: zunächst die Abweichung von der Westroute nach Norden, dann der Weg durch Mysien statt des geplanten Zugs nach Bithynien, schließlich von Troas aus der Übergang nach Neapolis und damit nach Europa. Dabei lassen die unterschiedlichen Formulierungen und Erscheinungsweisen des Geistes unmißverständlich die Absicht des Schriftstellers erkennen, durch Steigerung und Konkretisierung die Notwendigkeit des Geschehens zu pointieren. Die allgemeine und für die Apostelgeschichte typische Formulierung „der heilige Geist“ wird bei der zweiten Erwähnung des Geistes durch die nur hier belegte Wendung „der Geist Jesu“ ersetzt, womit der eigentliche Herr der Mission ins Blickfeld rückt. Im Traumgesicht nimmt dann der göttliche Wille gleichsam menschliche Gestalt an und fordert zu neuen Aktivitäten auf, nun aber in einem anderen geographischen Raum. Resümierend hält der Schlußsatz des Abschnitts (V. 10b) auch die subjektive Überzeugung der Reiseteilnehmer fest, daß Gott es war, der sie zu der neuen Aufgabe berufen hat.

Eindrücklicher läßt sich die Protagonistenrolle des heiligen Geistes kaum gestalten. Aber gerade dadurch entsteht eine merkwürdig paradoxe Situation. Die höchste Aktivität des Geistes fällt diesmal zusammen mit einer totalen Passivität auf missionarischem Gebiet. Das heißt, die besonders hervorstechenden Gestaltungsprinzipien des Abschnitts sind im Grunde identisch und repräsentieren lediglich zwei Seiten derselben Sache. Die in diesem Paradox liegende Spannung löst sich erst mit dem überraschenden, da nach den bisherigen Missionsfeldern schlechterdings nicht zu erwartenden Stichwort „ein Makedonier", das das Signal setzt für einen völlig neuen Aktionsraum. Das Besondere dieses Traumbilds ist die Kombination der göttlichen Willensbekundung mit dem Hinweis auf das neue Tätigkeitsfeld. Nicht der Herr selbst (Apg 9,10; 18,9; 23,11) oder sein Engel (27,23) erscheint im Traum, sondern ein Mann aus Makedonien. Sicher ist er als göttlicher Bote zu verstehen, aber zugleich repräsentiert er sein Land und Volk.

So gewinnt die programmatische Erklärung von Apg 1,8 in unseren Versen von neuem aktuelle Bedeutung. Dort ist die „Kraft des heiligen Geistes" mit einer Reihe von geographischen Angaben kombiniert, in denen man eine Art Gliederung der Apostelgeschichte erkannt hat. Jerusalem, Judäa und Samaria sind als Stätten der apostolischen Zeugenschaft genannt; „das Ende der Welt" bildet das letzte Glied der Kette. Ob Lukas dabei an Rom als den entferntesten Punkt solcher Zeugenschaft gedacht hat, läßt sich nicht mit Sicherheit sagen. Jedoch bedeutet der Übergang nach Makedonien den entscheidenden Schritt auf diesem Weg.

Der Übergang vom kleinasiatischen Missionsgebiet nach Makedonien ist für uns heute gleichbedeutend mit dem Übergang nach Europa, weshalb man auch gerne betont, daß Paulus das Christentum nach Europa gebracht habe. Dagegen ist eingewendet worden, dieser Übergang sei unter den damaligen politischen Verhältnissen nichts anderes als der Wechsel von einer römischen Provinz in eine andere gewesen. Nun gab es aber zwischen den einzelnen Provinzen gewaltige Unterschiede, denn jede hatte ihre eigene Geschichte. Die Verhältnisse, die Paulus in Philippi, Athen oder Korinth antraf, waren mit den bisherigen Missionsstädten in Pisidien oder Lykaonien nicht zu vergleichen. Die Darstellung des Lukas läßt keinen Zweifel daran, daß es um mehr als lediglich um die Erschließung eines neuen geographischen Raums ging. Erst jetzt wird in der Geschichte der Mission die Schwelle zur griechisch-römischen Welt überschritten. Philippi, der erste Missionsort auf europäischem Boden, war nicht nur eine römisch verwaltete Stadt, sondern eine römische Stadt durch und durch, Athen eine unverwechselbar griechische. Das bedeutete für das Christentum nicht nur die Begegnung mit zwei neuen Kulturen, erforderlich war auch eine Neuorientierung der Missionspraxis, denn ab sofort hatte man es nicht mehr vorwiegend mit Juden zu tun. Das schon auf dem Apostelkonzil in Jerusalem diskutierte Thema „Heidenchrist" stellte sich jetzt in aller Schärfe, und entsprechend stilisiert Lukas den Apostel nunmehr als Heidenmissionar. Er läßt die Tätigkeit des Paulus in der Römerstadt Philippi beginnen, was nach der Landung in Neapolis, dem heutigen Kavala (*Abb. 1*), keineswegs selbstverständlich war. Daß der alte Hafen von Philippi den Apostel nicht besonders reizte, ist verständlich, Neapolis hatte nicht viel zu bieten. Aber warum nicht Amphipolis, die Hauptstadt eines der vier makedonischen Distrikte?

2. *Amphipolis*

Neben Apollonia ist die Stadt in der Apostelgeschichte als Station auf dem Weg von Philippi nach Thessaloniki erwähnt (17,1), aber von irgendwelchen Aktivitäten des Paulus ist nicht die Rede. Philippi scheint unbestritten den Vorrang zu haben. Gewiß lassen sich dafür einige Gründe anführen, jedoch ist die totale Vernachlässigung von Amphipolis im Bericht der Apostelgeschichte auffällig, denn die Stadt war sicher größer und wohlhabender als Philippi und hat in der Geschichte dieses Raumes keine geringe Rolle gespielt. Auf drei Seiten, im Süden, Westen und Norden, vom Strymon umflossen, erhob sich das alte Amphipolis, direkt neben der heutigen Ortschaft gleichen Namens, auf einem terrassenförmigen Ausläufer des Pangaiongebirges, etwa vier Kilometer von der Küste entfernt. Dieser beherrschenden Lage verdankte es seine Entstehung, und auch im Lauf der Geschichte behielt die Stadt ihre strategische Bedeutung. Hier war der wichtigste Zugang nach Thrakien und in die fruchtbare Strymonebene. Als die Römer nach dem Sieg des Aemilius Paullus über Perseus,

1 Kavala, „Paulusbucht". In der auf der Ostseite des Kastrohügels mit der Altstadt gelegenen windgeschützten Bucht könnte Paulus zum ersten Mal europäischen Boden betreten haben; der heutige Fischerhafen auf der westlichen Seite der Halbinsel ist neueren Ursprungs. Im Hintergrund rechts ist der Aquädukt zu erkennen, den Suleiman der Prächtige (1520–1566) nach römischen Vorbildern erbauen ließ.

den letzten Makedonenkönig, ganz Makedonien in vier Provinzen oder Distrikte teilten, wurde Amphipolis neben Thessaloniki, Pella und Pelagonia eine der vier Hauptstädte (167 v. Chr.) und erlebte eine letzte Blüte.

Spektakulärster Zeuge der antiken Stadt ist ein Grabmal mit einer fünf Meter hohen **Löwenfigur** (*Abb. 2*) neben der alten Strymonbrücke direkt an der Straße Thessaloniki – Kavala. 1936 wurde es aus den bereits zwanzig Jahre zuvor aufgefundenen Bruchstücken rekonstruiert und ergänzt (Unterkiefer, Mähne, Hinterpfoten, Schwanz). Allerdings zwingen die etwa 250 Blöcke, die man 1970 an den Ufern des Flusses verstreut entdeckte, zu einer Korrektur des Unterbaus. Er war architektonisch gegliedert und mit einem pyramidenförmigen Stufendach abgeschlossen. Wer der Grabinhaber war, ein makedonischer Großgrundbesitzer oder vielleicht auch ein Admiral Alexanders des Großen, ist unbekannt. Wie die makedonischen Kammergräber an der Straße nach Amphipolis gehört auch das Löwenmonument in die Zeit um 300 v. Chr.

Beeindruckend ist die zum Teil gut erhaltene **Stadtmauer,** die mit einer Länge von 7,5 Kilometern die Hügel der Stadt umschloß und, wie Thukydides es ausdrückt, „von Fluß zu Fluß" reichte (IV 102,3). Auf der Westseite der Stadt steht sie noch über sieben Meter hoch, mit Türmen, Toren und schießschartenartigen Entwässerungsöffnungen. Eine kleine Sensation stellte die Entdeckung von 77 versteinerten Holzpfosten einer Brücke dar, die bereits im 5. oder 4. Jh. v. Chr. über den Fluß an ein turmgeschütztes Stadttor führte.

Aus hellenistischer Zeit kam bei den in den letzten Jahren wieder aufgenommenen Grabungen ein **Gymnasion** zutage, das über 400 Jahre, bis ins erste nachchristliche Jahrhundert, in Betrieb war. Der Anlage nach ist es eine Palästra mit großem Mittelhof für Sport und Spiel, einer gedeckten und einer offenen Rennbahn, Waschräumen und was sonst noch zu derartigen Sportanlagen gehörte. Eine Stele gibt in 139 Zeilen Auskunft über Einzelheiten des Lebens der jungen Leute an dieser Stätte: über Unterricht, Benehmen, Kleidung, Spielregeln beim Sport, Strafen und dergleichen mehr (ein sogenanntes Ephebengesetz).

Auf der südlichen Stadtseite wurde ein Haus aus dem 2. vorchristlichen Jahrhundert mit herrlichem Strymonblick freigelegt. Seine Wanddekoration mit rechteckigen, von ionischen Pfeilern illusionistisch gerahmten Feldern mit Marmorimitation ist eins der wenigen erhaltenen Beispiele hellenistischer Malerei. Der Brunnen in einem der Räume zeigt, fast wie ein Ornament, tiefe Kerben von den Seilen, an denen die Frauen die Wassereimer hochzogen.

In frühchristlicher Zeit muß ein besonders reges Gemeindeleben in der Stadt geherrscht haben. Bislang sind die Fundamente von nicht weniger als **fünf Kirchen** freigelegt worden: vier Basiliken sowie ein Zentralbau mit besonders interessantem Grundriß in Form eines Sechsecks, das in ein Oval hineingesetzt wurde. Auch die Anlage der Kirchen, meist mit Narthex und Atrium, sowie ihre Ausstattung mit phantasievollen Bodenmosaiken – Vögeln, Fischen, geometrischen Mustern, zwei Hirschen an einem Brunnen (vgl. Psalm 42) – lassen an eine wohlsituierte Gemeinde denken. Auf dem alten Akropolishügel, abgeschlossen durch eine feste Mauer, besaß sie ein großangelegtes Zentrum für Zusammenkünfte und Verwaltung.

Aber so bedeutend Amphipolis als Bezirkshauptstadt war und so kräftig das Christentum später in ihm aufblühen sollte, Paulus scheint die Stadt ignoriert zu haben, vielleicht, weil es eine griechische Stadt war, an der ihm im Augenblick wenig lag. Philippi hingegen war eine römische Stadt, eine Kolonie, die von Nichtgriechen bewohnt und von römischen Beamten nach römischem Recht verwaltet wurde. Neben der Athenschilderung ist kein anderer Bericht der Apostelgeschichte derart stark vom genius loci geprägt wie der Bericht von den Ereignissen in Philippi. Mehr noch: Striche man die römische Komponente, fiele der Bericht in sich zusammen. Dieser unübersehbare Zuschnitt der gesamten Darstellung auf spezifisch römische Verhältnisse zwingt zu dem Schluß, daß Lukas für die erste Missionsstation auf europäischem Boden eine römische Stadt haben *wollte*. Ob er dabei das Fernziel Rom schon im Auge hatte, läßt sich nicht mit Sicherheit sagen. Unwahrscheinlich ist es jedoch nicht, denn Philippi läßt sich in der Schilderung der Apostelgeschichte durchaus als ein Rom in nuce verstehen.

3. Philippi in vorrömischer Zeit

Bei den Ausgrabungen wurde eine Grabinschrift gefunden, in der der Tote, offensichtlich kein Einheimischer, von seinem Schicksal spricht, das ihn zwang, in der Fremde zu sterben. Zwar stammt die Inschrift wahrscheinlich erst aus dem 3. Jahrhundert n. Chr., aber sie faßt in unvergleichlicher Kürze die wichtigsten Ereignisse aus der Geschichte der Stadt und das hervorstechendste Merkmal in ihrem Erscheinungsbild zusammen. Der Anfang lautet:

Eine Gottheit ließ mich sterben auf berühmtem Boden,
einer Gründung des Philipp und des Kaisers Augustus,
gutbekränzt mit Mauern …

In der Tat hat Philippi (mindestens) zwei Gründungen erlebt, die eine unter Philipp II. von Makedonien, der ihm seinen eigenen Namen gab, die andere unter Augustus, der Philippi zur römischen Kolonie machte und ihm dadurch einen völlig neuen Charakter gab. Um die „Berühmtheit" des Ortes zu illustrieren, genügt es, an die Doppelschlacht zu erinnern, die sich ganz in der Nähe die Caesarmörder Brutus und Cassius mit Antonius und Octavian geliefert haben; sie schuf erst die Voraussetzung für den entscheidenden Einschnitt in der Geschichte Philippis. Und „gutbekränzt mit Mauern" heißt der Ort mit Recht. Noch heute beeindruckt der zum Teil gut erhaltene Mauergürtel, der über einen vorspringenden Dorn der Orbeloskette hinwegläuft und am Fuß des Berges die alte Stadt umschloß. Zwar stammen die heute sichtbaren Mauerreste meist aus byzantinischer Zeit, aber der Verlauf der alten Mauer wurde so gut wie nicht verändert.

In einem größtenteils von unwirtlichen Bergen bedeckten Land lädt eine weit sich dehnende Ebene, die zudem einen bequemen Zugang zum Meer hat, ganz von selbst zum Siedeln ein. So wurde in der Gegend von Philippi eine ganze Reihe neolithischer Funde gemacht. Allerdings muß die Ebene, die auf drei Seiten von Bergen abgeschlossen wird, sehr sumpfig gewesen sein. Bezeichnend dafür ist der in der antiken Literatur

2 Die über 5 m hohe Löwenfigur an der alten Strymonbrücke wurde 1936 aus verstreuten Bruchstücken wieder zusammengesetzt. Wie der ganz ähnliche Löwe von Chaironeia bewachte auch er ein Grab (um 300 v. Chr.).

immer wieder bezeugte alte Name von Philippi, Krenides (kleine Quellen). Noch heute trägt ein kleines, nur wenig östlich von Philippi gelegenes Dorf diesen Namen. Und eins der großen Verdienste, die sich Philipp um die Stadt erworben hat, bestand in der Trockenlegung und Urbarmachung der Sumpfgebiete; in beidem war man offenbar über bescheidene Anfänge bislang nicht hinausgekommen. Für diese Nachteile bot jedoch der geradezu legendäre Baumreichtum der ganzen Region reichlich Ersatz. Das Bild, das die Landschaft mit ihren weitgehend kahlen Hängen heutzutage bietet, ist trügerisch. In der Antike muß die Ebene mit Bäumen übersät gewesen sein, vor allem mit Weiden; und die Kastanien, Buchen und Tannen, die sich am Pangaion noch heute bis in relativ hohe Zonen hinziehen, dürften in thrakischer und makedonischer Zeit wesentlich zahlreicher gewesen sein. Dieser Reichtum an Holz war der eine der beiden Gründe, weshalb das Land den Ruf außerordentlichen Wohlstands genoß. Denn Holz brauchte man zum Schiffbau, und auf den war Griechenland in Krieg und Frieden gleichermaßen angewiesen. Galten Makedonien und Thrakien schon allgemein für die Griechen als die wichtigsten der in Europa ohnehin nicht zahlreichen Holzlieferanten, so spielen die Wälder gerade dieser Gegend in der historischen Überlieferung eine besonders große Rolle, meistens in Verbindung mit dem Schiffbau.

Die andere Quelle des Reichtums waren die in der Literatur ebenfalls vielfach bezeugten Gold- und Silbergruben des Pangaiongebirges. Sehr anschaulich spricht Euripides (oder der Dichter der nach dem Thrakerkönig Rhesos genannten Tragödie) vom „goldscholligen Berg Pangaion", und das Land nennt er „silberhaltig" (Vers 921 und 970).

Auch wenn man die bei antiken Autoren genannten Ertragszahlen mit Vorsicht aufnehmen wird, so läßt die fast sagenhafte Berühmtheit der Pangaiongruben doch auf ihren außerordentlichen Reichtum schließen. Schon um die Mitte des 6. Jahrhunderts hatte Peisistratos die Gegend am Pangaion aufgesucht, um sich hier die notwendigen Mittel zur Aufstellung eines Söldnerheeres zu beschaffen und auf diese Weise seine Rückkehr nach Athen vorzubereiten. Und als Kimon im Jahre 476 v. Chr. Eion, den Hafen von Amphipolis, wo die Perser nach ihren Niederlagen von 480/479 eine Garnison zurückgelassen hatten, angriff und nach langem Widerstand schließlich eroberte, dürfte für dieses kostspielige Unternehmen nicht nur die strategisch günstige Lage des Orts als Verteidigungsbasis gegen die Perser den Ausschlag gegeben haben, sondern ebenso die Aussicht auf die Stärkung der Finanzlage Athens. Jedenfalls fällt der erste Versuch Athens, am unteren Strymon eine Kolonie zu gründen, in die Zeit unmittelbar nach der Eroberung von Eion (475). Aber dieser Versuch mißlang ebenso wie ein weiterer zehn Jahre später. Und als dann schließlich die Gründung von Amphipolis geglückt war, dauerte es fast siebzig Jahre, bis eine weitere griechische Kolonie in dieser Gegend gegründet wurde: Krenides-Philippi um 360 v. Chr. Gründer war der Redner Kallistratos, der sich, in Athen trotz seiner Verdienste um die Stadt zum Tod verurteilt, der Strafe durch Flucht entzogen hatte und nun als Verbannter von Thasos aus die Kolonie gründete. Aber schon drei Jahre später machte sich Philipp zum Herren von Amphipolis, und es war nur eine Frage der Zeit, daß er die Grenzen seines Reiches nach Osten bis zum Nestos vorschob, was bedeutete, daß auch Krenides seinem Herrschaftsbereich einverleibt wurde.

Gelegenheit zum Eingreifen gab ihm der kleine Ort selbst. Einem Hilfegesuch gegen die immer angriffslustigen Thraker kam Philipp gerne nach. Er besetzte den Ort und ließ ihn befestigen. Das geschah wahrscheinlich im Jahr 356 v. Chr. Im Unterschied zu Amphipolis, das nach der Eroberung wie eine unterworfene Stadt behandelt wurde, zeigte sich der Makedonenkönig Krenides gegenüber als der große Wohltäter. Die hervorragende strategische Bedeutung des Ortes als Bastion gegen die Thraker dürfte ihm von vornherein klar gewesen sein. Gerade deswegen aber mußte ihm an der Loyalität der Bevölkerung besonders gelegen sein. So ist die Zuführung neuer Siedler, die ihre wirtschaftliche Existenz dem König verdankten, keineswegs nur ein Beweis königlichen Wohlwollens.

Was die Quellen sehr neutral „Vermehrung der Siedler" nennen, erweist sich in Wahrheit als geschickter taktischer Zug des Makedonenkönigs bei seinem Versuch, sich Stück für Stück das östliche Thrakien zu unterwerfen.

4. Zur Archäologie der griechischen Stadt

Beredtere Zeugen als die für diese Epoche der Stadtgeschichte außerordentlich spärlichen literarischen Quellen sind die archäologischen Funde. Im Jahr 1914 begann G. Fougères im Osten des Stadtgebiets zu graben und legte das Theater und das Neapolistor frei.

Auch als 1920, nach der Unterbrechung durch den Krieg, die Arbeiten wiederaufgenommen wurden, blieb Philippi eine Domäne der französischen Archäologen. Zunächst unter hervorragender Beteiligung von J. Charbonneaux, dann seit 1928 wieder intensiver unter der Leitung von P. Collart wurden die Befestigungsanlage und das Forum systematisch erforscht. P. Lemerle schloß die Ausgrabungen vorläufig ab mit der Freilegung der beiden großen frühchristlichen Basiliken. 1958 setzten neue Grabungen, jetzt von griechischen Archäologen, ein, die noch nicht abgeschlossen sind.

Von der Festung, zu der Philipp das alte Krenides umwandelte, zeugen auf sehr eindrückliche Weise die **Mauern** und Türme, die noch heute die Silhouette der Stadt bestimmen (*Abb. 3*). Wie schon angemerkt, stammen die Mauern, soweit sie erhalten sind, aus byzantinischer Zeit; man wird sie wohl ins 10. Jahrhundert datieren können. Aber in ihrem Verlauf vom hoch oben auf der Spitze gelegenen Kastell zur modernen Fahrstraße hinunter und jenseits von dieser in der Ebene noch einmal ein etwa gleichgroßes Areal herausschneidend, entsprechen sie dem antiken Mauergürtel, dessen Fundamente sie zum Teil benutzen. Am besten lassen sich die ältesten Mauerteile an den Flankenmauern und der Südmauer des antiken Kastells studieren: zwei Mäntel, aus großen Blöcken einheimischen Marmors sauber geschnitten – man kann sie heute vom Theater aus als zwar nicht gerade bequemen, aber sicher zum Ziel führenden Treppenweg zum Gipfel benützen –, dazwischen Füllsteine, das Ganze etwa 2,50 m dick. Rechteckige Türme, an der steil abfallenden Westmauer noch besonders deutlich sichtbar, und einfache Mauervorsprünge sorgten für eine zusätzliche Sicherung.

Besondere Aufmerksamkeit verdienen die beiden in den Mauergürtel eingefügten **Haupttore** der Stadt. Das östliche, das sogenannte Neapolistor, ist nicht ganz ausgegraben, da die moderne Fahrstraße an dieser Stelle genau der Trasse der antiken Straße folgt. Zwei rechteckige Türme sind zu erkennen, zwischen denen ein Durchgang in einen Vorhof führte; das Pflaster mit Wagenspuren stammt aus römischer Zeit. Eine Nische im Südturm diente zur Aufnahme des Hermes Propylaios, der das Tor schützen sollte, aber zugleich auch prophylaktische Funktion hatte. Beim Westtor, das in der Nähe von Quellen lag (Amphipolistor), ist der Torhof, der von zwei runden Türmen flankiert wurde, hufeisenförmig gestaltet; zur Stadt hin öffneten sich drei Durchgänge.

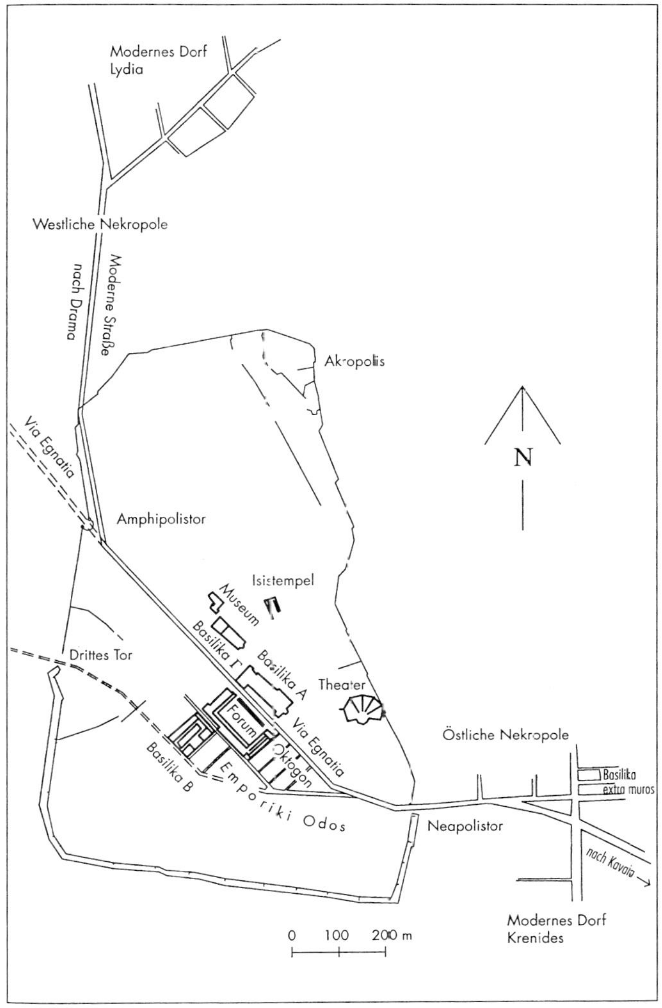

3 Philippi, Plan der römischen Stadt. Die die ganze Stadt vom Neapolistor im Osten bis zum Amphipolistor im Westen durchziehende Via Egnatia teilt Philippi in eine Oberstadt am steil ansteigenden Akropolisfelsen und eine Unterstadt in der Ebene. Das einzige aus griechischer Zeit erhaltene Bauwerk ist das Theater. Römisch ist das Forum, aus byzantinischer Zeit stammen die Basiliken und das Oktogon.

Direkt mit der östlich am Hang herabkommenden Mauer verbunden und über eine kleine Strecke hin von ihr gestützt, liegt das **Theater** *(Abb. 4)*. Sein vorzügliches isodomes (die senkrechten Fugen liegen jeweils genau in der Mitte der oben oder unten anschließenden Quader) Mauerwerk, das vor allem an den Parodoi, also den seitlichen Zugängen, zu bewundern ist, verweist auf eine Entstehungszeit während der ersten Jahre der

4 Philippi, Theater. Der unter Philipp angelegte Bau zeigt die für griechische Theater charakteristische Hanglage mit runder Orchestra, in den Hang hineingebauten Sitzreihen und seitlichen Zugängen (Parodoi). Mehrere Umbauten in römischer Zeit haben das ursprüngliche Aussehen verändert, das Theater mußte römischen Bedürfnissen einschließlich Gladiatoren- und Tierkämpfen angepaßt werden. Im Hintergrund der Burgberg mit dem byzantinischen Kastell.

makedonischen Kolonie. Trotz mannigfacher Veränderungen, die im Lauf der Zeit vorgenommen wurden, ist das Theater seiner Anlage nach ein griechisches Theater. Zwar war die Zeit, da der Altar die Mitte der Orchestra einnahm und auf den kultischen Charakter der dramatischen Aufführungen hinwies, längst vorbei. Und das Bühnengebäude mit dem vorgelagerten langgestreckten Proskenion, der eigentlichen Spielfläche, sowie den an den Flanken vortretenden Flügelbauten (Paraskenien) gehören um diese Zeit als Zugeständnisse an eine weiterentwickelte Aufführungspraxis zum festen Bestand eines jeden Theaters. Trotzdem ahnt der aufmerksame Betrachter auch in Philippi noch etwas von der Idee, die ein griechischer Theaterbau ursprünglich verkörperte: die ideale Einheit von Bühne und Zuschauerraum, die alle Teilnehmer an der Dionysosfeier zu einer großen Kultgemeinschaft zusammenschloß. Immerhin diente das Theater im ersten nachchristlichen Jahrhundert wenigstens noch teilweise als Theater. Die Theaterbegeisterung der Philipper muß immer noch so groß gewesen sein, daß die Stadt eine ständige Schauspieltruppe unterhielt. Eine Inschrift nennt einen *archimimus,* also einen Hauptdarsteller Titus Ultiedius Venerianus, der zugleich auch 37 Jahre lang Angestellter der Stadt war (Pilhofer S. 121). Sollte Paulus das Theater von innen gesehen haben, so hat er den Umbau aus dem 2. vorchristlichen Jahrhundert kennengelernt. Da hatte man bereits die untersten Sitzreihen, die ursprünglich bis unmittelbar an die Orchestra heranreichten, entfernt und um die Orchestra eine zwei Meter hohe Balustrade mit Vorrichtungen zur Befestigung eines Gitters gelegt. Wie die Urkunden bezeugen, diente das Theater nun auch zu Gladiatorenkämpfen und Tierhetzen. Jetzt gab es – wesensmäßig voneinander geschieden – Akteure und Zuschauer, die auch in architektonisch streng voneinander getrennten Bereichen plaziert wurden. Entsprechend den neuen Bedürfnissen mußte das Theater vergrößert werden; man fügte die Sitzreihen hinter dem oberen Umgang hinzu. Die Bühne und die Bühnenfront mit ihren fünf Toren und den – wahrscheinlich mit Musen geschmückten – Nischen stammen ebenfalls aus dieser Zeit. Zum Spektakel degenerierte die ursprüngliche Kultfeier allerdings erst, als man um die Mitte des 3. Jahrhunderts n. Chr. das Theater in eine Arena umwandelte. Jetzt riß man das Proskenion ab und baute unter der Bühnenfront hindurch einen Gang, damit die Raubtiere von ihrem Zwinger unter dem Bühnengebäude gleich in der Orchestra auftauchen konnten.

Von anderen makedonischen Bauten hat sich nicht viel erhalten; bei der Bedeutung der Stadt ein merkwürdiger Befund. Im Hinblick auf die politische Situation von Philippi können uns jedoch die **Münzfunde** noch ein wenig weiterhelfen. Eine der ältesten Serien zeigt auf der Vorderseite den Kopf des Herakles mit dem Löwenfell, auf der Rückseite einen Dreifuß und andere Symbole mit der Aufschrift PHILIPPON. Das läßt den Schluß zu, daß Philipp seiner Pflanzstadt zunächst den freien Status einer Kolonie mit eigenem Münzrecht belassen hatte. Aber die geringe Zahl der Münzen dieses Typs sowie ihre auffällige Gleichheit lassen vermuten, daß die Zeit der Freiheit nicht von langer Dauer war. Durch militärische Erfolge in Thessalien, auf der Chersonnes und in Thrakien hatte Philipp seine Position bald derart gefestigt, daß er offenbar zu keinerlei Zugeständnissen mehr gezwungen war. Bei der Neuorganisation des Landes verlor Philippi, wie andere Städte auch, sein Münzrecht, das als Symbol der Freiheit gegolten hatte. Selbstverständlich konnte Philipp in seinem eigenen Land keine konkurrierende Goldwährung dulden. Und so ist spätestens seit 344 v. Chr. Philippi eine nicht mehr autonome Stadt im makedonischen Königreich. Zwar wurden hier weiterhin Münzen geprägt – Philipp scheute keine Anstrengungen, den Ertrag der bis dahin nur spärlich ausgebeuteten Goldadern in der Gegend von Krenides erheblich zu steigern. Aber sie trugen jetzt einen Apollonkopf auf der Vorderseite und auf der Rückseite ein Zweigespann mit dem Namen des Königs. Es ist der berühmte „Philippeios", der Goldstater des Makedonenkönigs, der eine ungeheure Verbreitung (bis nach Britannien) fand und noch fast dreihundert Jahre nachgeprägt wurde.

5. Die römische Kolonie

So bedeutsam die Rolle war, die Philippi dank der Pläne des Makedonenkönigs, sein Reich bis zur Propontis auszudehnen, für eine kleine Weile spielen durfte, so schnell scheint es bald danach von der Weltbühne abgetreten und, wohl nicht zuletzt wegen der Erschöpfung der Bergwerke, in Vergessenheit geraten zu sein. Als Aemilius Paullus nach der Schlacht von Pydna 168 v. Chr. Makedonien teilte, wurde Amphipolis, nicht Philippi Hauptstadt des ersten Distrikts, dem Gebiet zwischen Strymon und Nestos. Auch wenn die günstige Lage zum Meer für Amphipolis gesprochen haben mag, so ist der Verzicht auf das zentral gelegene Philippi zugunsten einer Stadt in extremer Randlage doch bemerkenswert. Für Philippi beginnt damit eine Periode der Geschichtslosigkeit. Die Ausgrabungen haben so gut wie nichts aus dieser Zeit ans Licht gebracht, und die Texte verstummen. Auch die wenigen Inschriften, die man in der Gegend von Philippi aus makedonischer Zeit gefunden hat, etwa über Verhandlungen mit Alexander wegen der Trockenlegung der Sümpfe, ändern daran wenig.

Als Philippi dann nach dreihundert Jahren plötzlich wieder ins helle Licht der Geschichte trat, war es nichts weiter als ein kleines, unbedeutendes Dorf. Sicher zu Recht spricht Strabon von einer „kleinen Siedlung", als er im Zusammenhang mit der Niederlage der Caesarmörder gegen die beiden Triumvirn Antonius und Octavian auf Philippi zu reden kommt (VII frg. 41). Diese entscheidende Schlacht der Bürgerkriege, in der die Freiheit der Republik auf dem Spiele stand, fand zwar etwa drei Kilometer westlich von Philippi statt und hat den Ort sicher nicht in Mitleidenschaft gezogen. Trotzdem beginnt mit den Oktobertagen des Jahres 42 v. Chr. die zweite Phase in der Geschichte Philippis: Unmittelbar nach der Schlacht wird die Stadt römische Kolonie.

Octavian und Antonius können die einmaligen Vorzüge von Philippi nicht verborgen geblieben sein: die weite, fruchtbare Ebene mit einem sicheren Zugang zum Meer; die starken Befestigungen und dazu die strategisch außerordentlich günstige Lage an der großen Ost-West-Verbindung, der Via Egnatia (s.u. S. 23f.), die hier einen durch Berg und Sumpf gebildeten Engpaß überwand. Philippi war tatsächlich, wie Appian bemerkt (Bellum civile IV 106), „wie ein Tor" von Europa nach Asien. Zudem mußten die nach erfolgreicher Schlacht entlassenen Legionssoldaten versorgt werden. Antonius – er war der eigentliche Sieger der Doppelschlacht – tat das Nächstliegende: Er siedelte einen Teil von ihnen gleich in Philippi an und ließ seinen Legaten Q. Paquius Rufus alle notwendigen Formalitäten wie Weihung und Zuteilung des neuen Landes vornehmen. So bewährte sich auch in Philippi die von den Römern besonders in dieser Phase ihrer Kolonisation geübte Praxis, bei der Gründung von Kolonien die Lösung aktueller Gegenwartsprobleme, hier die Versorgung der Veteranen, mit weitsichtigen Maßnahmen, hier die Sicherung eines strategisch und wirtschaftlich wichtigen Gebiets, zu verbinden.

Ein Dutzend Jahre später, nach dem Sieg Octavians über seinen Rivalen Antonius und dessen Bundesgenossin Kleopatra bei Actium (31 v. Chr.), kam ein neuer, offensichtlich viel stärkerer Schub von italischen Siedlern nach Philippi. Diesmal waren es nicht nur entlassene Soldaten, die ihre Abfindung bekommen mußten, sondern auch italische Bürger, die wegen ihrer antoniusfreundlichen Gesinnung kurzerhand enteignet und in verschiedene Städte Makedoniens deportiert wurden, wo man sie für den verlorenen italischen Besitz entschädigte. In diesem Zusammenhang nennt Dio Cassius neben Dyrrhachium auch Philippi (LI 4,6). Daß sich Augustus als der eigentliche Gründer dieser Kolonie fühlte, kann nicht bezweifelt werden. Er begnügte sich keineswegs mit einer Umverteilung des Territoriums, sondern legte Wert auf eine offizielle „Neugründung". Die erste Bezeichnung der Kolonie nach der Gründung durch Antonius, *Colonia Victrix Philippensium,* wird demonstrativ durch eine neue ersetzt: *Colonia Iulia Philippensis,* und auf den Münzen erscheint statt des *iussu Antonii* ein *iussu Augusti.*

Obwohl die neue Bevölkerung von Philippi weitgehend aus Soldaten bestand – zu den Veteranen des Antonius waren unter Augustus Soldaten der Prätorianerkohorte gekommen –, war Philippi doch keine ausgesprochene Militärkolonie, wie sie später in der Kaiserzeit üblich wurden. Seinen ländlichen Charakter, den es von Anfang an gehabt hat, hat es auch in späterer Zeit bewahrt. Dazu passen in Philippi gefundene Münzen mit der Darstellung eines wichtigen Aktes bei der Gründung von Kolonien: Der Gründer, das Haupt mit einem Zipfel der Toga bedeckt, zieht mit dem Pflug, vor den Ochse und Kuh gespannt sind, eine Furche um das zu verteilende Territorium. Gerade dieser doppelte Charakter von Veteranenkolonie und Bügerkolonie ist für Philippi bezeichnend.

In ihrer kommunalen Organisation kopierten die römischen Kolonien mehr oder weniger die Mutterstadt. Im Unterschied zu den *municipia,* also jenen Städten, die sich Rom gegenüber zu bestimmten Leistungen, besonders zur Stellung von Truppen verpflichteten und dafür das römische Bürgerrecht erhielten, kamen die Kolonien nicht „von außen in den Staat", sondern wuchsen gleichsam aus ihm heraus und behielten Recht und Einrichtungen *(iura institutaque omnia populi Romani)* bei (Gellius, Noctes Atticae xvi 13,8 f.); im folgenden nennt Gellius die Kolonien sogar „kleine Nachbildungen und Abbilder" des römischen Volkes *(effigies parvae simulacraque).* Nun gilt dieser Vergleich selbstverständlich nicht für alle Kolonien und vor allem nicht für alle Perioden der römischen Kolonisation. Denn die ältesten Kolonien wurden zunächst von Rom aus verwaltet. Später aber, als die Ausbreitung der römischen Macht Gründungen auch außerhalb Italiens, zum Teil in beträchtlicher Entfernung, erforderlich machte, waren die Kolonien zwangsläufig selbständige Gemeinwesen mit einer ausgeprägten Selbstverwaltung. Die Kolonisten verloren deshalb auch ihr römisches Bürgerrecht und bekamen das der neugegründeten Kolonie. Trotzdem blieb, vor allem im kultischen Bereich, der Zusammenhang mit Rom bestehen, das auch auf dem Gebiet der Selbstverwaltung das Modell abgab. Die Gründung einer Kolonie vollzog sich nach dem Vorbild eines *lustrum,* eines feierlichen Sühne- und Opferaktes, und auch bei der rechtlichen Konstituierung mit Grundgesetz, Festlegung des Zensus sowie der Ernennung der ersten Magistrate und Priester folgte man römischen Mustern. Auch für die unterschiedliche soziale Schichtung in Rom und der damit verbundenen Rechtsungleichheit gab es in den Kolonien Parallelen. War der Ort wie im Fall Philippis vorher bereits bewohnt, bildeten die Kolonisten *(coloni),* den römischen Patriziern entsprechend, die Oberschicht, aus der auch die Beamten gewählt wurden. Die alten Einwohner behielten zwar meistens ihre Häuser und Felder, bildeten aber die unterprivilegierte Klasse *(incolae).* Erst in späterer Zeit wurden sie auch an der Verwaltung beteiligt. Allerdings gab es auch früher schon die Möglichkeit, aufgrund besonderer Leistungen das römische Bürgerrecht zu erwerben und damit in die Führungsschicht aufzusteigen.

Für die höchsten Beamten wurden in den Kolonien der republikanischen Zeit verschiedene Namen verwendet. Selten gab es den für ein Jahr gewählten *dictator,* dann die *duumviri,* ein Zweimännerkollegium, was die Regel war, oder auch, den römischen Konsuln entsprechend, zwei *praetores.* In den griechischen Gemeinden des Ostens hießen die *duumviri árchontes* oder *strategoí,* eine einheimische Bezeichnung, die sich durch die ganze Kaiserzeit erhalten hat. Analog zu den Munizipalstädten waren auch in den Kolonien meistens den beiden höchsten richterlichen Beamten *(duumviri iure dicundo)* zwei untergeordnete Aufsichtsbeamte beigegeben. Im Unterschied zu den alten Bürgerkolonien in Italien waren die „latinischen" Kolonien rechtlich autonome Staaten und damit frei vom *tributum ex censu* und anderen Auflagen gegenüber Rom. Allerdings bedeutete diese Stellung auch den Verlust des römischen Bürgerrechts. Als Ausgleich diente das *ius Italicum,* das unter Augustus entstanden zu sein scheint und das ausschließlich an Kolonien vergeben wurde. Durch dieses Recht, das vor allem die *libertas* (Recht der freien Verfassung) und *immunitas* (Befreiung von Kopf- und Grundsteuer) sicherte, waren die Provinzialstädte rechtlich den italischen gleichgestellt. Für die meisten makedonischen Kolonien, unter ihnen Philippi, ist die Verleihung des *ius Italicum* bezeugt.

6. Die Via Egnatia

Die 14 Kilometer von Neapolis nach Philippi wird Paulus mit seinen Begleitern an einem Tag bewältigt haben. Im Gegensatz zu manchen anderen Strecken, die der Apostel auf seinen Reisen hinter sich bringen mußte, hatte er es auf dem Weg nach Philippi und dann auch weiter bis Thessaloniki relativ bequem, denn hier konnte er die Via Egnatia benutzen, die wichtigste und zugleich kürzeste Verbindungsstraße zwischen Adria und Ägäis. Ihr Name geht auf einen gewissen Gnaeus Egnatius zurück, der irgendwann zwischen 145 und 120 v. Chr. die Provinz Makedonien als Prokonsul verwaltete. Sein Name erscheint auf einem nördlich von Thessaloniki gefundenen Meilenstein (*Abb. 5*). Insgesamt etwa 20 bislang aufgefundene Meilensteine sowie auffallend präzise Angaben antiker Autoren geben Auskunft über den Verlauf der Straße. Von Dyrrhachium, dem heutigen Durazzo (Durres) in Albanien, zog sie quer durch das makedonische Bergland über Lychnidos an der illyrisch-makedonischen Grenze, über Herakleia, Edessa und die frühere Alexanderresidenz Pella, also in fast gerader Linie, nach Thessaloniki, wo sie ans Meer kam. Am nördlichen Rand der Chalkidike entlang führte sie dann über Apollonia weiter nach Amphipolis, umging die nördlichen Pangaionausläufer, durchquerte das Stadtgebiet von Philippi und erreichte über Neapolis, jetzt weitgehend an der Küste bleibend, den Hebros und schließlich über Perinthos den Bosporos. Im Westen hatte die Via Egnatia über Brindisi und die Via Appia Anschluß an Rom. Die Entfernung von Dyrrhachium nach Thessaloniki gibt der erwähnte Meilenstein mit 260 Meilen (etwa 385 km) präzise an. Als Gesamtlänge der Via Egnatia von Apollonia, einem anderen Zweig der Straße (im heutigen Albanien) bis zum Hebros nennt Strabon, der bedeutendste Historiker und Geograph der augusteischen Zeit, 535 Meilen.

Nach dem Zeugnis zweier Meilensteine hat sich besonders Traian der lange vernachlässigten Via Egnatia angenommen und sie im ganzen makedonischen Bereich ausbessern lassen. Weitere Meilensteine mit den Namen römischer Kaiser, unter ihnen Hadrian, Septimius Severus, Caracalla und Galerius, beweisen, daß die Straße mindestens bis ins 4. Jahrhundert unterhalten wurde; für die römischen Unternehmungen im Osten, vor allem des Tiberius und Septimius Severus gegen die Parther, war sie natürlich von großer Bedeutung. Aber schon Xerxes hatte diese Route auf seinem

5 Thessaloniki, Meilenstein. Der sieben Meilen nördlich von Thessaloniki gefundene Meilenstein aus der 2. Hälfte des 2. Jh. v. Chr. enthält in sechs Linien eine Inschrift in Latein und Griechisch mit präzisen Angaben über den Mann, der den Stein aufstellen und die nach ihm benannte Straße ausbauen ließ, einen sonst unbekannten Prokonsul Gnaeus Egnatius, sowie über die Entfernung vom Anfang der Straße bei Dyrrhachium (Durazzo) im heutigen Albanien: 260 Meilen (das Zahlzeichen ↓ für 50, sonst ⊥, stammt aus dem „chalkidischen" Alphabet). Die griechische Version hat zwei Zusätze: „Sohn des Gaius" und (Prokonsul) „der Römer". Σ ist das Zeichen für 200, Ξ für 60.

Zug gegen Griechenland wenigstens teilweise benutzt (im Gebiet von Neapolis – Amphipolis führte die alte Straße an der Küste entlang, umging also nicht wie die spätere Via Egnatia das Pangaiongebirge im Norden). Brasidas' Operationen gegen Amphipolis, Philipps Unternehmungen gegen Thrakien, Alexanders Zug nach Kleinasien wären ohne diese Heerstraße kaum möglich gewesen.

Ohne Schwierigkeiten zugänglich ist ein guterhaltenes Stück der Via Egnatia unterhalb der modernen Straße nach Philippi, kurz nachdem sie von Kavala her den höchsten Punkt erreicht hat und sich zur Abzweigung nach Krenides – Drama wieder den Hang hinunterwindet (*Abb. 6*). Die für antike Verhältnisse erstaunliche Breite der Straße mit ihrer unregelmäßigen Pflasterung und den beidseitigen Einfassungen mit höhergelegten Steinen repräsentiert die spätrömische Ausbauphase. Archäologisch von besonderem Interesse ist die Teilstrecke am nördlichen Rand des Sumpfgebiets von Philippi. Hier waren mehrfach Brückenkonstruktionen erforderlich, die sich zum Teil noch heute in einem bemerkenswert guten Zustand befinden. Vor

6 Ein Stück der Via Egnatia bei Kavala. Die bis vor kurzem noch als Zufahrt zu den Äckern benutzte Straße ist ein Abschnitt einer der wichtigsten antiken Fernstraßen. Auffällig ist die sorgfältige Einfassung des Straßenrands mit größeren Steinen. Mehrere römische Kaiser haben die Straße für ihre militärischen Unternehmnugen im Osten immer wieder ausbauen und reparieren lassen.

allem die Brücke, die bei Kourowo in fünf Bogen den Abfluß des Sumpfes überspannt, liefert trotz mehrfacher Reparaturen ein eindrucksvolles Beispiel römischer Brückenbaukunst.

7. Die Gebetsstätte der Juden (Apg 16,13)

Nach dem Bericht der Apostelgeschichte gingen Paulus und seine Begleiter am Sabbat „zum Tor hinaus an den Fluß", wo sie eine Gebetsstätte der Juden vermuteten. In der Tat treffen sie dort zum Gebet versammelte Frauen, unter ihnen **Lydia**, die sich als erste Christin auf europäischem Boden taufen läßt. Nach Apg 16,14 war sie eine Purpurhändlerin aus Thyatira, einer Stadt im nördlichen Lydien, die wegen ihrer Purpurwebereien bekannt war. Lydia führte also wohl ein Handelskontor für die begehrte Ware und gehörte damit zur wohlhabenden Schicht. Daß sie nicht die einzige Purpurhändlerin der Stadt war, lehrt folgende Inschrift: „Die Stadt ehrt den Ersten der Purpurfärber (wohl den Vorsteher der Zunft) Antiochos, den Sohn des Lykos, aus Thyatira, ihren Wohltäter" (Pilhofer S. 177). Auch der *purpurarius*, die lateinische Bezeichnung für dieses Handwerk, ist in Philippi inschriftlich belegt.

Die jüdische Gebetsstätte (griech. *proseuché*) wird unter freiem Himmel gelegen haben, also kein fester Bau *(synagogé)* gewesen sein wie in Thessaloniki, Beroia oder Korinth, wo es mehr Juden gab. Über ihre topographische Lage ist viel spekuliert worden. Immerhin ist die Lokalangabe des Lukas relativ genau und die Kombination von jüdischer Gebetsstätte und Wasser (für die rituellen Reinigungen) sinnvoll, wenn auch nicht unbedingt erforderlich. Zudem erweist sich Lukas auch sonst als guter Kenner der philippischen Verhältnisse. Aber welches Tor und welcher Fluß sollen gemeint sein? Lange Zeit hat man – auch der Verfasser – an ein Bogentor aus augusteischer Zeit gedacht, dessen Fundamente an der alten Via Egnatia etwa 2,5 Kilometer westlich des Amphipolistors (Westtors) freigelegt wurden. Nicht weit von ihm fließt auch heute noch ein kleiner Fluß vorbei. P. Collart deutete den Bogen als Ehrenmonument, wie es häufig dort, wo die Hauptstraße in das Stadtgebiet einer Kolonie eintrat, errichtet wurde. Bedenklich an dieser Deutung ist vor allem die große Entfernung von der Stadt. Mindestens fünf Kilometer Fußmarsch hätte das mosaische Gesetz am Sabbat wohl kaum zugelassen. Dieses Problem stellt sich nicht, wenn man die fragliche Stelle näher an das Westtor heranrückt, etwa an jene Stelle, an der die Via Egnatia wenige hundert Meter hinter dem Tor eine Biegung nach links macht und sich direkt nach Westen wendet. Auch hier gibt es einen kleinen, heftig rauschenden Fluß; an seinen Ufern ist heute eine Andachtsstätte mit halbkreisförmig ansteigenden Sitzreihen angelegt. Wenige Meter entfernt erhebt sich eine moderne Taufkapelle im byzantinischen Stil zum Gedächtnis an Lydia. Wahrlich ein stimmungsvoller Ort, aber auch er kommt für die gesuchte Gebetsstätte nicht in Frage, auch wenn der

Fluß jener Gangites sein wird, dessen Ursprung in der Nähe Philippis bei einem antiken Schriftsteller (Appian, Bellum civile IV 106) bezeugt ist. Die mittlerweile recht zahlreich gewordenen Funde von Grabdenkmälern und Sarkophagen weisen den Ort als Teil eines Friedhofs des 1. und 2. nachchristlichen Jahrhunderts aus. Solche Nekropolen begleiteten, wie etwa auch im Osten von Philippi, die Ausfallstraßen einer Römerstadt über weite Strecken, weil innerhalb des Stadgebiets keine Toten bestattet werden durften. Als Ort einer jüdischen Gebetsstätte kommt ein römischer Friedhof jedoch nicht in Betracht.

Nun weist P. Pilhofer auf ein weiteres, bislang wenig beachtetes Stadttor hin. Es liegt etwa 300 Meter südlich des Westtors und führt in südlicher Richtung aus der Stadt heraus (s. *Abb. 3,* S. 19). In der Tat bietet dieses kleine Tor mehrere Vorteile. Es war schnell zu erreichen und lag an keiner Durchgangsstraße; Wasser gab es ganz in der Nähe, da der Gangites sich in diesem Bereich der Stadtmauer auf etwa 50 Meter nähert. Und trotz Zentrumsnähe war das römische Gesetz, das Zusammenkünfte offiziell vom Staat nicht anerkannter Religionsgemeinschaften nur außerhalb der Stadtmauern gestattete, eingehalten. Wenn wir also schon die Gebetsstätte von Philippi dingfest machen wollen, hätten wir sie – wenigstens nach den bisherigen Grabungsergebnissen – an dieser leider völlig überwachsenen, wenig einladenden Stelle zu suchen.

8. Die Beamten von Philippi

Gewiß war Philippi nicht die einzige römische Kolonie, die Paulus auf seinen Reisen besucht hat. Aber nur bei den Ereignissen in Philippi spielt der Kolonialstatus der Stadt eine entscheidende Rolle, ja mehr noch, diese Ereignisse konnten sich so, wie sie in der Apostelgeschichte geschildert werden, eigentlich nur in einer römischen Kolonie abspielen. Dieser besonderen Bedeutung der *Kolonie* Philippi scheint der Autor auch Rechnung tragen zu wollen, wenn er gleich zu Beginn seines Berichts Philippi als *kolonía* einführt (16,12), mit einer Bezeichnung also, die sonst im Neuen Testament nicht belegt ist.

Die zweite Angabe von Vers 12 hingegen bietet gewisse Schwierigkeiten. Wörtlich übersetzt, wird hier behauptet, Philippi sei „die erste Stadt des Teils von Makedonien", was keinen Sinn ergibt. Mit einer kleinen Textänderung wird die Sache klar: „eine Stadt im ersten Teil Makedoniens". Das griechische Wort, das hier mit „Teil" wiedergegeben ist *(merís)*, ist der Fachausdruck für die vier Bezirke, in die die Provinz Makedonien von den Römern eingeteilt wurde. Und da gehörte Philippi zum „ersten", östlichen Bezirk zwischen Strymon und Nestos mit der Hauptstadt Amphipolis. Lukas erweist sich auch in diesem Punkt als gut informiert.

Was der einleitende Terminus *kolonía* begrifflich definiert, entfaltet der folgende Bericht in voller Plastizität. Die Häufung von Bezeichnungen für Beamte, speziell für Beamte in römischen Kolonien, dokumentiert die Rolle der römischen Behörden als Widerpart des Apostels und seiner Begleiter während ihres Aufenthalts in Philippi. Genannt werden die *árchontes* und *strategoí*, denen Paulus und Silas vorgeführt werden (V. 19f.) und die den Befehl zur Auspeitschung geben (V. 22), die dann die Freilassung der beiden veranlassen (V. 35f.) und sich schließlich selbst auf den Weg zum Gefängnis machen (V. 38f.); des weiteren die *rhabdoúchoi* in untergeordneter Funktion (V. 35.38) und der Gefängniswärter, dem die Gefangenen anvertraut werden (V. 23.27.36). Auffallend dabei ist, daß die Titel *strategós* und *rhabdoúchos* nur an dieser Stelle im Neuen Testament erscheinen; ebenso ist V. 19 der einzige neutestamentliche Beleg dafür, daß die Inhaber eines bestimmten weltlichen Amtes mit *árchontes* bezeichnet werden – lauter Hinweise auf die politische Sonderstellung unseres Berichts.

Daß mit den *strategoí* die auch in zahlreichen Inschriften von Philippi erwähnten *duumviri iure dicundo* gemeint sind, unterliegt keinem Zweifel. Zum einen waren sie in der Regel in römischen Kolonien die beiden höchsten Beamten, vertraten also die Stelle der Konsuln, zum anderen gehörte zu ihrem Kompetenzbereich neben dem Vorsitz im Senat und der Oberaufsicht über die städtische Verwaltung auch die Gerichtsbarkeit. Gerade in dieser Funktion wenden sich die aufgebrachten Philipper an die Duumvirn. In den zunächst erwähnten *árchontes* eine andere Beamtengruppe sehen zu wollen, besteht kein Anlaß. Zwar ist die Frage nach den lateinischen Äquivalenten von *árchon* und *strategós* nicht leicht zu beantworten, aber der Text läßt keinesfalls an zwei getrennte Personengruppen denken. Man wird lediglich *árchontes* als den allgemeineren („Behörden") und *strategoí* als den spezielleren Begriff unterscheiden können. Das ergibt eine auch psychologisch sinnvolle Erklärung der Stelle. Die Verbringung der beiden Angeklagten vor Gericht vollzieht sich gleichsam in zwei Phasen. Zunächst werden sie aufs Forum „gezerrt“, wo sich die Behörden befinden, dann, nachdem sich die erste Wut gelegt hat, den Richtern „vorgeführt“. Die unterschiedliche Terminologie wäre dann sachlich durch die Erzählperspektive bedingt und nicht als Unstimmigkeit einer nicht ganz in die endgültige Form gebrachten Fassung zu verstehen.

Die zweite, untergeordnete Beamtengruppe, die der Philippibericht erwähnt, sind die *rhabdoúchoi* („Ruten- oder Stabträger“), das griechische Äquivalent für die römischen *lictores*. Zu den Ehrenrechten der *duumviri* gehörten die Liktoren, die die Magistrate bei allen ihren Ausgängen begleiteten, um ihnen Platz zu schaffen (*plebem summovere*) und für den nötigen Respekt zu sorgen. In den Kolonien war ihre Zahl auf zwei beschränkt; auch trugen hier die Liktoren keine Beile in den Rutenbündeln (*fasces*), dem symbolischen Zeichen zunächst königlicher, dann magistratischer Amtsgewalt.

Zu den Amtspflichten der Liktoren gehörte unter anderem die Ladung vor Gericht sowie die Verhaftung und Auspeitschung, also ein Aufgabenkreis, den die *rhabdoúchoi* im Bericht der Apostelgeschichte ziemlich genau erfüllen. Das *rhabdízein* („auspeitschen“) weist sogar direkt auf ihre Amtsbezeichnung.

9. Die Anklage

Auch die gegen Paulus erhobene Anklage nimmt innerhalb der Apostelgeschichte eine Ausnahmestellung ein, die ebenfalls mit dem besonderen Status von Philippi zusammenhängt. Zwar scheinen die Vorgänge in der Stadt auf den ersten Blick dem mehrfach in der Apostelgeschichte begegnenden Missionsschema zu gleichen. Aber bei genauerem Zusehen sind die Unterschiede größer als die Gemeinsamkeiten. Ob Paulus wie in Lystra die Steinigung droht; ob er wie in Thessaloniki oder Beroia zum Verlassen der Stadt gezwungen wird; ob er wie in Korinth vor den römischen Statthalter oder wie in Jerusalem vor die römischen Prokuratoren gebracht wird – immer sind es Juden, die Paulus Schwierigkeiten machen. In Philippi jedoch gehen Römer gegen Paulus vor, und zwar nicht als Reaktion auf seine missionarische Tätigkeit, sondern, wie man vermuten muß, weil gewisse Leute nach der Heilung des von einem Python besessenen Mädchens sich einer gewinnträchtigen Einnahmequelle beraubt sehen und es ihnen offenbar gelingt, einen in der Bevölkerung verbreiteten antijüdischen Affekt für ihre eigenen Interessen auszunützen. Der Gegensatz zwischen Römern und Juden ist im Text mit auffallender Schärfe formuliert: „Diese Männer, die Juden sind, bringen unsere Stadt durcheinander und propagieren Sitten, die wir nicht annehmen und befolgen dürfen, da wir Römer sind“ (V. 20f.). Eine wichtige Pointe des Philippi-Berichts besteht sicher in dem Rückgriff des Autors auf diese Antithese, wenn er die Berufung des Paulus auf das römische Bürgerrecht ganz parallel formuliert: „Man hat uns, die wir Römer sind, ohne Gerichtsverfahren ausgepeitscht...“ (V. 37). Der Hinweis auf die römische Staatsangehörigkeit zeugt nicht nur von dem Selbstbewußtsein der Kolonien – in Philippi wohnten ja keineswegs nur Römer –, sondern mehr noch von einer antijüdischen Gesinnung zumindest unter den Philippern.

In aller Deutlichkeit tritt diese Haltung in der Anklage hervor. Unruhestiftung und Aufruhr sind der gängige Anklagegrund gegen die Christen. Bezeichnend ist jedoch, daß in unserem Fall der Vorwurf gar nicht gegen die Christen erhoben wird, sondern gegen die Juden, und daß dieser Vorwurf mit dem Hinweis auf die „Sitten“, die für die Römer unannehmbar seien, präzisiert wird. Die gängige Erklärung, man habe sich gegen die Einführung neuer Götter verwahren wollen, ist wenig stichhaltig angesichts der zahlreichen archäologischen Zeugnisse für nichtrömische Kulte im Philippi des ersten nachchristlichen Jahrhunderts (s. u. S. 30ff.). Man weist auch darauf hin, daß das Judentum zwar eine *religio licita*, also eine staatlich zugelassene Religion gewesen sei, aber – zumindest unter Römern – nicht das Recht der Proselytenwerbung besessen habe, christliche Mission unter Römern also illegal gewesen sei. Aber ganz abgesehen davon, daß die in den römischen Kolonien geübte Praxis in diesem Punkt recht unterschiedlich gewesen zu sein scheint, spricht der Text auch nicht andeutungsweise von einem solchen Vorwurf, dafür aber sehr bestimmt von Römern nicht erlaubten Gewohnheiten. Was man sich darunter vorzustellen hat, geht aus den Zeugnissen klar hervor: Verbot des Kriegsdienstes, Sabbatfeier, Beachtung der Speisegesetze, Sondergerichtsbarkeit und anderes. Nun würde das alles zusammen noch nicht zum Vorwurf des öffentlichen Aufruhrs (V. 20) ausreichen. Aber man muß bedenken, daß die Anklage gegen Paulus und Silas ja zunächst ein Racheakt der um ihren Gewinn gebrachten Eigentümer des Mädchens war, was die überspitzte Formulierung einer Staatsgefährdung durch die Juden

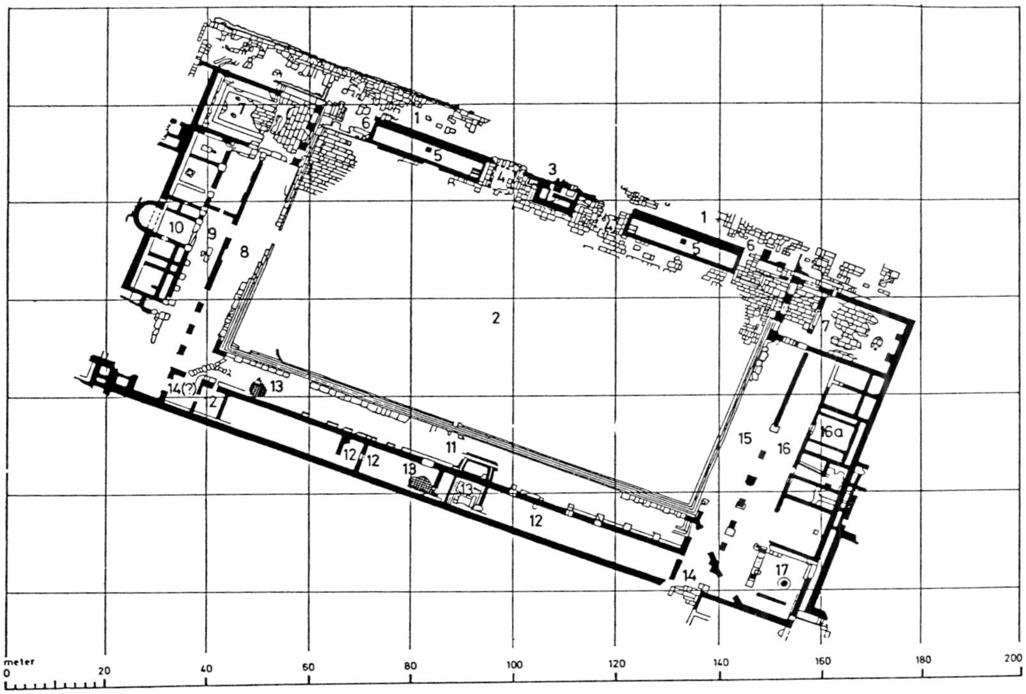

7 Philippi, Forum

1 Via Egnatia
2 mit Platten belegter Platz
3 Rostra
4 Bauten des alten Forums
5 Brunnenanlagen
6 nördliche Zugänge
7 Tempel
8 westliche Säulenhalle
9 Verwaltungsgebäude
10 Curie
11 südliche Säulenhalle
12 Läden
13 Haus mit Mosaikboden
14 südlicher Zugang
15 östliche Säulenhalle
16 Bibliothek
16a Lesesaal (?)
17 Raum mit Brunnen

psychologisch verständlich macht. Die Darstellung der jüdischen Bräuche, die Tacitus Historien V 4f. gibt, ist in ihrer persönlichen, stark emotionalen Färbung sicher nicht repräsentativ für die Einschätzung der Juden im römischen Imperium. Wenn er von den mosaischen Gesetzen sagt, sie liefen denen der anderen Menschen zuwider; wenn er die jüdischen Einrichtungen „abscheulich", das jüdische Gesetz „beleidigend" nennt, bekundet er jedoch die ablehnende, zumindest verständnislose Haltung der Römer gegenüber den jüdischen Gesetzen. Zudem muß man bedenken, daß jede Änderung des *mos maiorum* für den Römer bereits den Charakter einer Revolution hatte.

Vor diesem Hintergrund wird das Verhalten der römischen Beamten in Philippi verständlicher. Sie tragen der auch unter der Bevölkerung von Philippi offenbar verbreiteten Abneigung gegen die Juden Rechnung, wenn sie Paulus und Silas auspeitschen und ins Gefängnis werfen lassen, ohne daß überhaupt eine Schuld festgestellt worden wäre oder die beiden Gelegenheit gehabt hätten, sich zu verteidigen. Denkt man an die Haltung, die Gallio in Korinth (s.u. S. 100ff.) oder die Prokuratoren in Jerusalem Paulus gegenüber einnehmen, überhaupt an die geradezu zuvorkommende Art, in der römische Beamte in der Apostelgeschichte geschildert werden, muß das Verhalten der Behörden in Philippi befremden. Sicher trifft dieser Bericht die historische Realität genauer. Der Grund dürfte darin zu suchen sein, daß Lukas diesmal ohne apologetische Tendenz auskam. Denn bei der Schilderung der Ereignisse in Philippi war ihm nicht darum zu tun, das Christentum als eine auch für den Römer akzeptable und keineswegs staatsgefährdende Religion darzustellen: Paulus wird in Philippi als Jude, nicht als Christ behandelt.

Die vieldiskutierte Frage, warum sich Paulus erst nach der Inhaftierung auf sein römisches Bürgerrecht beruft, hat noch keine befriedigende Antwort gefunden. Weder psychologische (Paulus wollte Silas, der ja kein römischer Bürger war, nicht allein lassen) noch situationsbedingte (im allgemeinen Durcheinander hatte Paulus gar nicht die Gelegenheit, auf seinen Sonderstatus hinzuweisen) Gründe vermögen dieses aller Vernunft widersprechende Verhalten hinreichend zu erklären. Wahrscheinlich ist die Antwort auf diese Frage (ähnlich wie Apg 22,25ff.) gar nicht im Biographischen, sondern im Literarischen zu suchen: Hätte sich Paulus zu dem von der Vernunft diktierten Zeitpunkt als römischer Bürger zu erkennen gegeben, wäre es nicht zur Kerkerszene gekommen. Sie ist jedoch der Höhepunkt, auf den der ganze Bericht zusteuert.

Vom Ort dieser turbulenten Geschehnisse kann sich der heutige Besucher eine gute Vorstellung machen, obwohl das Forum in den heute sichtbaren Resten fast ausschließlich aus späterer Zeit stammt. Seine Gesamtkonzeption dürfte erst unter Marc Aurel, also in der 2. Hälfte des 2. Jahrhunderts, ausgeführt worden sein.

Das Forum (*Abb. 7 und 8*) bildet ein Rechteck von 100 × 50 Metern; die ältere Anlage scheint sogar noch größere Ausmaße besessen zu haben. Auf den beiden Schmalseiten und der südlichen Längsseite war der Platz von Säulenhallen eingefaßt, hinter denen sich Räume mit unterschiedlichen Funktionen öffneten. Da sie alle am hinteren Ende auf einer einheitlich durchlaufenden Grundmauer aufruhen, ergibt sich für die architektonische Gesamtanlage eine Fläche von 148 × 70 Metern. Das sind gewaltige Ausmaße, wenn man bedenkt, daß der Abstand zwischen den beiden Stadttoren in der Längsrichtung, also zwischen Ost- und Westtor, nicht mehr als etwa 800 Meter beträgt – ein Hinweis darauf, daß sich hier der politische Mittelpunkt nicht nur der Stadt Philippi im engeren Sinn, sondern der ganzen Kolonie befand. Im Norden grenzt das Forum direkt an die auf einem höheren Niveau liegende **Via Egnatia**, deren Unterbau zugleich als Begrenzungsmauer des Forums diente. Topographisch mag man diese als den Decumanus, also die Ost- und Westtor verbindende Hauptachse der Stadt, ansehen, aber sie diente – trotz einiger Wagenspuren im Pflaster aus späterer Zeit – kaum als Hauptverkehrsstraße. Denn die beiden nördlichen Zugänge zum Forum, jeweils durch ein breites Bogentor markiert, kamen wegen des Gefälles ohne Stufen nicht aus, waren also nur für Lasttiere, nicht für Wagen zu benutzen. Der Hauptverkehr dürfte sich vielmehr auf einer erst bei den neuen Ausgrabungen erforschten Straße abgespielt haben, die im Süden zwischen Forum und einem zum Teil von der Basilika B überdeckten Marktplatz verläuft und im Osten einen Treppenzugang zum Forum besaß; die Ausgräber gaben ihr den Namen *Emporikí Odós*, „Geschäftsstraße" (*Abb. 3*, S. 19). Die obere Straße wäre dann eine Art Fußgängerzone gewesen.

Das Forum war mit rechteckigen Platten aus einheimischem Marmor sorgfältig gepflastert. Für die Entwässerung sorgte ein Abflußkanal, der an der untersten der zwei bis fünf Stufen, die die Säulenhallen trugen, entlanglief (die unterschiedliche Stufenzahl ist durch das nicht ganz ebene Gelände bedingt). Genau die Mitte der Nordseite nimmt ein in den Umrissen noch deutlich erkennbarer podiumartiger Bau mit zwei seitlichen Treppenzugängen ein. Die Vermutung, daß es sich dabei um eine **Rednertribüne** handelt, wird bekräftigt durch die genau den Umriß der Tribüne begleitenden Einlassungen in der Pflasterung. Sie waren für die Aufnahme von Gittern bestimmt, die zum – offenbar notwendigen – Schutz des Redners dienten. Auch in späterer Zeit scheinen sich also noch ähnlich dramatische Ereignisse auf dem Forum von Philippi abgespielt zu haben wie zur Zeit des Paulus.

Die schwachen Reste zweier kleinerer Gebäude, symmetrisch links und rechts von der Rednertribüne gelegen, verdienen insofern Beachtung, als sie aus voraure-

8 Philippi, Forum. Blick durch das Eingangstor der Bibliothek auf Stufen und Säulen der südlichen Halle.

lischer Zeit stammen. Eine fragmentarisch erhaltene Inschrift vom Architrav des rechten Gebäudes, die mehrere Stationen aus der Karriere eines römischen Bürgers von Philippi nennt, ermöglicht eine Datierung in das erste nachchristliche Jahrhundert, aus dem noch weitere Inschriften auf dem Forum erhalten sind. Aufschlußreich ist die Lage der beiden Gebäude, die wahrscheinlich sakralen Zwecken gedient haben. Auf der Vorderseite weichen sie zwar von der Flucht der angrenzenden Bauten ab, mit der Rückseite jedoch stoßen sie direkt an die Terrassenmauer des Decumanus. Dieser Befund läßt den Schluß zu, daß bei der Neugestaltung des Forums unter den Antoninen die Vorgängerbauten in den Gesamtplan einbezogen wurden. Dann aber dürfen wir auch annehmen, daß das Forum, das Paulus sah, wenigstens im nördlichen Bereich der späteren Ausführung, wenn auch in bescheideneren Formen, entsprach.

Links und rechts an die beiden älteren Gebäude schließen sich zwei **Brunnenanlagen** an, deren rechteckige, ein Meter tiefe Becken von fast 25 Meter Länge den größten Teil der nördlichen Begrenzungsmauer begleiten. In der Mitte eines jeden Beckens stand ein Pfeiler für die Zuleitung des Wassers, das aus einem Löwenkopf – beide hat man in den Becken gefunden – hervorsprudelte. Die Brunnen sind nach den Inschriften Stiftungen zweier vornehmer Familien; der westliche ist für 30 000 Sesterzen von L. Decimius Bassus, einem Ädil von Philippi, zur Erinnerung an ihn selbst, an seinen Vater und seinen Bruder gebaut worden. Neben den Brunnen befanden sich die beiden schon erwähnten nördlichen Zugänge zum Forum: heute zwei aus späterer Zeit stammende Rampen mit geriffeltem Pflaster.

Die Nordost- und Nordwestecke nahmen zwei etwa gleich große, aus den gefundenen Bruchstücken rekonstruierbare **Tempel** ein, die deutlich als Pendants gedacht waren und die beiden markantesten Akzente im architektonischen Ensemble des Forums setzten. Das Giebelfeld des westlichen Tempels zierte die Darstellung eines Rundschildes und einer Lanze, eine recht grobe Arbeit wie auch die als Akrotere dienenden Niken und die auf den Gorgonenschild gestützte Athena vom Dachfirst. Die stark verstümmelte Inschrift vom Architrav nennt den Divus Antoninus, nach dessen Tod (deshalb der Zusatz *Divus*) im Jahr 161 der Tempel also errichtet wurde. Die seitlich vor dem Tempel stehende Frauenstatue war für P. Collart noch Kybele; heute sieht man in ihr eher eine Darstellung der Fortuna, also der Glücksgöttin der Stadt. Die Statue stand nicht im Tempel, sondern seit je im Freien unter einem Baldachin. Unter den Trümmern des Osttempels, auch er mit Vorhalle und zwei korinthischen Säulen, fand man eine Inschrift für Faustina die Jüngere, die Gattin Marc Aurels, eine weitere für den Genius der Kolonie von Philippi. Dieser Tempel war also wohl offiziell dem Kaiserkult vorbehalten. In diesen Rahmen fügt sich auch das heute zwischen Rampe und (späteren) Tempel eingepaßte Ehrenmonument für sieben Priesterinnen der Augustusgattin Livia. Das Denkmal mit sieben Meter breitem Sockel wird in der zweiten Hälfte des ersten nachchristlichen Jahrhunderts errichtet worden sein.

Zu den wichtigsten Bauten der Schmalseiten gehörte im Osten die **Bibliothek** mit vier nebeneinanderliegenden Räumen, dem Lesesaal und den Magazinen, sowie die eigentlichen Verwaltungsgebäude im Westen. Eine halbkreisförmige Apside mit einem Durchmesser von 5 Metern, die etwa in der Mitte über die äußere Begrenzungslinie vorspringt, läßt vermuten, daß sich hier die **Curie** befand, also der Sitz der beiden Duumvirn – ob auch schon zu Paulus' Zeiten, ist natürlich zweifelhaft. Immerhin hat man am Forum keine anderen Gebäudereste gefunden, die als Sitz der Stadtverwaltung in Frage kämen.

Diente der nördliche Teil des Marktplatzes mit seinen Kultbauten, Brunnenanlagen und der Rednertribüne vorwiegend repräsentativen Zwecken – in dieser Region fand man auch die meisten Basen und Bruchstücke von Ehrenmonumenten –, so der südliche Teil dem geselligen und geschäflichen Leben. Unter den **Säulenhallen,** die teilweise eine alte Ladenstraße überdecken, konnte man, vor Sonne und Regen geschützt, bequem flanieren, Besorgungen machen und Geschäfte abschließen. Lebendige Zeugen dieses bunten Treibens sind mehrfach erhalten. Zum Beispiel der trapezförmige Maßtisch in der Südwestecke des Forums. Er weist fünf halbkugelförmige Höhlungen von unterschiedlicher Größe auf, die keinen Abfluß haben; der Tisch diente offenbar zur Kontrolle der Maße, eine Einrichtung, die auch aus anderen römischen Städten bekannt ist. Wiederholt stößt man auf in den Boden geritzte Spielfelder. In die in acht oder neun Segmente geteilten Kreisfiguren setzte man offenbar die Spielsteine nach dem Würfeln. Daneben gibt es Spiele, bei denen mehrere Löcher in unregelmäßigen Abständen, aber in einer Linie angeordnet sind: ein Vorläufer unseres Murmelspieles.

Von der Wohnstadt, die sich rings um das Forum in engen, von Sumpf und Berg gezogenen Grenzen ausbreitete, ist bislang wenig ausgegraben. Unter der Basilika B (s. u. S. 37f.) entdeckte man die Spuren zweier römischer Straßen, die vom Forum aus in südliche Richtung führten. Jenseits des Decumanus, der Philippi in eine Ober- und eine Unterstadt teilte, befanden sich, meist schon in steiler Hanglage, mehrere Heiligtümer (siehe unten II 11). Auf Reste von Privathäusern stieß man kürzlich im Bereich östlich des Oktogons.

11. Kulte

Von den in Philippi verehrten Gottheiten und ihren Kulten können wir uns dank der zahlreichen Inschriften, Reliefs und baulichen Reste, die bei den Ausgrabungen zutage kamen, ein gutes Bild machen. Wegen der beachtlichen Vielgestaltigkeit dieser Kulte darf Philippi sogar als besonders illustratives Beispiel für den Synkretismus der beiden ersten nachchristlichen Jahrhunderte gelten. Neben der römischen Religion, die natürlich seit der Ankunft der römischen Siedler in Philippi offizielle Staatsreligion war, hielten sich mit erstaunlicher Zähigkeit die einheimischen Kulte der thrakischen Urbevölkerung. Dazu kommt eine Anzahl orientalischer Kulte, die um diese Zeit eine besondere Ausstrahlungskraft ausübten. Die griechischen Götter dagegen scheinen in Philippi nur eine bescheidene Rolle gespielt zu haben. Dem Zug der Zeit entsprechend, existierten die verschiedenen Kulte nicht nur nebeneinander, sondern beeinflußten und durchdrangen sich wechselseitig in mannigfacher Form.

Daß unter den römischen Göttern Jupiter auch in Philippi besondere Verehrung genoß, ist selbstverständlich. Ebenso erstaunt es nicht, Juno, Minerva, Mercur und Mars – diesen weniger in seiner Eigenschaft als Kriegsgott denn als Gott der Landwirtschaft – in den Weihinschriften, zum Teil auch auf bildlichen Darstellungen anzutreffen. Mit Sicherheit hat der Kaiserkult eine zentrale Rolle gespielt. Das beweisen neben den bereits erwähnten Bauten am Forum die Denkmäler der Victoria Augusta und der Quies (Ruhe, Frieden) Augusta ebenso wie die inschriftlich genannten Priester des Divus Iulius Augustus. Neben den offiziellen Staatsgottheiten waren jedoch, dem ländlichen Charakter der Kolonie entsprechend, die alten italischen Land- und Fruchtbarkeitsgötter von besonderer Bedeutung: Liber, der in etwa Dionysos entspricht, Hercules, Vetumnus und vor allem Silvanus, wie Pan, mit dem er oft verglichen wird, ein Gott des Waldes und des Feldes.

Befanden sich die Kultstätten der offiziellen Götter vorwiegend am Forum und in der Unterstadt, so die der mehr privaten Gottheiten am Fuß des Akropolisfelsens, wo die glatten Flächen eines Steinbruchs, aus dem das Material für die meisten Bauten von Philippi gewonnen wurde, einen geeigneten Ort für primitive Kultstätten abgaben. Hier sind vier Inschriften dicht beieinander in den Felsen gehauen, die meisten aus dem 2. Jahrhundert n. Chr. Auf der linken hat ein P. Hostilius Philadelphus die Namen von 69 Mitgliedern des Kollegiums der Verehrer des **Silvanus** in vier Kolumnen einmeißeln lassen (rechts daneben eine spätere Ergänzung mit 25 stark verstümmelten Namen). Von demselben Mann stammt auch die rechte Inschrift mit einem Verzeichnis der Stifter und ihrer Gaben für die Ausschmückung des Heiligtums; unter anderem werden genannt eine bronzene Silvanstatue, 400 Dachziegel, Marmorstatuetten von Hercules und Mercur und ein Zementboden vor dem Tempel. Eine vierte Inschrift darüber nennt die „Verehrer des Silvanuskollegiums unter dem Priester Magius Bictor". Ob das etwa 30 Meter weiter westlich gelegene Felsheiligtum die in den Inschriften erwähnte Kultstätte des Silvanus ist, läßt sich nicht mit Sicherheit sagen. Jedoch vermittelt es einen guten Eindruck von der Primitivität dieser Treffpunkte der Kultgemeinschaften: eine rechteckige, in den Fels gehauene Cella mit drei großen Nischen an der Rückwand und einer niederen Bank. Trotz der Verbreitung des Silvanuskults im römischen Reich ist die Silvanusstätte von Philippi die einzige bislang bekannte in Griechenland. Daß die Listen keine thrakischen Namen aufweisen, macht den römischen Charakter dieses Kults deutlich. Zu seinen Anhängern gehörten vorwiegend Angehörige der unteren Schichten; auffallend viele Sklaven und Freigelassene sind in den Listen genannt.

Deutlicher als Silvanus trägt der in Philippi als **Liber Pater** verehrte Gott synkretistische Züge. Häufig mit Libera und Hercules zusammen genannt, trat dieser Gott von Thrakien aus seinen Siegeszug durch Italien an und verschmolz dabei immer mehr mit Dionysos-Bacchus. **Dionysos** ist wohl die älteste in Philippi verehrte Gottheit; sein Heiligtum auf dem Pangaion geht in die vorgriechische Zeit zurück. Im römischen Philippi wurde sein Kult in erster Linie von (latinisierten) Thrakern getragen und wies einen stark mystischen Einschlag auf. Die in sogenannte Thiasoi zusammengeschlossenen Kultanhänger, die „Mysten", trafen sich zu feierlichen Zeremonien, in deren Mittelpunkt das Gedächtnis an einen Verstorbenen stand. In Philippi verschmolz das römische Rosalienfest, das „Rosenfest", das jedes Jahr im Mai im Zusammenhang mit dem Totenkult gefeiert wurde, weitgehend mit dem Dionysoskult. Diese Feiern waren geprägt durch die Hoffnung auf ein ewiges Leben. Charakteristischer Ausdruck dafür ist die in der Nähe von Philippi gefundene Grabinschrift eines Kindes, in der es heißt:

... et reparatus item vivis in Elysiis.
Sic placitum est divis aeterna vivere forma,
qui bene de supero numine sit meritus.

... und wiederhergestellt lebst du im Elysium.
So haben es die Götter beschlossen, daß lebe in ewiger Gestalt,
wer sich um die himmlische Gottheit verdient gemacht hat.

Dieses Fortleben im Elysium malt das Epigramm in freundlichen Farben aus: Der Tote kann sich als Satyr in den Festzug des Dionysos einreihen und sich an der nächtlichen Feier beteiligen, vielleicht fordern ihn aber auch die Nymphen für sich als Spielgesellen. Wenn man so will, ein lebensvolles heidnisches Pendant zu Lk 18,17, daß ins Reich Gottes nur kommt, wer es „wie ein Kind" aufnimmt.

Interessant ist in diesem Zusammenhang ein südlich der Basilika B gelegener Gebäudekomplex, den der erste Ausgräber als römisches Bad gedeutet hatte. Die neuen Grabungen jedoch sprechen für eine andere Verwendung der Anlage. Der zentrale Rundbau, zunächst als Wasserbecken interpretiert, stellte sich als später eingebauter Kalkofen heraus, und die allmählich sich klärenden Ausmaße des Ganzen machten deutlich, daß die Thermen nur einen begrenzten Raum einnahmen. Die aufgefundenen Weihinschriften an Liber, Libera und Hercules lassen eher an ein Versammlungsgebäude von Verehrern dieser Triade, also letztlich von Dionysosverehrern, denken, wozu auch die räumliche Disposition des Komplexes um einen Mittelhof besser paßt. Sollte sich diese Deutung als richtig erweisen, hätten wir zusätzlich zu den zahlreichen Inschriften auch ein Bauwerk, das die besondere Bedeutung des Dionysoskultes für Philippi bezeugt.

Zwei spezifisch thrakische Ausformungen des Unsterblichkeitsglaubens dürfen wir im Kult der Bendis und des sogenannten Thrakischen Reiters sehen. **Bendis** *(Abb. 9)* war eine thrakische Göttin, die seit dem 5. Jahrhundert auch in Attika verehrt und von den Griechen mit Artemis identifiziert wurde. Allein die Tatsache, daß man am Akropolisfelsen mindestens sechzig Reliefs von ihr gefunden hat, beweist die außerordentliche Beliebtheit dieser Göttin in Philippi. Entsprechend ihren unterschiedlichen Funktionen zeigt auch ihre Ikonographie einen auffallenden Variantenreichtum. Neben einem mehr griechischen Typ, der die Göttin als Jägerin mit geschürztem Kleid, den Bogen in der Linken, von Hund und Hirschkuh begleitet vorführt, gibt es einen anderen, der die originalen thrakischen Züge der Göttin stärker bewahrt haben dürfte, allerdings auch seltener ist: Die Göttin schwingt in der Rechten eine Lanze, während sie mit der Linken die von einem Hund verfolgte Hirschkuh bei den Hörnern packt, um sie zu töten. Auf anderen Darstellungen hält Bendis in der linken Hand einen Zweig, dessen Bedeutung als Symbol der Unsterblichkeit oder als Abwehrzauber gegen die Todesmächte aus anderen Mysterienkulten bekannt ist. In diesem Fall fungiert Bendis als Göttin der Unterwelt, kommt also der griechischen Persephone nahe. Und wie in den Eleusinischen Mysterien die Vereinigung von Dionysos-Hades mit Persephone gefeiert wurde, so ist auch die Verbindung von Bendis und Dionysos mehrfach bezeugt; die Frage scheint daher nicht abwegig, ob der in Eleusis zelebrierte Ritus, daß die Göttin den Mysten als Versprechen der Unsterblichkeit einen Lebenszweig vorhielt, letztlich nicht thrakischen Ursprungs ist. Seltener erscheint Bendis als Mondgöttin mit einem zunehmenden Mond oder – als weibliches Pendant zum Thrakischen Reiter – mit einer Schlange in der Hand vor einem baumüberragten Altar (siehe unten). Welcher Aspekt auch für die einzelne Darstellung gewählt wird, der gemeinsame Nenner ist der in der thrakischen Religion fest verwurzelte Glaube an ein Weiterleben nach dem Tod.

Noch eindeutiger ist diese Beziehung beim **Thrakischen Reiter** *(Abb. 10)*, auch wenn Einzelheiten seiner Darstellung für die Forschung immer noch ungelöste Rätsel sind. Wegen der strengen Begrenzung seiner Fundorte auf Bulgarien und die Gegend zwischen Nestos und Strymon darf er als die genuinste Ausformung thrakischen Unsterblichkeitsglaubens gelten. Der Reiter sprengt, meistens von links, daher, mit eingeleg-

9 Philippi, Bendisrelief. Das Felsrelief zeigt die thrakische, bei den Griechen mit Artemis identifizierte Göttin Bendis mit Pfeil und Bogen in der typischen Tracht der Jägerin mit geschürztem Obergewand und leichten Jagdstiefeln. Die Beischrift: „Bernas hat es gemacht."

ter Lanze, bekleidet mit einem kurzen Mantel, der sich im Wind bauscht; rechts im Bild windet sich eine Schlange um einen Baum. Der einem Eber nachsetzende Hund ist bei einem (jüngeren?) Teil der Darstellungen durch einen Altar und einen Baum ersetzt, der Jäger trägt bisweilen einen Kranz auf dem Kopf: Aus dem heroischen Jäger ist eine Art Priester oder Halbgott geworden, der an einer Kultzeremonie teilnimmt. Von diesen Bildern sind über dreißig in der Gegend von Philippi gefunden worden, öfters kombiniert mit einer Bankettszene, sicher dem Totenmahl für den Verstorbe-

10 Philippi, Thrakischer Reiter. Die zahlreichen Darstellungen des Thrakischen Reiters in der Umgebung von Philippi sind eine spezielle Ausbildung des Unsterblichkeitsglaubens der Thraker. Der Reiter, im kurzen Jagdgewand mit eingelegtem Speer in der Rechten, symbolisiert den heroisierten Toten. Oft ist unter dem Pferd noch ein Hund dargestellt, der einem Eber nachsetzt. Am rechten Rand ist der Baum zu erkennen, um den sich eine Schlange windet, im Totenkult ein bekanntes Heilszeichen („Asklepiosschlange").

nen, der auch mit dem dargestellten Reiter gemeint sein dürfte. Noch stärker als bei Bendis lassen die ikonographischen Details den Einfluß der Nachbarvölker erkennen. Das Pferd weist zu den Skythen, der Baum auf eine primitive Form der keltischen Religion (oder gar auf den orientalischen Mythos vom Garten Eden?), und manche Reliefs tragen Weihungen an Asklepios, der wie der thrakische Reiterheros bisweilen auch den Beinamen *sotér*, „Retter", bekommt. Bei allen Unterschieden im einzelnen legen die Reliefs des Thrakischen Reiters, im Ganzen wie in den Details, ein beredtes Zeugnis für den Jenseitsglauben jenes Volkes ab, das bereits vor der Ankunft der Griechen und Römer zwischen Strymon und Nestos siedelte und seine eigenen religiösen Vorstellungen gegen ganz anders geartete Strömungen zäh behauptet hat. In Philippi, wo der Thrakische Reiter als „Heros Auloneites" verehrt wurde, gab es sogar einen Altar, der nicht von einem Privatmann, sondern offiziell von der Stadt gestiftet worden war.

Das Spektrum der philippischen Kultgemeinschaften wird noch reicher durch das auf halber Höhe des Burgbergs ausgegrabene Heiligtum der **ägyptischen Götter.** In seinen fünf nebeneinanderliegenden, durch einen Korridor verbundenen Räumen fand man Inschriften, die sich auf Isis (Regina) und Serapis beziehen, aber auch eine Statuette des göttlichen Knaben Telesphoros, des „Vollendung bringenden" Begleiters des Asklepios. Die Verbindung dieses Gottes, dessen Kult in Thrakien und Makedonien mehrfach bezeugt ist, mit den ägyptischen Göttern gibt einen Hinweis auf deren wichtigste Funktion in den ersten nachchristlichen Jahrhunderten, die zugleich den gewaltigen Aufschwung ihres Kultes in dieser Zeit erklärt. Man versprach sich von ihnen Hilfe vor allem bei Krankheit. Das beweisen auch die beiden Prädikationen, die ihnen am häufigsten beigelegt wurden: „rettende" und „erhörende" Götter.

Auch wenn das Nebeneinander ursprünglich lokaler, griechischer, römischer und orientalischer Kulte und deren wechselseitige Durchdringung ein allgemeines Zeichen dieser Zeit sind, so zeigen die Ausgrabungsfunde von Philippi doch ein Bild, das von dem anderer Städte des griechischen Raums erheblich abweicht. Gefördert durch die bunte Mischung der Bevölkerung und die günstige Lage an einem der Haupthandelswege, bietet Philippi nicht nur eine überraschend große Vielzahl und Vielfalt religiöser Dokumente. Erstaunlich ist auch die Affinität zu christlichen Vorstellungen, vor allem in der durchgängigen Ausrichtung auf ein Weiterleben des Menschen (nicht nur der Seele) nach dem Tod.

12. Frauen in Philippi

Noch in einer weiteren Hinsicht sind die Kulte von Philippi bemerkenswert. In den Berichten der Apostelgeschichte über die Missionsarbeit in den Städten Griechenlands ist wiederholt von Frauen die Rede, die sich dem neuen Glauben anschlossen (17,4 in Thessaloniki, 17,12 in Beroia). Aber diese Frauen bleiben als Gruppe anonym. Von Athen wird lediglich der Name einer Bekehrten, Damasis, mitgeteilt (17,34). Nur in Philippi treten zwei Frauen als Individuen hervor und werden zu wichtigen Handlungsträgerinnen: die als Purpurhändlerin sicher sehr einflußreiche Lydia und das von einem Wahrsagegeist besessene Mädchen. Auch an Euodia und Syntyche wäre zu erinnern, zwei Mitarbeiterinnen des Paulus, die wohl als Diakone in Philippi tätig waren, allerdings von Paulus zur „Eintracht im Herrn" ermahnt werden müssen (Phil 4,2f.). Wie haben diese Frauen die neue Botschaft aufgenommen? Haben ihre besonderen Erfahrungen als Frau ihren Glauben beeinflußt?

Zwei Gottheiten des philippischen Pantheons müssen für die Frauen von besonderer Bedeutung gewesen sein: Bendis und Dionysos. Eine besonders enge Beziehung zu **Bendis**–Artemis–Diana ist von vornherein anzunehmen. Bestätigt wird diese Annahme durch die etwa vierzig Reliefs von Frauenfiguren an dem bereits erwähnten Akropolisfelsen. Meistens sind diese Reliefs für sich allein angebracht, in acht Fällen erscheinen sie aber auch in der Nähe eines Bendisreliefs, einmal sind Frau und Göttin im selben Rahmen angeordnet. Die Darstellungen repräsentieren stets denselben Typ. Die Figuren sind frontal erfaßt in einer etwas steifen Haltung; sie tragen eine lange Tunika mit Überwurf und Schleier. Der Gegensatz zur kurzgeschürzten, frei sich bewegenden Göttin könnte kaum größer sein. Gelegentlich ist der Gegensatz noch verschärft durch die Beifügung von Spindel, Wollkorb, Sandalen, Schmuckkästchen oder Parfümflasche, also Gegenstände der engen häuslichen Welt der Frau, während die Jägerin Bendis durch die freie Natur streift. Da die Reliefs keine Beischrift tragen, kann man sie nicht als Totengedenksteine deuten, obwohl Bendis auch zum Totenreich in enger Beziehung stand. Es muß sich um Votivbilder handeln, die einzelne Frauen der Göttin stifteten. Mit Recht weist Lilian Portefaix darauf hin, daß Homer Frauen ganz unterschiedlichen Alters wie Helena, Penelope und Nausikaa mit Artemis vergleicht. Für jung und alt gleichermaßen konnte die Göttin als „ideale Frau" erscheinen. Mit ihr wünschte die Philipperin sich zu identifizieren und lebte wohl auch in der Hoffnung, nach dem Tod an Freiheit und Unsterblichkeit der Göttin teilzuhaben.

Seit je spielten die Frauen im Gefolge des **Dionysos** eine entscheidende Rolle. Der Mythos kennt sie als Bacchantinnen oder Mänaden („Rasende"), in der städtischen Gesellschaft waren sie in Gemeinschaften organisiert. Diese Zusammenschlüsse (Thiasoi) waren für sie das notwendige Ventil, um einmal frei zu sein von den häuslichen Zwängen und der reinen Männergesellschaft, obwohl das Mänadentum durchaus auch mit der Vorbereitung auf Ehe und Mutterschaft in Zusammenhang stand. Dafür bietet der Mythos viele Beispiele, die alle darauf hinauslaufen, den Konflikt zwischen dem sozialen Verhaltenskodex der Frau und ihrem natürlichen Freiheitsdrang zu lösen.

So kann es nicht wundernehmen, daß in zahlreichen Dionysosinschriften, die in Philippi und Umgebung gefunden wurden, auffallend viele Frauennamen erscheinen. So ist zum Beispiel eine Inschrift im Liber-Libera-Haus (s. o. S. 31) von einem „Thiasos der Mänaden" gestiftet worden, drei weitere sind Stiftungen einzelner Frauen. Die starke Ausprägung des Dionysoskultes im Umfeld von Philippi – man könnte geradezu von einer „dionysischen Landschaft" sprechen – mag ihre Wurzeln in den mythischen Erzählungen des Gottes haben, die mehrfach in diese Gegend weisen. Nysa, der legendäre Ort, an dem das göttliche Kind von Nymphen großgezogen wurde, soll auf dem Pangaion gelegen haben, wo sich in historischer Zeit eine Orakelstätte des Dionysos mit einer Oberpriesterin befand (Herodot VII 111). Die Frauen, die in den Dionysosmythen eine wichtige Rolle spielen, werden in Philippi bekannt gewesen sein: Ariadne, die Gattin des Dionysos, die mit Libera identifiziert wurde; Semele, die Mutter des Gottes, die als Tochter des Kadmos, der sich lange in Thrakien aufhielt, mit dem Mythenberg Pangaion verbunden war; Eurydike, die Frau des thrakischen Sängers *Orpheus,* den die Mänaden einer örtlichen Tradition zufolge auf dem Pangaion töteten. Die mythischen Beziehungen zur näheren und weiteren Umgebung Philippis waren also stark ausgeprägt und können auf die Frauen von Philippi nicht ohne Einfluß geblieben sein, zumal sie in verschiedenen Kulten weiterlebten. Christus als neuer Dionysos – eine gewagte Formel, die aber etwas Wesentliches in der neuen Glaubenserfahrung der Frauen von Philippi getroffen haben dürfte.

13. Der „höchste Gott" (hýpsistos theós)

Vor dem Hintergrund dieses bemerkenswert reichen Götter- und Kultpluralismus fällt auf eine Stelle im Bericht der Apostelgeschichte ein besonderes Licht. Die von einem Wahrsagegeist besessene Sklavin nennt Paulus und seine Begleiter „Diener des höchsten Gottes", die den „Weg des Heils" verkünden (V. 17).

Die Formel „höchster Gott" oder auch nur „der Höchste" war in hellenistischer Zeit die gängige Bezeichnung für den Gott des Alten Testaments. Besonders häufig begegnet sie in den späten Schriften des Kanons und in den Apokryphen, wird aber auch noch im Neuen Testament verwendet. Auch in den jüdischen Diasporagemeinden wurde der *theós hýsistos* verehrt, wie zahlreiche Inschriften vor allem aus dem kleinasiatischen Raum beweisen. So liegt es nahe, auch Apg 16,17 in diesem Sinn zu verstehen, als habe die Sklavin Paulus und seine Begleiter als Anhänger des jüdischen Gottes bezeichnen wollen. Nun ist aber zu bedenken, daß die griechische Religion einen *Zeus hýpsistos* kannte, der später, als sich in der griechisch-römischen Welt eine monotheistische Tendenz stärker bemerkbar machte, zum *Hýpsistos* oder *hýpsistos theós* wurde. Gewiß sind diese Belege, gemessen an der Fülle von Inschriften für andere Götter, nicht besonders zahlreich, aber sie häufen sich gerade im makedonisch-thrakischen Raum (Belege bei Pilhofer 183–187). Hier scheint sich der Kult des *theós hýpsistos* in der ersten Hälfte des ersten nachchristlichen Jahrhunderts besonders stark ausgebreitet zu haben. Eine in der Nähe Philippis gefundene Inschrift mit der Nennung des höchsten Gottes ist in die Jahre zwischen 38 und 45 n. Chr. zu datieren, also in die Zeit kurz vor dem Erscheinen des Paulus in Makedonien. Mit dem *theós hýpsistos* von Apg 16,17 könnte demnach sehr wohl eine solche nicht genau definierte synkretistische Gottheit gemeint sein.

Wie dicht Heidnisches und Christliches beieinander liegen konnten, zeigt eine andere, ins Jahr 41 n. Chr. zu datierende Inschrift aus Gorgippia. Die beiden Prädikate, die dem *theós hýpsistos* auf dieser Freilassungsurkunde beigelegt werden, „Allherrscher" und „der Gepriesene", entsprechen ganz biblischem Sprachgebrauch. Das schließt jedoch die Erwähnung von Zeus, Erde und Helios in der heidnischen, im Grunde noch polytheistisch empfundenen Schlußformel nicht aus: die Sklavin solle frei sein „unter dem Schutz des Zeus, der Erde und des Helios" (Sonnengott). In eigenartiger Weise mischt sich hier jüdische und heidnische religiöse Terminologie.

Einen Doppelsinn wird man den Worten der Sklavin also kaum absprechen können. Christlich interpretiert, könnten mit den „Dienern des höchsten Gottes" die Apostel gemeint sein. Die synkretistische Interpretation dagegen – und die besonderen religionsgeschichtlichen Bedingungen Philippis legen sie durchaus nahe – würde die Apostel als Verkünder einer neuen Mysterienreligion erscheinen lassen.

Ähnlich doppeldeutig ist die Wendung „Weg des Heils". Der fehlende Artikel läßt zunächst an die Übersetzung „einen Weg des Heils" und damit an ein heidnisches Verständnis der Wendung denken. War der Begriff *sotería* schon in vorhellenistischer Zeit keineswegs auf den materiellen Bereich beschränkt (als Rettung aus Not und Gefahr oder Heilung von Krankheit), so nahm er in den Mysterienkulten, in denen er eine zentrale Rolle spielte, durch die Verbindung mit Vorstellungen wie Wiedergeburt und zukünftiges Leben eine stärker spirituelle Bedeutung an. Und hier bot sich für den christlichen Missionar ganz natürlich ein Anknüpfungspunkt. Der christliche Leser mußte aus den Worten des Heidenmädchens einen Hinweis auf *den* (einzigen) Weg des Heils heraushören, den Paulus zu verkündigen hatte.

Beide Formeln, die vom „höchsten Gott" und die vom „Weg des Heils", lassen sich also je nachdem, ob sie im heidnischen oder im jüdisch-christlichen Kontext gesehen werden, unterschiedlich interpretieren. Sie konnten der christlichen Botschaft im griechisch-römischen Raum sehr wohl als Brücke der Verständigung dienen. Zugleich aber machen sie auch deutlich, wie leicht es, gerade durch die scheinbare Nähe bedingt, zu Mißverständnissen kommen konnte.

14. Frühchristliche Basiliken

Über die Geschichte der jungen Kirche in Philippi sind unsere Nachrichten außerordentlich dürftig. Die Apostelgeschichte erwähnt zwei weitere Besuche des Paulus in Makedonien, den ersten auf der Durchreise von Ephesos nach Korinth, den zweiten drei Monate später auf der Rückreise nach Troas, die entgegen der ursprünglichen Absicht ebenfalls auf dem Landweg erfolgte (Apg 20,1-6). Zwar ist Philippi als Reisestation nur auf dem Rückweg genannt, jedoch ist ein Aufenthalt bei der philippischen Gemeinde, der Paulus besonders zugetan war, auch für den Hinweg anzunehmen.

Sicher handelt es sich dabei um die von Ephesos aus den Korinthern angekündigte Reise, wobei auch Makedonien als Ziel genannt ist (1 Kor 16,5). Über die Gründe dieser Reisen sind nur Vermutungen möglich. Die allgemeine Angabe Apg 20,2: „Er mahnte sie (die Gemeinden in Makedonien) mit vielen Predigten" gewinnt durch einige Hinweise im 2. Korintherbrief an Substanz. Hier ist in Bezug auf die makedonischen Gemeinden von der „großen Bewährung in Drangsal" die Rede (8,2); und von seinem Aufenthalt dort bekennt der Apostel, daß es für ihn keine Ruhe, sondern viel Bedrängnis gegeben habe: „außen Kämpfe, innen Ängste" (7,5). Offenbar hatten die Gemeinden in Makedonien einen schweren Stand. Trotzdem hören wir über die Gemeinde in Philippi fast nur Erfreuliches. Es gibt keinen Tadel für die Gemeinde, nur eine Warnung vor Uneinigkeit; und auch die Gefährdung durch Irrlehren scheint für sie keine Rolle gespielt zu haben.

Die beiden eben erwähnten Besuche des Paulus in Makedonien fallen ins Jahr 56. Etwa sechzig Jahre später kam der Bischof vom syrischen Antiocheia, Ignatius, nach Philippi. Zwar war er im Gewahrsam römischer Soldaten, die ihn nach Rom zu bringen hatten. Das hinderte ihn aber nicht daran, mit der Gemeinde von Philippi Kontakt aufzunehmen. In dem Brief, den Polykarp, der Bischof von Smyrna, wenig später an die Philipper schrieb und in dem er auf diese Ereignisse Bezug nimmt, ist auch vom Alter der philippischen Kirche und ihrem hohen Ansehen die Rede (9.11.13).

Die archäologischen Zeugnisse aus der Frühzeit der philippischen Gemeinde sind allerdings recht bescheiden: zwei lateinische Kreuze am Akropolisberg sowie Kreuz und Taube auf einer der Isis Regina geweihten Stele. Erst nach der offiziellen Anerkennung des Christentums durch die Römer wurde Philippi Sitz eines Bischofs. Mehrere im Stadtgebiet von Philippi ausgegrabene Kirchenbauten dokumentieren sowohl durch ihre Größe als auch durch ihre architektonische Konzeption den besonderen Rang der philippischen Gemeinde spätestens seit dem 4. Jahrhundert.

Auf einer künstlich verbreiterten Terrasse zwischen der modernen Fahrstraße und dem Fuß des Akropolisfelsens liegt eine der größten frühchristlichen Kirchenanlagen Griechenlands überhaupt; an Ausdehnung – allein der Naos mißt über 40 Meter – ist sie nur mit der Demetriosbasilika in Thessaloniki und der Lechaionbasilika bei Korinth vergleichbar (**Basilika A**, *Abb. 11*). Von der Nordwestecke des Forums führt eine monumentale Treppenanlage von 26 Stufen, eine Art Propylaion, zum Atrium der Kirche hinauf. An der Treppe liegen zwei Bauten, die unser besonderes Interesse beanspruchen. Zunächst auf halber Höhe östlich der Treppe, durch einen leicht abgeknickten Korridor zugänglich, eine römische Zisterne mit zwei gewölbten Kammern und einem Mittelpfeiler. Dieser Raum wurde 1876 durch Zufall von einem griechischen Arzt entdeckt. Da man bei den Ausgrabungen sehr unvorsichtig zu Werke ging, ist heute von den ursprünglich recht farbkräftigen Fresken so gut wie nichts mehr zu sehen. Dargestellt waren Szenen aus der Apostelgeschichte: die Heilung des besessenen Mädchens, Auspeitschung und Einker-

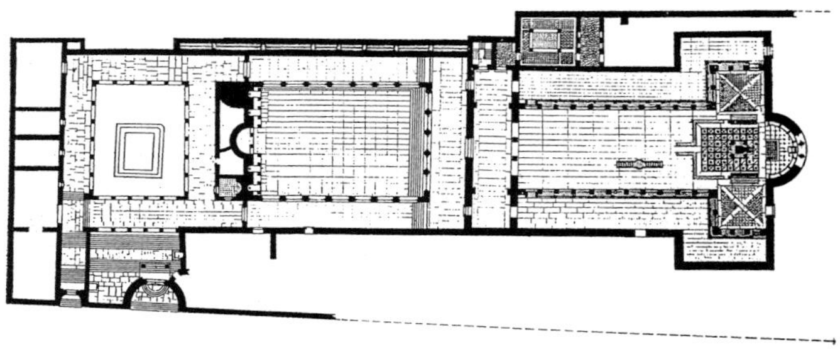

11 Philippi, Basilika A: Grundriß. Die nördlich oberhalb der Via Egnatia gelegene Basilika ist mit einer Gesamtlänge von über 100 m eine der größten Kirchenanlagen Griechenlands. Von West nach Ost folgen aufeinander: am oberen Ende der Freitreppe ein säulenumstandener Hof an der Stelle eines makedonischen Baus, das rechteckige Atrium mit Reinigungsbrunnen im Westen und Säulen auf drei Seiten, Exonarthex und Narthex (von hier aus nördlich der Aufgang zu den Emporen und ein dreiräumiges Baptisterium), der dreischiffige Naos mit Querschiff, durch Schranken abgesetztes Presbyterium, Apsis mit Priesterbank und weit ins Schiff vorgezogener Ambo. Die Basilika stammt aus dem 5. Jh.

kerung von Paulus und Silas, die Taufe des Kerkermeisters und die Waschung der Gefangenen. Nach der Überlieferung soll hier das Gefängnis von Paulus und Silas gewesen sein – eine nach dem archäologischen Befund und auch nach dem Bericht der Apostelgeschichte, der das Vorhandensein mehrerer Zellen voraussetzt (16,24), unmögliche Annahme. Jedoch ist der Wunsch späterer Jahrhunderte verständlich, das zentrale Ereignis aus den Anfängen der Gemeinde an einem halbwegs dafür geeigneten Ort zu lokalisieren und eine Art Wallfahrtsstätte aus ihm zu machen.

Das andere Bauwerk liegt am oberen Ende der Treppe. In der Spätantike war es von Säulen umgeben und diente als Zisterne. Aber die Mauern dieser Zisterne waren ursprünglich die Grundmauern eines kleinen makedonischen Tempels, der in römischer Zeit noch stand und erst von den christlichen Architekten bis auf das Terrassenniveau abgetragen wurde. Paulus dürfte den bescheidenen Bau, höchstwahrscheinlich ein Heroon, in seiner ursprünglichen Gestalt noch gesehen haben.

Durch Atrium und Narthex gelangte man in den eigentlichen Naos, einen langgestreckten Raum, dessen drei Schiffe durch gittertragende Stylobate voneinander getrennt waren. Die Reste einer Treppe in der Nordwestecke der Basilika lassen auf die Existenz von Emporen schließen, so daß man für den Gottesdienst folgende Anordnung der einzelnen Gemeindegruppen annehmen darf: Die Seitenschiffe waren wahrscheinlich für das Volk bestimmt, während das Hauptschiff besonders ausgezeichneten Gemeindemitgliedern wie Lehrern und Diakonen vorbehalten blieb; die Katechumenen, die dem Gottesdienst nur mit den Ohren folgen durften, nahmen im Narthex Platz, der durch drei Eingänge mit den drei Schiffen des Naos verbunden war. Die durch die Emporen ermöglichte horizontale Gliederung trennte die Männer von den Frauen, die auf den Emporen Platz fanden.

Der Altarraum im vorspringenden Querschiff nahm die unmittelbar mit dem Gottesdienst Befaßten auf. In der Basilika A war er nicht wie sonst üblich um eine Stufe erhöht, sondern lediglich durch eine Schranke vom Hauptschiff getrennt. Bischof und Klerus nahmen auf einer (nur schlecht erhaltenen) Bank in der Apsis Platz. Als Besonderheit weist der Altarraum ein 1,20 m tiefes Reliquiendepot (Enkainion) auf (1 × 0,5 m). Es war über drei Stufen von Osten her zugänglich und auf den drei übrigen Seiten mit Marmor verkleidet: ein Zwischending zwischen einem gewöhnlichen Reliquienschrein und einem Märtyrergrab, wenn man so will, eine Vorstufe der späteren Confessio. Vom Ambon, einer Art Kanzel für die Wortverkündigung, sind größere Reste am ursprünglichen Platz erhalten.

Erwähnung verdient noch das guterhaltene, erstaunlich große Baptisterium in der Nordwestecke der Basilika. Der 9 × 8 Meter große fensterlose Raum war nur vom Narthex aus durch ein kleines Vestibül zu erreichen. Da nicht wie sonst üblich ein Taufbecken in den Boden eingelassen ist, dürfte dem Täufling das Wasser über den Kopf gegossen worden sein. (Das älteste Taufzeugnis läßt, wenn weder fließendes noch kaltes noch warmes Wasser zum Eintauchen vorhanden war, ein dreimaliges Ausschütten von Wasser über den Kopf des Täuflings zu.) In der Mitte des Baptisteriums standen vier Pfeiler oder Säulen, zwischen denen man sich diese Zeremonie zu denken hat. Sie trugen eine Laterne oder kleine Kuppel, durch deren Arkaden Licht in den Raum fiel. Der östlich angrenzende schmale Raum wurde erst später angefügt: wohl ein Chrismarium für die Salbung des Täuflings, den – nach Exorzismus und eigentlicher Taufe – dritten Taufritus.

Auf die Reste einer weiteren Basilika stieß man beim Bau des Museums im Westen der Basilika A. Sie stammt etwa aus der gleichen Zeit und hatte auch dieselbe Größe; ihre Ausstattung scheint, wie aus den aufgefundenen Fragmenten von Kapitellen, Chorschranken und Ambon zu schließen ist, ebenfalls nicht spärlich gewesen zu sein. Im Diakonikon standen zwei Tische für die Opfergaben, in einer Ecke fand sich ein Sitz für den Priester.

Allzu lange kann die Basilika A in all ihrer Pracht nicht gestanden haben. Wenige Jahrzehnte später begann man mit dem Bau einer neuen, nicht minder großartigen Kirche, diesmal an der Südseite des Forums (**Basilika B**, *Abb. 12 und 13*). Wie es zur Zerstörung der älteren Basilika kam, läßt sich nicht mit Sicherheit sagen, jedoch spricht manches für die Annahme, daß sie einem Erdbeben, vielleicht sogar schon dem für das Jahr 518 bezeugten, zum Opfer fiel. Daß die philippische Gemeinde sich schon kurz danach einen weiteren aufwendigen Kirchenbau leisten konnte, spricht für ihre Prosperität in dieser Zeit. Um Platz für das neue Gotteshaus zu gewinnen, mußte man einen großen Teil der südlichen Erweiterungsbauten des römischen Forums bis auf die Grundmauern abreißen. Noch heute sind zwei schmale, vom Ladentrakt in südlicher Richtung unter den Grundmauern der Basilika hindurchlaufende römische Straßen zu erkennen. Im Westen mußte eine Palästra dem – allerdings nur geplanten und nie gebauten – Atrium weichen: ein rechteckiger Peristylbau mit einer runden Sitzanlage (Schola) und einer vorzüglich erhaltenen Latrine mit annähernd fünfzig Plätzen.

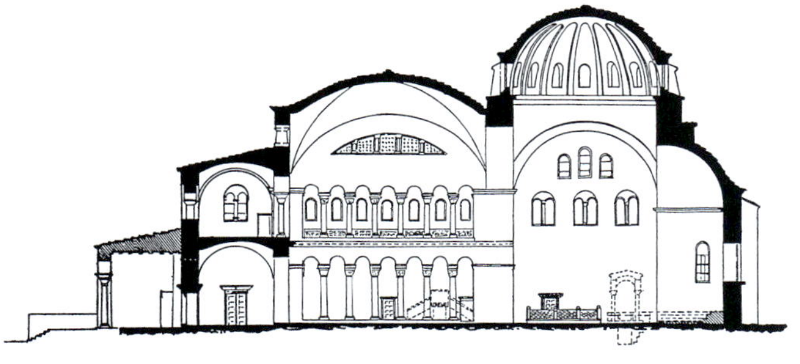

12 Philippi, Basilika B: Aufriß. Die über einem römischen Wohnquartier im 6. Jh. errichtete Kirche ist nur noch bedingt als Basilika anzusprechen, da ihr Hauptschiff einem Quadrat angenähert ist. Den baulichen Hauptakzent setzt die Vierung, deren vier starke Pfeiler nach dem Vorbild der Hagia Sophia in Konstantinopel eine Kuppel tragen sollten. Nach ihrem Einsturz blieb der Bau unvollendet. Schiffe und innerer Narthex trugen keine Flachdecke mehr, sondern waren gewölbt. Von den am Ostteil angebauten Nebenräumen dürften die beiden nördlichen als Baptisterium gedient haben.

13 Philippi, Basilka B. Die in der Türkenzeit direklar („Pfeiler") genannte Basilika war bis zur Gesimshöhe verschüttet, nur die oberen Teile der Pfeiler ragten hervor. Am eindrücklichsten ist heute die Westwand zwischen Naos und Narthex in der typischen byzantinischen Schichtbauweise mit wechselnden Lagen von Bruchstein und Ziegeln; nur für Pfeiler und Ecken wurden Quader verwendet. Die beiden Arkadenbogen mit prächtigen Korbkapitellen (wohl von Meistern aus Byzanz) sind die ersten Ergebnisse der vor kurzem angelaufenen Restaurierung.

Der neue Baumeister dürfte aus Konstantinopel gekommen sein. Zumindest weist der Schmuck der Pfeiler und Kapitelle mit ihren tiefeingeschnittenen, ein lebhaftes Lichtspiel hervorrufenden Akanthusblättern auf das Vorbild der Hagia Sophia hin, die 537 vollendet war. Die griechische Basilikaform ist nun zugunsten eines Kuppelbaus aufgegeben. Zwar lassen sich noch

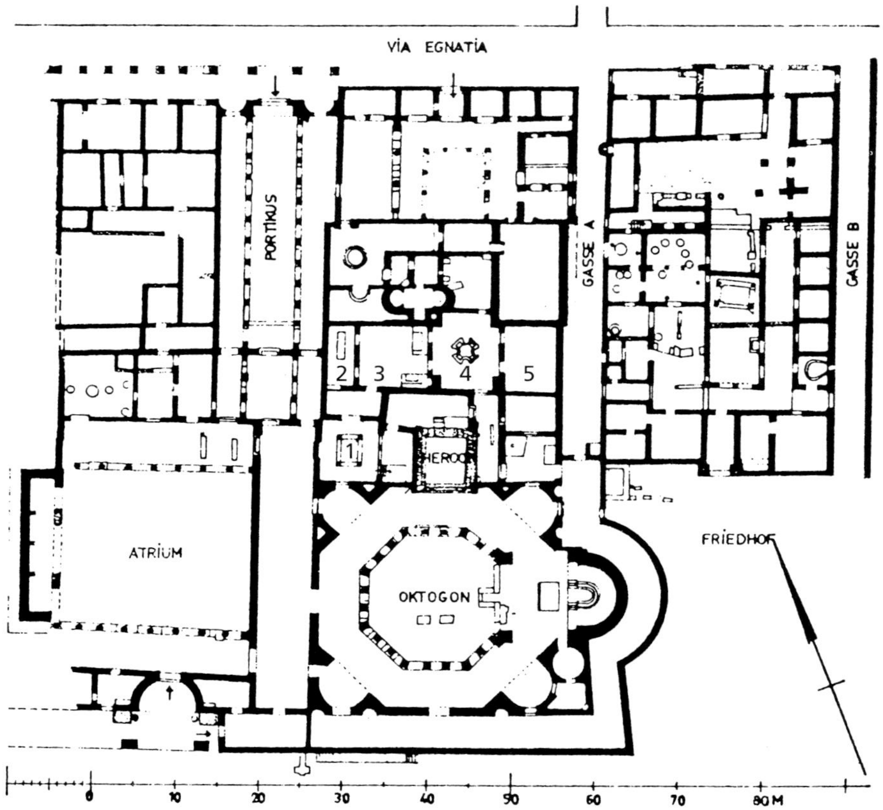

14 Philippi, Oktogon-Komplex. Der erst in den letzten Jahren vollends freigelegte Kirchenbezirk südlich der Via Egnatia bildet etwa ein Quadrat von 100 × 100 m. Kernbau ist das um 400 an eine makedonische Grabanlage angebaute Oktogon. Nördlich schließt sich ein vielteiliger Komplex an, der eine römische Thermenanlage überdeckt: ein Brunnenraum (1) und ein Baptisterium mit Umkleideraum (2), Katechumenenraum mit Sitzbänken (3), Taufraum mit Becken (4) und Chrismarium (Salbraum, 5). Der Komplex im Nordosten wird als Bischofspalast gedeutet, der jedoch eher im westlichen Teil mit Atrium und eigenem Zugang gelegen haben dürfte.

drei Längsschiffe erkennen, aber sie sind ausgesprochen kurz und münden nicht auf einen Querarm. Verschiedene Anbauten im östlichen Teil (Baptisterium und vielleicht ein Diakonikon) tragen das ihre dazu bei, den im Ansatz noch vorhandenen basilikalen Grundriß zu verunklaren. Architektonisches Zentrum war eindeutig die von vier mächtigen Pfeilern getragene Kuppel, die den Raum des Allerheiligsten überspannte; dementsprechend bekamen auch Narthex und Seitenschiffe keine flachen Holzdecken mehr, sondern Gewölbe. Trotzdem blieb das Ganze ein merkwürdiger Zwitter mit allen inneren Widersprüchen der sogenannten Kuppelbasilika. Wohl wurden die einzelnen Elemente des basilikalen Typs im wesentlichen beibehalten (Narthex, Hauptschiff, Seitenschiffe mit Emporen, Hieron, Synthronon), aber sie traten architektonisch nur noch schwach in Erscheinung, da die Kuppel eine quadratische Raumeinheit voraussetzt. Zudem waren für einen Kuppelbau stärkere Mauern und Stützen erforderlich, was die Ersetzung der Säulen durch die Pfeiler bedingte. Damit entfiel ein für die griechische Architektur konstitutives Element: die Säule, die als Träger entbehrlich geworden war. Andererseits verhinderte die Beibehaltung der basilikalen Funktionen, daß die Kuppel die Bedeutung erlangte, die sie sonst im byzantinischen Kirchenbau innehat. Weder repräsentierte sie die obere, göttliche Region des Universums, als dessen Abbild die ganze Kirche verstanden werden sollte, noch sorgte sie für größere Helligkeit im Altarbereich; sie hatte also weder symbolische noch liturgische Funktion. Dem Architekten dieser Kuppelbasilika ist der offensichtlich angestrebte Ausgleich zwischen Ost und West nicht gelungen – vordergründig wegen der nicht gelösten statischen Probleme: Noch vor ihrer Vollendung stürzte die nur aus Ziegeln gemauerte Kuppel ein. Weder von einer Klerusbank noch vom Altar noch von der Pflasterung im Altarraum hat man Spuren gefunden; zur Zeit des Unglücks war der Ostteil der Kirche offenbar noch nicht vollendet. Im Unterschied zur Hagia Sophia in Konstantinopel, die das gleiche Schicksal ereilte (558), wurde in Philippi nichts wieder aufgebaut. Die wirtschaftlichen Verhältnisse hatten sich rapide verschlechtert. Der Bauschutt blieb durch Jahrhunderte hindurch liegen. Lediglich eine Apsis wurde im 10. Jahrhundert im Narthex eingebaut, zur Verkleinerung des Gotteshauses auf bescheidenste Dimensionen – ein Spiegelbild der folgenden „dunklen", kulturell und wirtschaftlich armseligen Jahrhunderte.

Die im Hinblick auf Paulus und die frühe philippische Gemeinde aufregendsten Entdeckungen gab es bei den 1958 begonnenen und erst in den letzten Jahren abgeschlossenen Grabungen auf dem Areal, das östlich an das Forum anschließt und im Norden durch die Via Egnatia begrenzt wird (*Abb. 14*). In seiner Ausdehnung und Vielgliedrigkeit ist der Komplex im gesamten griechischen Raum einmalig. Die Kombination von Kirche, Baptisterium, Bischofspalast, Verwaltungs- und Lagerräumen gibt es zwar auch andernorts, aber die bauliche Anbindung christlicher Sakralräume an ein römisches Bad sowie an ein noch älteres Heroon hat nicht seinesgleichen.

Am auffälligsten treten heute die Stylobate eines **Oktogons** in Erscheinung, das an der Wende vom 4. zum 5. Jahrhundert als selbständiger Bau errichtet, etwa fünzig Jahre später jedoch in einen quadratischen Mantelbau mit breitem Umgang und runden Ecknischen eingefügt wurde (*Abb. 15*). Zu dieser Bauphase gehört die geräumige Apsis im Osten mit dem Synthronon (Priesterbank). Die größte Überraschung war dann die Entdeckung eines Fußbodenmosaiks von einem Vorgängerbau: Pfauen, je antithetisch um einen Kantharos (Trinkgefäß) oder Baum angeordnet, ferner eine Mosaikinschrift (*Abb. 16*). Diese weist die einschiffige Kirche als Paulusbasilika aus:

ΠΟ(ΡΦΥ)ΡΙΟΣΕΠΙΣΚΟ
ΠΟΣΤΗ(ΝΚ)ΕΝΤΗΣΙΝΤΗΣΒΑΣΙΛΙΚΗ
ΣΠΑΥΛΟ(ΥΕΠ)ΟΙΕΣΕΝΕΝΧΡΩ (= ΧΡΙΣΤΩ
abgekürzt).

„Bischof Porphyrios hat das Mosaik der Paulusbasilika legen lassen in Christus." Da der genannte Stifter an der Synode von Serdica (Sofia) im Jahr 344 teilgenommen hat, ergibt sich eine Datierung dieses frühesten Kirchenbaus von Philippi in die erste Hälfte des 4. Jahrhunderts.

Man hat Zweifel geäußert, ob mit dem in der Inschrift genannten Paulus wirklich der Apostel und Missionar Paulus und nicht ein Märtyrer gleichen Namens gemeint sei. In der Tat würde die Größe der Anlage gut zu einem Pilgerzentrum passen. Ebenso wäre das Heroon, das Wand an Wand an die Nordseite der Basilika anschließt und bis zur Zerstörung des Oktogons im 9. Jahrhundert in den Komplex integriert blieb, als Beibehaltung einer alten Kulttradition gut erklärbar. Der wohl um die Mitte des 3. vorchristlichen Jahrhunderts in dem überwölbten makedonischen (?) Kammergrab (*Abb. 17a und b*) beigesetzte Euephenes (Inschrift) wäre dann vom Märtyrer Paulus abgelöst worden, die kultische Verehrung vom einen auf den anderen übergegangen. Jedoch ist von einem philippischen Märtyrer Paulus nichts bekannt. Näher liegt die Vermutung, daß man sich angesichts der Bedeutung des Apostels für die Gemeinde von Philippi eine Reliquie des Heiligen von Rom besorgt hat. Aber auch das bleibt reine Spekulation.

Zu den Annexbauten der Kirche im engeren Sinn gehört ein nicht überdachter Raum mit einem Reinigungsbrunnen (Phiale), dessen pyramidenförmiger Aufbau mit horizontal eingekerbten Kanneluren ein fast arabisch anmutendes Element einführt, sowie ein Baptisterium. Nördlich vom Baptisterium folgt der nach dem Heroon älteste Teil des gesamten Komplexes, eine römische Badanlage aus dem ersten vorchristlichen Jahrhundert, die später das warme Wasser für die Täuflinge lieferte. Es wäre also durchaus denkbar, daß Paulus in diesem Etablissement gebadet hat.

Durch eine Gasse getrennt, liegt im Nordosten des Ausgrabungsgeländes ein Komplex von um zwei Innenhöfe gruppierten Räumen, den man als Bischofspalast (Episkopeion) gedeutet hat. Dagegen spricht freilich das Fehlen eines repräsentativen Saals; die höchstens mittelgroßen Räume lassen eher an Läden und Lagerhallen denken als an die Residenz eines Bischofs. Diese könnte eher in den westlichen, an das große Atrium der Kirche anschließenden, später allerdings stark veränderten Raumgruppen zu suchen sein. Dieser Trakt ist von den östlichen Teilen durch einen prächtigen Portikus getrennt, der als Erschließungsachse des Ganzen diente und sich mit einem hohen Giebelportal zur Via Egnatia öffnete.

Eine blühende Gemeinde ist in Philippi für die ersten nachchristlichen Jahrhunderte also auf vielfältige Weise bezeugt. Wenn Paulus nach dem Bericht der Apostelgeschichte in Philippi mit seinem Evangelium von Auferstehung und zukünftigem Leben nicht auf taube Ohren stieß, dürfte ein Grund hierfür auch darin zu sehen sein, daß in Philippi der Boden für solche Vorstellungen besonders gut bereitet war, nicht zuletzt wegen der unmittelbaren Nachbarschaft zu Thrakien, der Heimat des Dionysos und des Orpheus, sowie der auf sie zurückgehenden Mysterien.

15 Philippi, Oktogon: Stylobat mit Säulenbasen.

17 a

16 Philippi, Oktogon: Porphyrios-Inschrift.

18 Philippi, Oktogon: Taufbecken.

17 a und b Philippi, Oktogon: Kammergrab an der Nordwand der Paulusbasilika (3. Jh. v. Chr.). a: das (heute wieder zugeschüttete) Tonnengewölbe der Kammer (im Hintergrund der Eingangsportikus), b:. Grabeingang mit Steintür.

III. Thessaloniki

Ganz im Gegensatz zu Philippi, das nur für wenige Augenblicke Weltgeschichte gemacht hat, war Thessaloniki über Jahrhunderte ein politisches, wirtschaftliches, kulturelles und religiöses Zentrum, dessen Bedeutung kaum hoch genug veranschlagt werden kann. Begünstigt durch die geographische Lage am Schnittpunkt zweier besonders wichtiger Handelsstraßen und ausgestattet mit einem der besten Naturhäfen der Ägäis, bot sich die Stadt als idealer mitteleuropäischer Zugang zum Mittelmeer an und war naturgemäß im Lauf ihrer wechselvollen Geschichte immer wieder begehrtes Eroberungsobjekt verschiedener Völker. Im 3. Jahrhundert konnte sie mehrere Angriffe der Goten abwehren, im 6. und 7. widersetzte sie sich mit Erfolg den Awaren und Slawen, 904 fiel sie in die Hand der Sarazenen, behauptete sich im 10. und 11. Jahrhundert siegreich gegen die Bulgaren, wurde 1185 von den Normannen unter Robert Guiskard erobert und geplündert, war nach dem 4. Kreuzzug von 1204 bis 1224 fränkisches Herzogtum und mußte sich schließlich 1430, nach einer außerordentlichen Blütezeit im 13. und 14. Jahrhundert und einem kurzen Zwischenspiel der Venezianer (1423–1430), den Türken ergeben.

Aber trotz dieser reichen Geschichte und trotz der gewaltigen Bedeutung der Stadt vor allem in byzantinischer Zeit, in der Thessaloniki nach Konstantinopel die wichtigste Stadt des byzantinischen Reichs war, dürfte es wenige europäische Städte vergleichbaren Ranges geben, deren Vergangenheit so wenig erforscht ist wie die von Thessaloniki. Eine umfassende monographische Darstellung wie die von Collart über Philippi gibt es nicht. Das Inschriftenmaterial ist jetzt zwar in vorbildlicher Weise gesammelt und veröffentlicht, aber noch kaum ausgewertet. Da zudem die literarischen Quellen, zumindest für den uns interessierenden Zeitraum, nur spärlich fließen, bewegen wir uns auf weithin unerforschtem Terrain.

1. Die Gründung der Stadt

Schon die Gründung der Stadt wirft etliche Probleme auf. Feststeht, daß sie im Jahr 315 v. Chr. durch Kassandros erfolgte, was insofern bemerkenswert ist, als der Makedonenkönig bereits kurz vorher auf der Chalkidike an der Stelle des alten Poteidaia eine Stadt gegründet hatte, das nach ihm benannte Kassandreia. Aber diese Aktivität in der Neugründung oder Neubesiedlung von Städten entsprach dem politischen und zugleich auf Selbstdarstellung bedachten Tatendrang der Alexanderzeit. Außerdem war die Lage der Neugründung am Nordende des Thermäischen Golfs unvergleichlich viel günstiger. Hier kreuzte sich die uralte Ost-West-Verbindung zwischen Adria und Kleinasien mit der aus dem Donauraum über den Balkan führenden Handelsstraße, was Reichtum und wirtschaftliche Geltung versprach. Außerdem war das vierzig Kilometer nordwestlich gelegene Pella, seit etwa 400 v. Chr. Hauptstadt Makedoniens und königliche Residenz, immer noch ohne Hafen. Sicher spielte auch dies bei der Gründung von Thessaloniki eine Rolle. Das Sumpfgebiet, von dem Pella umgeben war, durchzogen im Altertum Gräben, die es gestatteten, zu Schiff von der Residenz zum Thermäischen Golf zu gelangen.

Für den Namen der neugegründeten Stadt wählte Kassandros den Namen seiner Gattin Thessalonike, einer Halbschwester Alexanders des Großen, dessen nächste Verwandte er kurz zuvor bei erbitterten Thronstreitigkeiten hatte hinrichten oder einkerkern lassen. Über die Art und Weise der Gründung macht Strabon (frg. 21) einige Angaben: Kassandros habe in dem Gebiet rings um den Thermäischen Golf 26 kleine Städte aufgelassen und zu einer einzigen zusammengelegt. Wie das Beispiel anderer derartiger Synoikismoi zeigt, war damit in der Regel nicht die Zerstörung der alten Städte verbunden, sondern zunächst einmal nur die Zentralisierung der Verwaltung und der politischen Organe. Auch an eine Zwangsumsiedlung ist wahrscheinlich nicht zu denken, obwohl zumindest ein Teil der kleinen Städte im Schatten der schnell aufblühenden Neugründung bald verödet sein dürfte. Sicher gehörte zu den vom Synoikismos betroffenen Städten auch Therme, von dem der Golf seinen Namen hat. Ob jedoch, wie Strabon zu verstehen gibt (frg. 24), Thessaloniki an der Stelle des alten Therme liegt, läßt sich nicht eindeutig entscheiden. Allerdings ist das alte Argument für eine Lokalisierung Thermes an anderer Stelle, nämlich daß man in Thessaloniki keine über das 4. Jahrhundert zurückreichenden Funde gemacht habe, hinfällig geworden, seit man im westlichen Teil der Stadt Bruchstücke eines oder mehrerer ionischer Gebäude zutage förderte, die in das 5. oder 6. Jahrhundert zu datieren sind und beweisen, daß das Gebiet um den alten Hafen schon vor Kassandros' Neugründung besiedelt war.

Auch wenn die Quellen über die frühe Phase der Stadt so gut wie nichts berichten, gehen wir sicher nicht fehl in der Annahme, daß Thessaloniki wegen seiner günstigen wirtschaftlichen Lage einen schnellen Aufschwung nahm und Pella an Größe und Bedeutung bald überflügelt haben dürfte; trotzdem scheint Pella auch weiterhin Residenzstadt geblieben zu sein.

Die archäologischen Funde geben uns ebenfalls kaum Aufschluß über die vorrömische Stadt. Eins der wenigen Bauwerke dieser Zeit, von dem wir etwas genauere Kenntnis besitzen, ist das 1920 bei der Festlegung des neuen Straßennetzes im Vardarbezirk entdeckte **Serapeion**: ein kleiner Tempel mit Vorhalle, in dem zahlreiche Inschriften sowie Skulpturen, darunter eine Sphinx aus schwarzem Stein, gefunden wurden. Heute sind die Reste dieses Bauwerks ebensowenig sichtbar wie das erst 1939 in seinen Fundamenten aufgedeckte Gebäude im südöstlich angrenzenden Bezirk (11 × 8 m). Es muß ebenfalls zum Heiligtum der ägyptischen Götter gehört haben, wie unter anderem die hier gefundene Inschrift auf Isis (Edson, Inscriptiones Nr. 105) und eine lebensgroße Statue des efeubekränzten, an einen Baumstamm gelehnten Harpokrates zeigen. Die Anlage bestand aus einem Hauptraum mit einer kleinen Vorhalle und einer unterirdischen Krypta, die sicher auch als Versammlungsort gedient hat. Die Ostseite der Krypta wies eine Apsis auf, in der man den steinernen Hermenpfeiler eines bärtigen Gottes in situ fand. Der kleine Serapistempel läßt sich mit Sicherheit ins 3. Jahrhundert datieren, ist allerdings in christlicher Zeit offenbar ausgebessert worden.

Lange vor der römischen Epoche wurden also in Thessaloniki die ägyptischen Götter verehrt, was keineswegs selbstverständlich ist, da die bisher bekannten griechischen Kultzentren ägyptischer Götter um diese Zeit auf der Peloponnes und an der kleinasiatischen Küste, in geringerem Umfang auch auf Delos und in Athen zu finden sind.

2. Zwei Inschriften ägyptischer Kulte

Aufschlußreicher als die spärlichen Reste des Serapeions selbst sind die zahlreichen am Ort gefundenen Inschriften auf Isis, Serapis und Osiris. Größtenteils handelt es sich um Weihinschriften (Edson Nr. 75–123). In ihnen wird zwar der Name des betreffenden Priesters öfters angegeben, aber von den Kultgemeinschaften ist merkwürdigerweise nicht die Rede. Daß jedoch auch in Thessaloniki die sonst für den Isiskult bezeugten Diener mit ihren unterschiedlichen Funktionen eine Rolle gespielt haben, ist mit Sicherheit anzunehmen, etwa die nach dem schwarzen Gewand der Göttin genannten *melanophóroi,* die *stoliastaí*, die für die Toilette der Göttin zuständig waren, oder die *kanephóroi* und *hagnophóroi,* die Träger der heiligen Geräte. Zwei Inschriften, die für die Verbreitung der ägyptischen Kulte und gleichzeitig für die Geschichte der Stadt von besonderer Bedeutung sind, wollen wir aus der Fülle des Materials herausgreifen.

Die erste ist eine der sogenannten **Isis-Aretalogien** (Edson Nr. 254). Der Text, der frühestens aus dem ersten vorchristlichen Jahrhundert stammt, ist zwar stark verstümmelt, läßt sich jedoch leicht ergänzen, da eine ganze Anzahl anderer, zum Teil wörtlich übereinstimmender Fassungen erhalten ist. Offenbar haben wir es mit einem festen liturgischen Formular zu tun, das bei der Kultfeier vorgetragen wurde. Mit Recht hat man diese Aretalogien als „*res gestae* der Königin Isis“ bezeichnet. In kurzen, der Volkssprache angenäherten, asyndetisch gereihten Sätzen spricht Isis vor allem von ihren Wohltaten, die sie den Menschen erwiesen hat: Sie hat die gesamte menschliche Kultur und Gesittung geschaffen, indem sie Ackerbau, Schiffahrt, Schrift und Sprache erfand, indem sie Mann und Frau zusammenführte, auf der Grundlage des Rechts die Gründung von Städten ermöglichte und die Menschen den Bau von Tempeln und die Ehrfurcht vor den Göttern lehrte. Die Leistungen der „Erfinderin“ werden also deutlich herausgestellt, dagegen spielen Genealogie und Wesen der Göttin – Isis als Herrin der Natur und der Gestirne – nur eine untergeordnete Rolle. Mit dieser Verteilung der Gewichte wollte der Verfasser wohl griechischem religiösem Empfinden Rechnung tragen. Denn bei aller Faszination, die die ägyptische Religion wegen ihres hohen Alters und exotischen Reizes ausübte, bot sie doch auch viele Elemente, die bei den Griechen Anstoß erregen mußten. Auch der Text der Isis-Aretalogie dürfte trotz der genannten Konzessionen dem griechischen Verständnis Schwierigkeiten bereitet haben. Allein schon die zum Prinzip erhobene, jede logische Gedankenfolge ausschließende Formlosigkeit widersprach dem Gebot der Rationalität, die der Grieche auch im Bereich der Religion zu fordern pflegte; um die umfassende Macht eines Gottes auszudrücken, hatte er andere Mittel. Auch die monotone Kurzatmigkeit der Sätze mit der ständig wiederholten Einleitungsformel „ich bin ...“ war nicht die Art, in der ein griechischer

Gott seine Leistungen darstellte – wenn er es überhaupt tat. Um so dringlicher mußte das ursprüngliche Isisbild gräzisiert werden. Wenn sich Isis in den Aretalogien etwa als „Erfinderin“ der Schiffahrt oder als Zerstörerin der Tyrannien preist, so sind das spezifisch griechische Züge, die die Göttin akzeptabler erscheinen lassen sollten. Bezeichnenderweise haben ja nur zwei ägytische Götter im griechischen Raum allgemeine Gültigkeit erlangt: Isis und Serapis, also zwei Götter, die bei entsprechender Auswahl und Adaptation ihrer spezifischen Funktionen verhältnismäßig einfach mit griechischen Gottheiten, mit Demeter und Dionysos, identifiziert werden konnten. Zudem standen beide in enger Beziehung zu Mysterienkulten, einem unverzichtbaren Bestandteil der neuen Mischreligion. So ist es nur folgerichtig, daß Isis in den Aretalogien auch als Stifterin der Mysterien gefeiert wird. Entscheidend ist auch hier, daß die Götter zu Garanten einer tröstlichen Jenseitsvorstellung geworden sind und damit die homerische Konzeption der Götter als Spiegelbild erfahrener Wirklichkeit endgültig aufgegeben ist.

Die zweite Inschrift, die hier zur Sprache kommen soll (Edson Nr. 255) handelt von der **Aufnahme des Isis- und Serapiskults** in Opus und bekundet auf eindrückliche Weise, wie der neue Gott durch Wunderzeichen seine Macht offenbart und gleichzeitig die Ausdehnung seines Kults propagiert. Dem Opuntier Xenainetos, so berichtet die Inschrift, erschien der Gott im Traum, als er sich – offenbar im Serapistempel von Thessaloniki – zum Schlaf niedergelegt hatte, und gab ihm den Auftrag, dem Eurynomos in Opus zu sagen, er solle ihn, Serapis, und seine Schwester Isis aufnehmen und ihm den Brief, den er unter seinem Kopfkissen finden werde, übergeben. Tatsächlich findet Xenainetos den Brief beim Aufwachen und führt den Befehl des Gottes aus, obwohl er, wie zweimal betont wird, mit Eurynomos politische Meinungsverschiedenheiten hatte. Auch dieser ist zunächst skeptisch, nimmt dann aber nach der Lektüre des Briefs Serapis und Isis in das Haus der Sosineike auf.

Die Geschichte ist wahrscheinlich eine spätere Nacherzählung eines wohl aus dem 3. vorchristlichen Jahrhundert, also aus einer Blütezeit des Serapiskults stammenden Berichts über die Wundertaten des Gottes. Wie in anderen vergleichbaren Zeugnissen geht es auch hier zunächst um die Einrichtung eines Hauskults für den Gott in der Erwartung, daß der Bau eines Tempels später möglich wird.

3. Die Stadt unter den Römern

Schon Philipp V. hatte sich in zunehmendem Maße mit den von Illyrien aus nach Süden drängenden Römern auseinandersetzen müssen und durch eine unkluge Politik – unter anderem schloß er im 2. Punischen Krieg ein Bündnis mit Hannibal – die Chancen für eine günstige Lösung des Konflikts verspielt. Sein Sohn und Nachfolger Perseus (179–168 v. Chr.), auf sorgfältige Vorbereitungen und eine umfassende Bündnispolitik bauend, brach endgültig mit Rom und konnte zunächst auch beachtliche Erfolge für sich verbuchen. Als jedoch im Jahr 168 der Konsul L. Aemilius Paullus den Oberbefehl übernahm, mußte der Makedonenkönig noch im selben Jahr bei Pydna eine vernichtende Niederlage einstecken. Sie bedeutete das Ende der Unabhängigkeit Makedoniens. Das Land wurde in vier Bezirke geteilt. Der erste umfaßte das Gebiet zwischen Strymon und Nestos; seine Hauptstadt war Amphipolis. Thessaloniki wurde Hauptstadt des zweiten Distrikts zwischen Strymon und Axios. Die beiden restlichen Bezirke mit den Hauptstädten Pella und Pelagonia schlossen sich südwestlich und nordwestlich an.

Diese Teilung des Landes richtete sich eindeutig gegen die Einheit Makedoniens, die allein es hätte wieder stark machen können, und dementsprechend war sie begleitet von flankierenden Maßnahmen. Jeder Handel, jede Eheschließung zwischen den Bezirken war verboten, die vornehmsten und einflußreichsten Familien mußten das Land verlassen, Ausbeutung oder Verpachtung der Bergwerke war, wenigstens in den ersten zehn Jahren, nicht gestattet. Zwar behielten die Städte ihre kommunale Freiheit, und an sie denkt wohl Livius, wenn er XLV 29 schreibt, Aemilius Paullus habe nach der Schlacht von Pydna befohlen, alle Makedonen sollten frei sein, ihre Städte und Ländereien behalten, nach ihren eigenen Gesetzen leben und jährlich ihre Beamten wählen. Und solange Makedonien noch nicht römische Provinz war, blieb es auch frei von Abgaben. Jedoch hatten die makedonischen Städte nun zum Bezirkskongreß, der in der betreffenden Bezirkshauptstadt tagte, ihre Vertreter zu entsenden – eine parlamentarische Form, die den nicht an Kooperation gewöhnten Makedonen wenig behagte. Zudem führte die Beschränkung der Freiheiten zu ständigen Unruhen und Zwistigkeiten, die ebenso wie die Unbotmäßigkeit der Thraker im Osten von verschiedenen Thronprädenten geschickt für eigene Zwecke ausgenutzt wurden.

Nach dem Aufstand des Andriskos, der die Römer in ernste Schwierigkeiten brachte, schaffte der Prätor Caecilius Metellus von neuem Ordnung. Makedonien wurde mit Epirus und einem Teil Illyriens zusammengefaßt und zur römischen Provinz, der ersten im Osten, gemacht. Das war im Jahr 148 v. Chr. Metellus, der als erster Prokonsul Makedoniens das Land verwaltete, residierte in Thessaloniki, der Hauptstadt der neugeschaffenen Provinz. So hatte Makedonien seine Einheit zwar wiedergewonnen, dafür aber einen weiteren Teil seiner freiheitlichen Rechte eingebüßt, auch wenn den Städten ihre Selbstverwaltung belassen wurde und einige Städte als sogenannte „freie" Städte aus dem Provinzialstatus ausgenommen waren.

Jedoch kehrten Frieden und Ruhe auch jetzt noch nicht ein. Schlimmer als die privaten Fehden vornehmer Makedonen, die ihre ruhmreiche Vergangenheit nicht vergessen konnten, waren die außenpolitischen Ereignisse, in die das Land ohne sein Zutun hineingerissen wurde: die Angriffe der nördlichen Grenznachbarn, die Besetzung großer Teile Griechenlands, darunter auch Makedoniens, durch pontische Truppen im 1. Mithridatischen Krieg und vor allem die römischen Bürgerkriege, die Makedonien vom ersten Augenblick an in Mitleidenschaft zogen. In Thessaloniki sammelte Pompeius seine Truppen gegen Caesar; zahlreiche Städte und Dörfer wurden bei den Kämpfen zwischen Caesar und den Optimaten verwüstet, und Schauplatz der letzten großen Auseinandersetzung war wiederum eine makedonische Stadt: Philippi (s. o. S. 21). So hatte Makedonien einen sehr hohen Preis für die römischen Bürgerkriege zu zahlen.

Eine neue Ära begann für die Provinz mit dem Regierungsantritt des Augustus. Nicht nur, daß Makedonien von der Friedenspolitik des neuen Kaisers im allgemeinen profitierte, ganz konkret erfuhr es dessen Hilfe in der Anlegung mehrerer Kolonien, die den Bedürfnissen beider Seiten entgegenkam, trug sie doch zum wirtschaftlichen Wiederaufschwung des Landes nicht unerheblich bei. Durch die Neuorganisation der Balkanländer – Dalmatien, Moesien und Thrakien wurden jetzt eigene Provinzen – und die Neugliederung der Provinz Macedonia – die Gebiete südlich des Olymps wurden zusammen mit dem restlichen Griechenland zur neuen Provinz Achaia vereinigt – war Makedonien fortan den Gefahren und Nachteilen, denen die Randgebiete eines Imperiums ausgesetzt zu sein pflegen, enthoben.

Wie wir den Inschriften und sonstigen Quellen entnehmen können, strömte aus Griechenland, Kleinasien und Italien ein buntes Heer von Handwerkern, Händlern, Rednern und anderen Berufsgruppen in der Provinz zusammen, wobei Thessaloniki wegen seiner Größe und günstigen Lage den ersten Rang einnahm. Noch wenige Jahrzehnte zuvor, in einer 55 v. Chr. gehaltenen Rede, hatte Cicero beklagen müssen, daß Makedonien derart von den Barbaren heimgesucht werde, daß die Einwohner von Thessaloniki „im Schoß unseres Reichs" gezwungen seien, ihre Wohnungen zu verlassen und die Burg zu befestigen, daß die durch Makedonien führende Militärstraße (*via illa nostra*) durch die kriegerischen Unternehmungen der Barbaren bedroht sei (De providentia consulum 2,4). Diese Zeiten waren nun vorbei. Schon um die Zeitenwende kann Strabon Thessaloniki die volkreichste Stadt Makedoniens nennen (VII 7,4), und an anderer Stelle spricht er von der „Mutterstadt des heutigen Makedonien" (VII frg. 21). Der Epigrammdichter Antipatros, ein Sohn der Stadt, äußert sich um dieselbe Zeit noch überschwenglicher, wenn er seine Vaterstadt zur „Mutter von ganz Makedonien" macht (Anthologia Palatina IX 428) – eine Formulierung, die sich noch im Mittelalter großer Beliebtheit erfreute.

Wie in anderen römischen Provinzen gab es nun auch in Makedonien drei Kategorien von Städten mit unterschiedlichen Rechten und Verpflichtungen: die unfreien Städte, die mit Abgaben belegt waren (*civitates stipendiariae*), die freien Städte (*civitates liberae*) und die römischen Städte, also die Kolonien und Munizipien. Zur ersten Gruppe gehörten die meisten makedonischen Städte, zur zweiten unter anderem Thessaloniki und Amphipolis (ob sie tatsächlich ganz frei von Abgaben waren, läßt sich nicht mit Sicherheit sagen), zur letzten neben Philippi Pella, Dion und Kassandreia.

Aufs Ganze gesehen jedoch änderten sich die Verhältnisse bei der Umwandlung Makedoniens zur Provinz nicht grundlegend. Auch die unfreien Städte behielten ihre Selbstverwaltung. Ebenso blieben die vier Bezirke mitsamt ihren Synedrien bestehen, hatten jetzt allerdings im Rahmen der Provinzialverwaltung keine politische, sondern nur noch organisatorische Bedeutung: als eine Art Steuerbezirk, für dessen Abgaben die Synedrien verantwortlich gewesen zu sein scheinen. An die Stelle der mit erheblichen Vollmachten ausgestatteten königlichen Beamten der griechischen Zeit waren nun römische Beamte getreten, die den – auch jetzt noch oft in Briefform bekundeten – kaiserlichen Willen in den Städten durchzusetzen hatten. In diesen Briefen werden zwar regelmäßig die Beamten, der Rat und die Volksversammlung, also die wichtigsten Organe einer demokratischen Verfassung, apostrophiert, aber wer hier letztlich das Sagen hatte, war ebensowenig zweifelhaft wie zur Zeit der makedonischen Könige.

4. Die Politarchen

Die wichtigsten Aufgaben der Selbstverwaltung lagen nach wie vor in den Händen der Archonten, die in der Regel jährlich gewählt wurden. Je nach ihrer Funktion hatten sie eine eigene Bezeichnung. Allein aus den in Thessaloniki gefundenen Inschriften sind folgende Titel bekannt: die *agoranómoi*, die ähnlich wie die römischen *aediles* die Marktaufsicht führten; der *tamías* der Stadt, der immer nur im Singular und meistens in Verbindung mit den Politarchen (siehe unten) genannt wird, also deren rechte Hand auf dem Verwaltungssektor gewesen sein dürfte; der *oikonómos* der Stadt, offenbar der für die Finanzen zuständige Beamte; der *gymnasíarchos,* der als Vorsteher des Gymnasions sich um die Jugend zu kümmern hatte, und, mit einem änlichen Aufgabenbereich, der *ephébarchos;* die *architéktones* und *archiatroí,* also die Stadtbaumeister und sozusagen das staatliche Gesundheitsamt mit der Aufsichtspflicht über die frei praktizierenden Ärzte; die *archiereís,* die obersten Priester und – nur zu diesem Amt waren auch Frauen zugelassen – Priesterinnen, die die Aufsicht über den Kult führten; und schließlich die *politárchai.*

Als die obersten städtischen Beamten hätten sie eigentlich an erster Stelle erwähnt werden müssen. Wir haben uns mit ihnen ausführlicher zu beschäftigen, weil sie im Bericht der Apostelgeschichte eine wichtige Rolle spielen (17,6.8). Die Juden, über die Missionserfolge des Paulus und Silas aufgebracht, mobilisieren den Straßenmob und schleppen, da die eigentlich Verantwortlichen im Moment nicht zu finden sind, Iason, deren Gastgeber, und einige „Brüder“ vor die Politarchen, um sich bei ihnen über die aufrührerischen und kaiserfeindlichen Reden der beiden zu beschweren. Gegen eine Bürgschaft werden Iason und seine Begleiter von den erschrockenen Beamten wieder freigelassen (17,5–9).

Zunächst eine Vorbemerkung. Über Stärke und Beschaffenheit der jüdischen Kolonien in den Städten Makedoniens wissen wir außerordentlich wenig und sind weitgehend auf Analogieschlüsse angewiesen. Immerhin bezeugt die Apostelgeschichte neben Philippi auch für Thessaloniki und Beroia jüdische Gemeinden, also für drei Städte, die an der Via Egnatia, der wichtigsten Handelsstraße dieses Raumes (s. o. S. 23f.), oder in deren Nähe lagen. Sicher spielten die Juden in Thessaloniki nicht erst seit dem 15. Jahrhundert, als sie nach ihrer Vertreibung aus Spanien Thessaloniki zu einer der größten jüdischen Städte der Welt machten, eine dominierende Rolle in Wirtschaft und Handel der Stadt; noch 1913 zählte man unter den 158 000 Einwohnern 61000 Juden. Wahrscheinlich existierte in Thessaloniki eine kleine Gruppe von Juden schon seit der Gründung der Stadt. Unter Augustus dürfte sie im Zeichen des allgemeinen Aufschwungs erheblichen Zuwachs bekommen haben. Die älteste jüdische Inschrift, die bislang in Thessaloniki gefunden wurde und die etwa in die Zeit des Paulus datiert werden kann (Edson Nr. 72), gibt über Zahl, Organisation und Zusammensetzung der jüdischen Kolonie leider keinerlei Aufschluß, sondern höchstens Anlaß zum Streit darüber, ob mit dem in ihr erwähnten „höchsten Gott“ (s. o. S. 34f.) tatsächlich Jahwe gemeint ist. Eine in Stoboi nordwestlich von Thessaloniki gefundene Inschrift nennt einen Patriarchen, an den 25 000 Denare zu zahlen sind für den Fall, daß jemand gegen den letzten Willen des Stifters handelt. Der offensichtlich in Stoboi residierende Patriarch dürfte die Oberaufsicht über alle Synagogen in der Provinz Makedonien geführt haben. Abgesehen von dieser Ausnahme ist kein höherer jüdischer Titel in den Inschriften Makedoniens überliefert.

Natürlich gehörten die Juden, wie auch die Römer in griechischen Städten, zur Gruppe der *xénoi,* der „Fremden“. Sie waren also vom eigentlichen politischen Leben der Stadt ausgeschlossen, daß heißt, sie nahmen an der Volksversammlung nicht teil und durften bei der Wahl der Ratsmitglieder und der Archonten nicht mitwirken. Grundsätzlich wird kein Unterschied bestanden haben zwischen den Juden und anderen Fremdengruppen der Stadt. Wie diese – allein für Thessaloniki sind Bithynier, Thyatirener, Kassandreer, Spartaner und Kreter inschriftlich belegt – werden sie die verschiedensten Berufe ausgeübt haben, wenn auch mit besonderer Berücksichtigung von Handel und Handwerk. Und auch für Zusammenschlüsse solcher Gruppen zu Interessengemeinschaften gibt es genügend Beispiele. Eine direkte Parallele zur Kultgemeinschaft der Juden liefert der Thiasos der Asianer, ein Zusammenschluß von Leuten aus Kleinasien zur Verehrung des Dionysos (Edson Nr. 309). Daß die jüdischen Gemeinschaften in Makedonien wie in anderen Provinzen des römischen Imperiums auch das Recht auf Selbstverwaltung und in gewissem Umfang auf eigene Gerichtsbarkeit hatten, dürfen wir annehmen, ebenso, daß das Verhältnis zwischen den einheimischen Bürgern und den „Ausländern", die nur das Wohnrecht (*domicilium*) in der betreffenden Stadt besaßen, nicht immer das beste war.

Die Politarchen, an die sich im Bericht der Apostelgeschichte die Juden wenden, sind als die höchsten städtischen Beamten aus zahlreichen Inschriften bekannt. Da diese Inschriften zu 80% aus dem makedonischen Raum stammen, hat man vermutet, daß dieses Amt eine spezielle Einrichtung des vorrömischen Makedonien gewesen sei. Das ist nicht auszuschließen, auch wenn die in Frage kommenden Inschriften, aus Thessaloniki allein 40%, in die römische Zeit gehören, das Amt also möglicherweise auch erst bei der Neuorganisation Makedoniens als römischer Provinz geschaffen oder aus einer älteren Form umgewandelt wurde. Die Aufgaben der Politarchen lagen im administrativen und exekutiven Bereich. Sie hatten den Rat der Stadt einzuberufen, in dem sie den Vorsitz führten, ebenso die Volksversammlung, der sie die im Rat ausgearbeiteten Vorlagen zur Abstimmung vortrugen. Daß sie auch für Recht und Ordnung zu sorgen hatten, geht neben anderen Quellen aus dem Bericht der Apostelgeschichte hervor. Auf die Sonderstellung ihres Amtes weist auch der Brauch, das Jahr nach einem der Politarchen zu nennen; auch nach Beendigung ihrer einjährigen Amtszeit standen sie noch in hohem Ansehen. So gut wie immer bildeten sie ein Gremium, dessen Mitgliederzahl zwischen zwei und sechs schwanken konnte; für eine große Stadt wie Thessaloniki scheint die Fünfzahl die Regel gewesen zu sein.

Zu diesen politischen Verhältnissen paßt der Bericht der Apostelgeschichte vorzüglich. Zum einen stellt er deutlich die juridische Funktion der Politarchen als der obersten nichtrömischen Beamten der Stadt heraus, zum anderen trägt er auch deren nicht unproblematischen Stellung gegenüber den Römern Rechnung, wenn er sie „in Aufregung geraten" läßt (17,8) – doch wohl wegen der scheinbar antirömischen Propaganda, die in der Stadt betrieben wird: Bei derart revolutionären Vorgängen war der Verlust der Freiheiten, die Thessaloniki genoß, nicht auszuschließen. Eine ähnliche Situation wird es später im Theater von Ephesos geben, wo der Bürgermeister der Stadt das aufgebrachte Volk vor möglichen Zwangsmaßnahmen der römischen Behörden warnt (Apg 19,40).

Uneinigkeit herrscht unter den Auslegern über Vers 9, genauer über die Frage, wer mit dem *démos* gemeint ist: die offizielle Volksversammlung, der Paulus und seine Gefährten vorgeführt werden sollen, oder die von den Juden zusammengetrommelte Volksmenge, zu der die vermeintlichen Revolutionäre gebracht werden sollen. Abgesehen davon, daß die Volksversammlung erst noch hätte einberufen werden müssen, spricht auch der lukanische Sprachgebrauch für die zweite Lösung. Zudem muß man sich fragen, was die Juden mit einer Vorführung vor der Volksversammlung hätten erreichen wollen; als Tribunal kam sie jedenfalls nicht in Betracht. Für Agitationen vor der Rechtsbehörde jedoch war das Volk ein willkommener Verstärker. Angesichts der Größe und Bedeutung der Stadt formulieren die Juden ihren Vorwurf global: „alle Welt" bringen die beiden in Aufruhr (17,6). Entsprechend fällt die Anklage in der Landeshauptstadt wesentlich schärfer und grundsätzlicher aus als im politisch unbedeutenden Philippi. Waren es dort die neuverkündeten „Sitten", an denen man als Römer Anstoß nehmen mußte, so wird jetzt der von Paulus verkündigte neue König zu einer Art Gegenkönig emporstilisiert und damit die Gefahr einer weltweiten Revolution auf drastische Weise beschworen.

Natürlich ist der von den Juden gegen Paulus erhobene Vorwurf absurd, denn die Tätigkeit des Apostels war nicht gegen den Kaiser in Rom gerichtet. Jedoch gewinnt er an Aktualität, wenn man bedenkt, daß zu den heidnischen Göttern *(eídola),* von denen Paulus die Thessalonicher abwenden wollte (1 Thess 1,9), auch der römische Kaiser zählte, soweit er kultische Ehren genoß.

5. Kulte

Gerade der **Kaiserkult** scheint in Thessaloniki eine bedeutende Rolle gespielt zu haben. Immerhin konnten sich die römischen Kaiser auf einen erlauchten makedonischen Vorgänger berufen: auf Philipp II., der nach Diodor XVI 92.95 zum „Mitherrscher" *(sýnthronos)* der Zwölf Götter erhoben worden sein soll.

Die älteste Inschrift, die den Kaiserkult für Thessaloniki bezeugt und aus der frühen Kaiserzeit stammen dürfte, wurde 1874 zwischen den Fundamentresten eines römischen, offenbar für den Kaiserkult bestimmten Gebäudes im Westen der Stadt gefunden (Edson Nr. 31). Die ersten Zeilen erinnern nicht nur an die Erbauung des Tempels für den Kaiser durch den Prokonsul, sie enthalten auch eine Angabe über den Standort: „im Steinbruch". Aufschlußreich ist die Liste von Priestern, die die Inschrift, nach Funktionen getrennt, aufführt. Unter ihnen befindet sich ein „Priester des Kaisers Augustus", der auch für die Ausrichtung der Provinzkampfspiele zuständig war, sowie ein „Priester der Stadt Rom und der römischen Wohltäter". Beide Titel weisen in die letzten Jahre des Bürgerkriegs. Der erste ist ziemlich sicher mit Actium zu verbinden, der zweite, wie aus Münzfunden hervorgeht, mit Philippi. Thessaloniki bekräftigte nach der Schlacht von Philippi nicht nur seine *concordia* mit Rom, es hatte auch allen Grund, den Siegern von Philippi dankbar zu sein; hatten sie doch die Stadt vor der Plünderung bewahrt, die Brutus seinen Truppen für den Fall eines Sieges versprochen hatte.

Auch in Thessaloniki gefundene Münzen aus römischer Zeit bezeugen den Kaiserkult auf verschiedene Weise, zum Beispiel ein Exemplar mit dem Kopf des Iulius Caesar samt Diadem und Lorbeerkranz sowie der Aufschrift THEOS: „Gott".

Bei dem Versuch, die „Götzenbilder" der Thessalonicher aus 1 Thess 1,9 weiterhin zu konkretisieren, stößt man auf zwei Kulte, die in der Stadt offenbar besonders verbreitet waren, den Kult des Dionysos und den der Kabiren. Von der Beliebtheit des **Dionysoskultes** zeugen nicht nur die drei im oder beim Serapeion gefundenen Weihinschriften, von denen die älteste (Edson Nr. 28) aus dem 2. oder 1. vorchristlichen, die beiden anderen (Edson Nr. 59 und 258) aus dem 1. und 2. nachchristlichen Jahrhundert stammen, sondern auch die drei Altäre, die man dicht nebeneinander bei der Acheiropoietoskirche (s. u. S. 54) ausgegraben hat (Edson Nr. 260.503.506). Daß an dieser Stelle in römischer Zeit der Dionysostempel gestanden haben könnte, läßt sich um so eher vermuten, als mindestens einer der drei Altäre in situ gefunden worden zu sein scheint. Ob freilich die Mosaikreste unter dem Boden der Kirche zu diesem Tempel gehören, was Edson nicht für ausgeschlossen hält, ist fraglich. Ein Staatskult des Dionysos ist für das römische Thessaloniki der Vorkaiserzeit durch die erste der genannten Inschriften bezeugt, jedoch dürfte es ihn seit der Gündung der Stadt durch Kassandros gegeben haben. Die ältesten Münzen der Stadt mit Darstellungen des Dionysos stammen aus dem 2. Jahrhundert v. Chr. Mehr Bedeutung scheinen im Lauf der Zeit die privaten Kultgemeinschaften gewonnen zu haben, die Thiasoi, von denen vor allem die späteren Inschriften sprechen. Daß sie mit dem Staatskult in irgendeiner Weise verbunden waren, ist wahrscheinlich.

Mit Abstand die charakteristischste Erscheinung in den Kulten von Thessaloniki sind die **Kabiren**. Ursprünglich Fruchtbarkeitsgötter chthonischen Charakters, als deren Heimat wohl Phrygien anzunehmen ist, fanden sie schon bald Aufnahme in Griechenland. In Samothrake, wo man ihre Mysterien feierte, hatten sie ihr eigentliches Kultzentrum. Seit der Zeit Philipps II. und Alexanders gewann ihr Kult jedoch panhellenische Bedeutung. Für das römische Thessaloniki ist er vor allem durch Münzen bezeugt, die erkennen lassen, daß Kabeiros zumindest seit den Flaviern zum Hauptgott der Stadt geworden war, auch wenn bislang nur eine einzige Inschrift mit seinem Namen gefunden worden ist (Edson Nr. 199 B). Die Formulierung „der heiligste von den Vätern überkommene Gott" unterstreicht seinen hohen Rang, und entsprechend hoch war die Stellung des Aufsehers über das Kabirenheiligtum, der als Ratsmitglied, Ephebarch (Vorsteher der Jugend) und Politarch eingeführt wird, also auch politisch etwas zu sagen hatte. Merkwürdigerweise wurde in Thessaloniki im Unterschied zu den sonst anzutreffenden Zweier- oder Dreiergruppen nur *ein* Kabeiros verehrt. Seine Vorrangstellung unter den Göttern der Stadt behielt er bis in die Spätantike. So gab es neben den heiligen Spielen zu Ehren des Kaisers und der Nike (Siegesgöttin der Stadt) auch die Kabireia, also Spiele zu Ehren des Kabeiros. Er soll es auch gewesen sein, der die Stadt bei der Belagerung durch die Goten im Jahr 268 als Schutzpatron vor der Eroberung bewahrte – eine Funktion, die später der heilige Demetrios übernahm. Damals wurden Münzen geprägt mit der Legende DEO CABIRO, „Dem Gott Kabiros".

Für die Zeit des Paulus müssen wir von einer engen wechselseitigen Beziehung der Kulte im religiösen Leben der Stadt ausgehen. Wenn der Apostel im ersten Brief an die Thessalonicher wiederholt auf die Bedrängnis der Gemeinde zu sprechen kommt (1,6; 2,14; 3,4 f.) und Timotheus zur Stärkung der angefochtenen Gemüter nach Thessaloniki schickt (3,2), hat das sicher auch seinen Grund in dieser geschlossenen Phalanx heidnischen Glaubens, mit der sich die junge Gemeinde konfrontiert sah. Die Probleme könnten sich kristallisiert haben in dem Vorwurf, den die Juden gegen Paulus und seine Mitarbeiter erheben, daß sie nämlich gegen die „Erlasse des Kaisers“ handeln, indem sie einen anderen „König“ an dessen Stelle setzen (Apg 17,7). Man darf annehmen, daß zu den Aufgaben der Politarchen von Thessaloniki auch die Überwachung der loyalen Haltung der Bürger gegenüber dem immer wieder als Wohltäter apostrophierten Kaiser in Rom gehörte. Daß diese Loyalität gelegentlich durch einen Eid bekräftigt werden mußte, ist mehrfach überliefert. Genau an dieser Stelle wurden die Probleme, die der neue Glaube mit sich brachte, akut.

Andererseits gibt es im ersten Thessalonicherbrief Formulierungen, die aus dem paulinischen Sprachgebrauch herausfallen, so etwa 2,7f.: „Wie eine Amme ihre Kinder hegt, so sind wir euch liebevoll zugetan.“ Sollte das eine Anlehnung an Vorstellungen sein, die aus dem Dionysosmythos und dem Kabirenkult bekannt sind? Das göttliche Kind, das von Nymphen aufgezogen wird, die Lebenskraft spendenden Kabiren? Eine ansprechende Vermutung, aber auch nicht mehr. Auch die Aufforderung, seine Frau „in Heiligung und Ehre zu gewinnen, nicht in der Leidenschaft der Begierde wie die Heiden, die Gott nicht kennen“ (4,4f.), muß nicht die Assoziation orgiastischer Kulte hervorrufen. Aber es ist keineswegs unwahrscheinlich, daß die Christen von Thessaloniki solche Worte vor dem Hintergrund der ihnen vertrauten Kultvorstellungen verstanden haben.

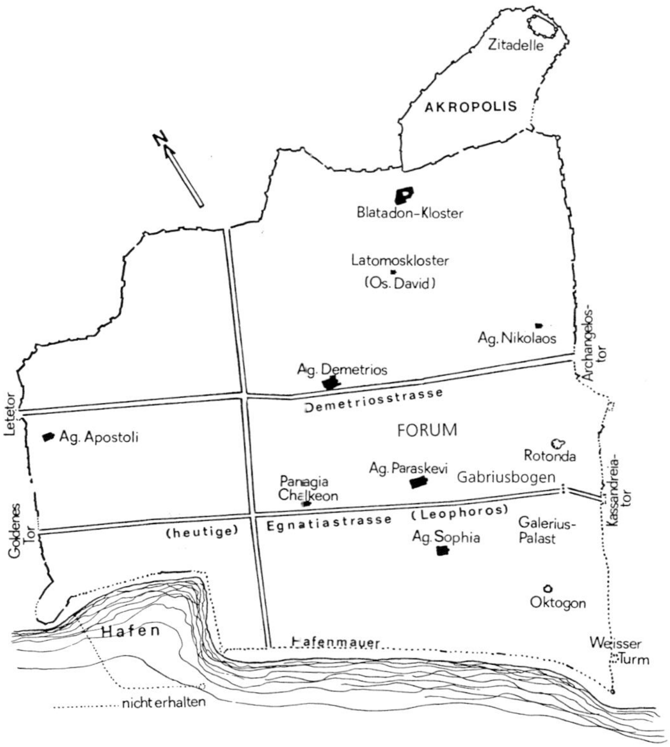

19 Thessaloniki, Übersichtsplan. Der Plan läßt die regelmäßige Anlage der Stadt mit den zwei Hauptadern, den vier wichtigsten Stadttoren und dem zentral gelegenen Forum erkennen, ebenso die durch den Bau des Galeriuspalastes erforderlich gewordene Erweiterung im Osten. Der markante Weiße Turm in der Südostecke wurde im 15. Jh. von den Türken erbaut.

6. Zur Archäologie der Stadt

Die Ausdehnung der antiken Stadt in hellenistischer und römischer Zeit wird durch die im nördlichen Teil fast vollständig erhaltene **Stadtmauer** bezeichnet (*Abb. 19*). Südlich der heutigen Egnatiastraße muß man sie sich etwa geradlinig bis zum Meer hin verlängert vorstellen. Zusammen mit der im letzten Jahrhundert abgerissenen Hafenmauer am Meer entlang ergibt sich damit für den Verteidigungsgürtel eine Gesamtlänge von knapp acht Kilometern, von denen gut die Hälfte heute noch steht. Zwar stammt diese Mauer größtenteils erst aus dem 4. Jahrhundert n. Chr., und noch Kaiser Justinian hat sie gegen die Slawen verstärken, zum Teil auch neu aufbauen lassen. Noch im Mittelalter wurden die Befestigungsanlagen mehrfach ausgebessert und verändert; die Türme der Nordmauer etwa sind Zutaten der Paläologen aus dem 14. Jahrhundert. Trotzdem kann man annehmen, daß der Verlauf der byzantinischen Mauer dem der antiken aus der Zeit um 300 v. Chr. im wesentlichen entspricht. Das zeigen Spuren der alten Mauer im heute erhaltenen Mauerwerk. Deutlich heben sich die sorgfältig behauenen und eingepaßten Quader von den späteren Techniken des Mauerbaus ab, ob man nun wie beim größten Teil der Mauer zwischen die kleinen vermörtelten Bruchsteine zur Konsolidierung Schichten aus Ziegeln einzog oder die Mauer ganz aus Ziegeln aufführte. Die Pax Romana gestattete eine Vernachlässigung der Verteidigungsanlagen der Stadt. Lediglich das westliche Haupttor, das „Goldene Tor“ der Byzantiner, wurde im ersten Jahrhundert n. Chr. als eine Art Triumphbogen neu errichtet.

Unsere besondere Aufmerksamkeit beansprucht das zweite, weiter nördlich gelegene Westtor der Stadt, durch das aller Wahrscheinlichkeit nach Paulus und seine Begleiter Thessaloniki betreten haben. Die Byzantiner nannten es Litéa, weil hier die Straße nach dem nördlich gelegenen Liti (daher der jetzt übliche Name **Letetor**) die Stadt verließ. Heute ist auch von diesem Tor so gut wie nichts mehr zu sehen, da es bei der Verbreiterung der Demetriosstraße, einer der Haupverkehrsadern der modernen Stadt, abgerissen wurde. Ältere Aufnahmen zeigen eine Doppeltoranlage mit sechseckigem, von allen Seiten gut zu verteidigendem Innenhof. Das innere Tor stammte in seiner Substanz noch aus römischer Zeit.

Daß an diesem Tor, also im Nordwesten, die alte **Via Egnatia** das Stadtgebiet erreichte und nicht, wie man lange vermutete, auf der Linie der heutigen Egnatiastraße die Stadt in ihrer ganzen Länge von Osten nach Westen durchzog, gilt heute als gesichert. Ein Meilenstein, der 1949 an der nördlichen Ausfallstraße nach Langada gefunden wurde, trägt ein eingemeißeltes A, das heißt, er ist der erste Meilenstein auf der bei Thessaloniki beginnenden östlichen Hälfte der Via Egnatia. Die Entfernung von 1 Meile stimmt mit dem Fundort überein, wenn man das Letetor als Bezugspunkt einsetzt. Die Straße führte also nicht durch das unwegsame Bergland im Nordosten der Stadt, sondern umging dieses auf einer nördlichen Route, die auch durch zwei weitere Meilensteine gesichert ist (s. o. S. 23), am See von Langada entlang.

Bei einer so dicht bebauten Stadt wie Thessaloniki ist es ein gewagtes Unternehmen, vom modernen **Stadtplan** das antike Straßensystem erschließen zu wollen. Beim Wiederaufbau der Stadt nach dem verheerenden Stadtbrand von 1917, dem fast die ganze Unterstadt zum Opfer fiel, richteten sich die Stadtplaner nach einem strengen Rektangulärsystem (mit Ausnahme des Viertels südöstlich der Hagia Sophia, das bereits 1890 von einem Flächenbrand heimgesucht worden war. Die Vermutung, daß auch die römische Stadt wenigstens in groben Zügen in diesem Raster angelegt war, wird durch Funde immer wieder bestätigt. In der Innenstadt ist es fast unmöglich, eine Baugrube auszuheben, ohne daß der Bagger auf etwas Antikes stößt. Bald ist es ein Fußbodenmosaik, bald ein Stück gepflasterter Straße, bald ein Grab, bald die Statue eines Philosophen oder Athleten. Auf diese Weise läßt sich punktuell immer wieder ein Stück des alten Straßensystems klären. Da zudem die Römer einen vorgegebenen Straßenplan in der Regel übernahmen und auch im Fall von Thessaloniki die Lage der wichtigsten Stadttore nicht verändert worden zu sein scheint, darf man vermuten, daß bereits die Gründung des Kassandros die heute noch erkennbare Grundkonzeption des Stadtplans aufwies. Und die ist leicht durchschaubar.

Deutlich hebt sich eine Mittelachse ab, die heutige Egnatiastraße, die auch im Mittelalter die wichtigste Straße war; in byzantinischer Zeit heißt sie „Leophoros" (Boulevard, wörtlich „Volksträger"). Ihren westlichen Endpunkt stellte das Goldene Tor dar, ihren östlichen das Kassandreiator (beide Tore existieren heute nicht mehr). Eine zweite Transversale befand sich weiter nördlich: die heutige Demetriosstraße, auch sie in ihrer Bedeutung hervorgehoben durch zwei große Stadttore, das Letetor im Westen und das Archangelostor („Erzengeltor") im Osten. Rechtwinklig dazu verliefen zwei Hauptstraßen, die am Meer beziehungsweise an der parallel zur Küste verlaufenden Südmauer endeten. Ziemlich genau in der Mitte des durch die vier genannten Straßen gebildeten Rechtecks lag die Agora oder das Forum. Auch die frühchristlichen Kirchenbauten (s. u. S. 53ff.), vor allem die über den Ruinen einer Thermenanlage erbaute Demetrioskirche, die Acheiropoietoskirche mit römischen Fußbodenmosaiken und die Sophienkirche, ebenfalls mit Spuren römischer Vorgängerbauten, fügen sich dem rechtwinkligen Raster ein. Lediglich der gewaltige Komplex des Galeriuspalastes im Osten (s. u. S. 50ff.) sprengt den alten Plan.

Das **Forum** der römischen Stadt wurde 1963 bei Planierungsarbeiten für ein neues Gerichtsgebäude zwi-

20 Thessaloniki, Forum. Der Ausschnitt zeigt die vor wenigen Jahren wiederaufgenommenen Ausgrabungen am Südrand des bislang bekannten Forums mit dem Kryptoportikus und einem Zugang mit Tor.

schen der Olymposstraße im Norden und der Philipposstraße im Süden entdeckt. Durch neue, in den letzten Jahren wiederaufgenommene Grabungen konnte die Geschichte des Platzes im Zentrum der antiken Stadt in ihren verschiedenen Phasen teilweise geklärt werden. Wahrscheinlich war das rechteckige Forum auf allen vier Seiten von Säulenhallen eingefaßt. Allerdings konnten bislang nur die östliche und die südliche freigelegt werden. Wenn ein im westlichen Bereich gefundenes Mosaik der Westhalle zuzuordnen ist, ergibt sich in der Ost-West-Richtung eine Länge von 145 Metern. Die nördliche Begrenzung ist noch unbekannt.

Das markanteste Gebäude des Forums, mit dessen Ausbau man in der fühen Kaiserzeit begann, ist das **Odeum** hinter dem Ostportikus. Es wurde in der ersten Hälfte des 3. Jahrhunderts mit 400 Sitzplätzen eingerichtet und etwa hundert Jahre später zu einem Freilichttheater für 3000 Zuschauer erweitert; zumindest war ein solcher Umbau vorgesehen. Vorrichtungen zur Anbringung von Gittern lassen darauf schließen, daß in späterer Zeit auch Gladiatoren- und Tierkämpfe im Theater stattfanden; die erste Zuschauerrreihe lag aus Sicherheitsgründen 1,60 m über der Orchestra. Damit ist nicht auszuschließen, daß zur Zeit der Verfolgungen unter Galerius Christen in diesem Theater das Martyrium erlitten haben. An den Wänden der gewölbten Räume, die als Unterbauten für die Zuschauerränge dienten, entdeckten die Ausgräber primitive Graffiti, die eindeutig von Christen stammen, darunter die Silhouette eines aufspringenden wilden Tieres. Da liegt es nahe, diese Bilder als Ausdruck der Angst der zum Kampf mit den Bestien verurteilten Christen zu verstehen. Einer der Ausgräber geht sogar noch einen Schritt weiter und möchte den Kampf des Demetriosfreundes Nestor mit Lyaios, dem von Galerius favorisierten Gladiator (s. u. S. 55), an dieser Stelle lokalisieren. In der Tat spricht ein legendär ausgestalteter Bericht über den Märtyrertod des Demetrios von solch einem Kampf in einem „Stadion" genannten Theater. Und die Thermen, in denen Demetrios hingerichtet worden sein soll, befinden sich in unmittelbarer Nähe des Forums. Trotzdem ist bei derartigen topographischen Angaben Vorsicht angebracht.

Die Südseite des Forums bildete eine heute auf etwa 70 Metern freigelegte doppelte Säulenhalle. Die erhaltenen Teile des Mosaikbodens aus schwarzen, weißen, roten und violetten Kieseln überraschen durch ihren Formenreichtum. Neben Schachbrett-, Mäander- und Schuppenmustern finden sich Spiralen und Sterne in verschiedenen Kombinationen. Unmittelbar unter dieser Halle liegt ein gewölbter **Kryptoportikus,** der durch Öffnungen im Boden der Halle Licht bekam. In byzantinischer Zeit, wohl nach dem Erdbeben von 620, wurde der Kryptoportikus durch Vermauerung der Pfeilerzwischenräume in eine Zisterne umgewandelt. Der südlich anschließende, aber auf einem niedrigeren Niveau liegende Platz, der heute im Südwesten durch die Panagia Chalkeon (Marienkirche der Schmiede) und im Südosten durch ein türkisches Bad begrenzt wird, war mit dem Forum offenbar eng verbunden. Eine Treppenanlage von zehn Stufen führte von einer Terrasse zur anderen. Das öffentliche Zentrum der Stadt wurde also von einer zweigeteilten repräsentativen Platzanlage gebildet. In einem der hinter der genannten Treppe liegenden Räume ist ein Fresko aus frühchristlicher Zeit erhalten: ein thronender Christus zwischen zwei Engeln, darunter die beiden Arztheiligen Kosmas und Damian in Gebetshaltung zu beiden Seiten eines Kreuzes.

Daß an der Stelle des römischen Forums schon die Agora der hellenistischen Stadt gelegen hat, ist anzunehmen, aber trotz einiger vorrömischer Funde noch nicht nachgewiesen. Fast alle Forschungsergebnisse im Forumsbereich haben immer noch vorläufigen Charakter. Weiteren Aufschluß darf man von den zur Zeit an der Südseite des Forums vorgenommenen Grabungen erwarten. Daß Thessaloniki in seinen Bauwerken anderen Städten des römischen Reichs nicht nachstand und in der Kaiserzeit wohl auch über eigene Bildhauerwerkstätten verfügte, beweisen unter anderem die auf dem Forumsgelände gefundenen und jetzt im Louvre aufgestellten Reliefpfeiler mit Darstellungen von Gottheiten und Viktorien, die wohl zu einem Portikus am Forum gehörten („Las Incantadas"). Die festen Konturen der Figuren mit den gerundeten Gliedmaßen und schwellenden Körperformen zeigen die Nähe zu attischen Werkstätten, in deren Tradition man auch noch in der ersten Hälfte des 3. Jahrhunderts stand.

7. Der Galeriuspalast

Eine einschneidende Veränderung erfuhr das Stadtbild um 300 n. Chr., als Galerius am Ostrand der Stadt beiderseits der Hauptverkehrsader, der heutigen Egnatiastraße, eine prunkvolle Palastanlage errichten ließ. Erst jetzt wurde dieser Randstreifen in den Stadtbereich einbezogen, wozu die Stadtmauer ein Stück nach Osten versetzt werden mußte. Die Bauten des Palasts sind an einer senkrecht zur Egnatiastraße verlaufenden Achse orientiert. Im Schnittpunkt beider Linien steht der **Galeriusbogen,** heute das bedeutendste antike Monument der Stadt. Die dreitorige Anlage mit einem Haupt- und zwei niedrigeren Seitendurchgängen überspannte die Hauptstraße, die bis zu ihrer Verlegung im Jahr 1953 immer noch unter dem Bogen hindurchführte. Jedoch schuf eine zweite, parallel gestellte Pfeilerreihe eine zweite Orientierungsachse, nach Norden über eine prunkvolle Säulenstraße zu einem Rundbau (der späteren Georgsrotunde), nach Süden durch eine gewaltige Torhalle von 43 × 18 Metern über breite Marmorstufen zum meerwärts gelegenen Palast. Der Monumentalbogen bildete also den Mittelpunkt einer wahrhaft herrscherlichen Anlage, die eine Fläche von 800 × 250 Metern einnahm. Die vier Mittelpfeiler trugen eine Kuppel, der ganze Bau dürfte über 20 Meter hoch gewesen sein.

Anlaß zu seiner Errichtung war der Sieg des Kaisers über die Perser in Armenien und Mesopotamien. Damit war das Thema des Reliefschmucks vorgegeben. Kampf-, Unterwerfungs- und Huldigungsszenen, Darstellungen von Gesandtschaften, Friedensverhandlungen und Tributzahlungen sowie die Verherrlichung des Siegers füllen die Wände der Pfeiler, lauter Themen, die von den Friesbändern römischer Siegessäulen, etwa der Traiansäule in Rom, sowie von anderen Triumphbögen her bekannt sind. Trotzdem bleiben manche Einzelheiten unklar, und auch über Programm und Anordnung gehen die Meinungen auseinander – bei der Fülle der oft sehr detaillierten Darstellungen kein Wunder, übertrifft doch der Galeriusbogen an Größe und Reichtum des Reliefschmucks alle bekannten Bögen dieser Art. Den künstlerischen Wert einzelner Szenen mit dem für die späte Kaiserzeit charakteristischen Figurenreichtum mag man unterschiedlich beurteilen. Hans Peter Laubscher glaubt sogar zwei verschiedene Bildhauerschulen ausmachen zu können. Die eine, die am Nordpfeiler tätig war, vertritt seiner Meinung nach eine klassizistische Stilrichtung, die den schlanken Figuren einen geradezu graphischen Umriß gibt und jede Gleichförmigkeit vermeidet. Die Figuren am Südpfeiler hingegen (nur diese beiden sind erhalten) sind plastischer, zum Teil frei mit dem Meißel aus dem Stein herausgearbeitet, oft ungeschlacht und mit derben Gesichtern. Diese mehr volkstümliche, realistische Darstellungsweise, vielleicht von einer ortansässigen Schule, bevorzuge die frontale Erfassung der Figuren und deren Anordnung nach dem Schema der Zentralsymmetrie. Wie dem auch sei, der Regierungsantritt Diokletians im Jahr 284, also kurz vor der Errichtung des Galeriusbogens, bedeutet einen wichtigen Einschnitt in der römischen Kunstgeschichte. Wohl mit Recht sieht Laubscher im Galeriusbogen das erste Zeugnis der spätantiken Bildersprache, die neue Ausdruckformen verwendet, aber die hellenistische Tradition noch nicht vergessen hat.

Wie soll man den Bilderbogen lesen, von unten nach oben wie üblich, oder macht die umgekehrte Richtung mehr Sinn? Auch einmal horizontal um eine Ecke herum? Und wo soll der Anfang, wo das Ende sein? Keiner der Vorschläge kann voll befriedigen, da keiner ohne Gewaltsamkeiten auskommt. Hugo Meyer begnügt sich nicht mit der Feststellung von Einzelszenen, vielmehr läßt er den Bogen eine ganze Kriegschronik erzählen: den Zug des Galerius gegen Satal, die Hauptstadt des vom Perserkönig Narses annektierten Armenien, dann den Weitermarsch nach Ktesiphon, der Hauptstadt des Perserreichs, und die Rückkehr des Heeres mit einer Ansprache des Kaisers, der Kapitulation des Gegners und dem abschließenden Siegesopfer. Dazu kommen Einzelszenen wie die spektakuläre Gefangennahme des königlichen Harems, mit welcher Szene der Reigen auf der Westseite des nördlichen Pfeilers beginnt: auf Dromedaren reitende Damen. Auch sonst zeigt der Bogen für römische Historiendarstellungen neuartige Motive. Zweimal erscheint eine Elefantenquadriga, und auch der Zweikampf zu Pferd ist ein ungewöhnliches Thema.

Die meisten Einzelszenen dienen der symbolischen Darstellung der Tugenden des Kaisers sowie seiner Verherrlichung als neuer Weltherrscher. In diesen Zusammenhang gehört auch jenes Relief, das wahrscheinlich die Verlegung der Residenz vom dalmatinischen Sirmium nach Thessaloniki darstellt: Die Einwohner der Stadt empfangen den Gottkaiser Galerius. Die bereits erwähnte Opferszene am Südpfeiler stellt Galerius zwar in voller Rüstung, also als militärischen Sieger dar, während Diokletian durch seine kaiserliche Dienstkleidung als oberster Kriegsherr und Augustus der Ostprovinzen gekennzeichnet ist; ihm ist auch der Zeus im Reliefbild des diagonal in die Bildmitte gerückten Altars zugeordnet. Trotzdem kann es am Sinn der Szene kaum Zweifel geben. Die beiden Frauengestalten im Hintergrund, durch die Beischriften OIKOUMENE

21 Thessaloniki, Galeriuspalast: Oktogon. Das aus Ziegeln gelegte Emblem in der Rückwand der Hauptapsis des Palastoktogons lädt zum Spekulieren ein: christlich oder nichtchristlich? Im ersten Fall wäre es ein Kreuz im Strahlenkranz, im zweiten ein Symbol des Sonnengotts. Palmzweige wurden von Heiden wie von Christen als Siegessymbol verwendet.

und EIRENE als Verkörperungen des römischen Weltreichs und des Friedens definiert, verweisen auf den staatsideologischen Gehalt dieser Szene als eines mystischen Hochzeitsaktes: Oikoumene wird als Braut dem Herrn der Welt zugeführt, ein Vorverweis auf den künftigen Augustus Galerius.

Die größte Überraschung bei der Freilegung des eigentlichen **Palastes** war ein achteckiger Bau mit Nischengliederung. Derartige Oktogone sind in römischen Palastanlagen keine Seltenheit, wie Neros Domus Aurea in Rom oder der Diokletianpalast in Spalato (Split) zeigen. Beim Galeriuspalast erstaunen jedoch die Ausmaße (Durchmesser etwa 30 m), vor allem, wenn man die dem Eingang vorgelegte Halle mit zwei Seitenapsiden dazunimmt. Auch die Ausstattung muß außerordentlich kostbar gewesen sein. Das abwechselnd aus unbehauenen Steinen und Ziegelbändern aufgeführte Mauerwerk war mit rotem und grünem Porphyr verkleidet, das Ganze von einer Kuppel bekrönt.

Über den Zweck des Baus hat man lange Zeit gestritten. Kirche, Mausoleum, Thronsaal? Der erste Vorschlag kann heute als erledigt gelten. Der aufwendige Grundriß sowie die Südorientierung sprechen gegen die Deutung als christlicher Sakralbau. Zudem ist das Oktogon in die umgebenden Raumeinheiten fest integriert und durch zwei Zugänge mit ihnen verbunden. Auch müßten bei dieser Deutung die fast unversehrt erhaltenen vier Pfeilerkapitelle mit Darstellungen heidnischer Gottheiten befremden; mit Sicherheit hätten sie den Unwillen der christlichen Besucher hervorgerufen. Was nicht ausschließt, daß der Bau in späterer Zeit trotzdem als Kirche benutzt wurde; ein Ambo mit einem Fries von Kreuzen in rhombenförmigen Feldern weist darauf hin. Das rätselhafte aus Ziegeln gelegte Kreuz an der Rückwand der Hauptapsis (*Abb. 21*) wird man allerdings nicht damit in Zusammenhang bringen dürfen. Seine Arme sind von einem Strahlenkranz umgeben und von zwei zweigartigen Gebilden, die man wohl als Palmzweige zu sehen hat, flankiert. Sollte das Emblem christlich zu deuten sein, müßte man erklären, wieso es an diese Stelle kommt. Ohne Zweifel gehört es zum ursprünglichen Bau, kann also nicht später von den Christen angebracht worden sein. Da das Kreuz hinter der Marmorverblendung verborgen war, hat der Ausgräber Ch. I. Makaronas vermutet, die hier beschäftigten Bauleute seien Christen gewesen und hätten das Kreuz heimlich angebracht, was kaum wahrscheinlich ist. Aber auch wenn man an eine „heidnische“ Erklärung denkt, etwa an den Strahlenkranz des Sonnengottes und zwei Palmzweige als Siegessymbole, bleibt das Gebilde ein Rätsel, das die Phantasie weiterhin beschäftigen wird.

War das Oktogon als Grabbau für den Kaiser gedacht? Auch hier melden sich Bedenken. Die halbkreisförmigen Nischen sind für die Aufnahme eines Sarkophags ungeeignet, vergleichbare Bauten in Split oder Rom haben eine andere Binnenstruktur. Und vor allem: Wozu sollte dann die Rotunde im Norden der Palastanlage gedient haben? Daß sie zumindest als Mausoleum des Kaisers gedacht war, darin ist man sich heute einig. Die dorthin führende Säulenstraße sowie die Ausgestaltung zu einem großen Temenos (heiliger Bezirk) mit zwei Konchenanlagen in der Querachse sprechen für diese Deutung. Daß der Bau den geplanten Zweck nie erfüllt hat, konnte Galerius nicht ahnen. Nachdem er 311 in Serdica (Sofia) gestorben war, verbot sein Gegenspieler Licinius eine Überführung nach Thessaloniki. Stattdessen wurde der Kaiser im nahen Romilianum, seinem Heimatort, beigesetzt.

So bleibt als Funktion des Oktogons nur der Thronsaal übrig. Die monumentale Ausgestaltung und der überdimensionale Vorraum sprechen dafür, ebenso die

Lage im Zentrum des eigentlichen Palastes. Allerdings nahm die Geschichte einen anderen Verlauf, als Galerius wohl gedacht hatte. Schon ab der Mitte des 5. Jahrhunderts war Thessaloniki keine Kaiserstadt mehr, sondern nur noch Residenz eines byzantinischen Präfekten. Der unmittelbar an den Palast grenzende, von ihm und der Stadtmauer geradezu eingekeilte Hippodrom, der unter der modernen Überbauung in Resten noch festgestellt werden konnte, sollte sicher wie die entsprechenden Anlagen in Rom und später in Konstantinopel als Ort der Begegnung mit dem Volk und vor allem zur eigenen Selbstdarstellung dienen. Dazu gab es nunmehr keine Gelegenheit.

22 Thessaloniki, Georgsrotunde. Die seit vielen Jahren geschlossene Georgsrotunde birgt einen der schönsten byzantinischen Mosaikzyklen. Vor einer reichen Baldachin- und Giebelarchitektur, ganz römisch empfunden, aber wohl das himmlische Jerusalem darstellend, stehen Heilige, alle in derselben Orantenhaltung, aber mit individuellem Gesichtsausdruck. Man beachte die Ausstattung mit Vorhängen, Kandelabern usw. sowie die Pfauen und Tauben.

8. Frühchristliche Basiliken

Keine Stadt Griechenlands gibt einen so umfassenden Überblick über die Perioden und Typen des byzantinischen Kirchenbaus wie Thessaloniki. Die drei wichtigsten Kirchen aus frühchristlicher Zeit sollen kurz vorgestellt werden.

Von dem **Mausoleum**, das Galerius im Norden seiner Palastanlage errichten ließ, war schon die Rede. Auf acht Pfeilern, zwischen denen überwölbte Nischen eingelassen waren, ruhte die schwere Kuppel mit einem Durchmesser von annähernd 25 Metern; der Innenraum dürfte im Stil einer Scheinarchitektur mit Marmor verkleidet gewesen sein. Als die Christen, aller Wahrscheinlichkeit nach schon kurz vor 400, den Bau übernahmen und zur **Georgskirche** machten, bauten sie ihn für ihre eigenen Zwecke um. Die östliche Nische wurde zu einer tiefen Apsis erweitert, der Eingang von der Süd- auf die Westseite verlegt. Man entfernte die Rückwände der Nischen, so daß sich eine Abfolge von Pfeilern und Durchgängen ergab, und zog eine neue Außenmauer hoch, womit man einen Umgang um den Zentralraum gewonnen hatte. (Im ausgehenden Mittelalter wurde diese Mauer wieder abgerissen und die Nischen geschlossen, so daß sich heute, abgesehen von der Apsis, wieder der ursprüngliche Raumeindruck darbietet.) Von der Marmorverkleidung der unteren Regionen ist so gut wie nichts mehr zu sehen. Und auch vom Mosaikschmuck der Kuppel sind die beiden oberen Drittel verschwunden: im Scheitel der von vier Engeln getragene Christus, in der Mittelzone wahrscheinlich der Kreis der Apostel; einige Engelköpfe und Füße in Sandalen, mehr ist davon nicht geblieben. Lediglich das untere Register ist fast vollständig erhalten und entschädigt reichlich für das Verlorene. Diese Zone ist entsprechend dem Pfeilerrhythmus in acht Felder von 8 × 10 Metern eingeteilt und gehört zum Schönsten, was aus der Spätantike auf uns gekommen ist. Vor einer phantastischen Architekturszenerie stehen an die zwanzig Figuren, in Zweier- und Dreiergruppen zusammengefaßt und in der typischen Orantenhaltung mit ausgestreckten Armen streng frontal dargestellt (*Abb. 22*). Sie alle sind männlich, aber sehr individuell als kleine psychologische Studien erfaßt: jung und alt, mit oder ohne Bart, mit unterschiedlichen Frisuren und ausdrucksstarken Augen, durchaus noch in der Tradition der hellenistisch-römischen Porträtmalerei empfunden. Die prächtigen, nach Farbe und Ornament unterschiedenen Gewänder lassen zwei Rangordnungen erkennen, ohne daß man jedoch sagen könnte, um wen es sich bei den dargestellten Figuren überhaupt handelt, ob es wirklich, wie meistens angenommen, Heilige oder Märtyrer sind. Die 13 erhaltenen Beischriften nennen zwar jeweils Namen, Beruf und Monat, so daß man auch schon an einen Kirchenkalender gedacht hat. Das verbietet jedoch das fehlende System: August und Oktober sind zweimal genannt, andere Monate überhaupt nicht. Auch die Zuordnung würde Probleme bereiten, ebenso einige Namen, von denen sechs unbekannt sind. Die Erklärung, die W. E. Kleinbauer gegeben hat, leuchtet da eher ein. Er erinnert an das ebenfalls in Mosaik festgehaltene Vermächtnis von 34 Stiftern in der Kathedrale von Grado, wo jede einzelne Stiftung minutiös festgehalten ist. Ist dieser Vergleich zulässig, würde es sich um lebende oder eben erst verstorbene Personen handeln, wofür auch die durchaus „bürgerlichen" Namen und die angegebenen Berufe (Soldat, Flötenspieler, Bischof, Arzt, Presbyter) sprechen. Konkret kämen die Männer in Frage, die die Mosaike gestiftet, vielleicht aber auch jene, die den Umbau finanziert haben. Die Monatsangaben allerdings würden nach wie vor Schwierigkeiten machen.

In der Gesamtdarstellung fällt die Vielzahl der liturgischen und symbolischen Motive auf, die Altäre, Ziborien und Brunnen, die Vorhänge, Lampen und Kelche, die Pfauen und andere Vögel. Die naheliegende Deutung, den Zyklus als Darstellung des himmlischen Jerusalem zu verstehen, ist kaum möglich, denn dort bedarf es all dieser Geräte nicht mehr. Kleinbauer denkt an eine symbolische Darstellung der Kirche oder gar der Georgsrotunde selbst. Entscheiden läßt sich die Frage nicht. Aber das kann die Freude an diesem Wunderwerk musivischer Kunst nicht schmälern, ebensowenig wie die immer noch unsichere Datierung des Zyklus (sicher nicht vor 450, aber wie viel danach?). Die wunderbar leichten Halbkuppeln und überwölbten Nischen, die Arkaden, über denen sich eine luftige Säulenarchitektur öffnet, Bogen und Balustraden, alles in eher spielerischer als naturalistischer Perspektive erfaßt, das alles mag an Bilder des 4. Pompeianischen Stils, an die Bühnenfront eines kaiserzeitlichen Theaters oder Palasts, vielleicht auch an das Markttor von Milet oder die Bibliothek von Ephesos erinnern – in der Harmonie von Form und Farbe ist es einmalig.

Zu den ältesten Kirchen Thessalonikis und Griechenlands überhaupt gehört die **Panagia Acheiropoietos.** Sie verdient besonderes Interesse, weil sie als einzige frühchristliche Basilika Griechenlands trotz mehrerer Änderungen und Restaurationen in byzantinischer, türkischer und neuerer Zeit fast unversehrt erhalten geblieben ist; lediglich Atrium und Exonarthex sind verschwunden, vorausgesetzt, daß es sie überhaupt gegeben hat. Der Name Acheiropoietos nach einem „nicht von Menschenhand geschaffenen" Bild der Gottesmutter ist erst seit dem 13. Jahrhundert belegt. Der andere, volkstümliche Name der Kirche ist Paraskevi („Freitag", der Feiertag der Moslems), vielleicht eine Fehlübersetzung aus dem Türkischen. Die Errichtung der Kirche dürfte mit dem Konzil von Ephesos (431) in Zusammenhang stehen, auf dem die vom Patriarchen von Konstantinopel vertretene Lehre von den zwei Naturen Christi abgelehnt worden war. Damit war Maria in ihrem Rang als Theotókos, als „Gottesgebärerin", bestätigt, und ihr zu Ehren ist die Kirche mit den gewaltigen Ausmaßen wahrscheinlich gebaut worden. Daß man im Chorbereich auf eine Dreiteilung mit Haupt- und zwei Nebenräumen zugunsten einer durchgehenden Anordnung verzichtete, also hellenistischen und nicht östlichen Vorbildern folgte, ist ebenfalls als Ausdruck der Romtreue und Absage an Konstantinopel zu verstehen.

Das Innere, von den türkischen Zutaten befreit und in seinem ursprünglichen Zustand weitgehend wiederhergestellt, wirkt trotz der prächtigen Arkadenreihen mit je zwölf Marmorsäulen, die die beiden Seitenschiffe abtrennen, des großenteils erhaltenen Marmorbodens und des offenen, der alten Konzeption genau entsprechenden Dachstuhls merkwürdig nüchtern und kalt. Wahrscheinlich liegt es an dem verlorengegangenen Mosaikschmuck, der nur an der Unterseite der Arkadenbögen erhalten ist, sich hier aber auf kleinem Raum um so üppiger und farbenfroher in Girlanden, Kantharoi (Becher mit hochgezogenen Henkeln), Kandelabern und Kreuzen entfaltet, am schönsten im Mittelbogen des Trivelons, das Narthex und Kirchenschiffe voneinander trennt. Die langen Arkadenreihen entlang dem Hauptschiff betonen in ihrer Homogenität den „Wegcharakter" der frühchristlichen Basilika vom Eingang im Westen bis zum Allerheiligsten, dem Abschluß im Osten, besonders eindrücklich. Die Säulen sind aus dem berühmten Marmor von Prokonnesos, einer Insel im Marmarameer, gearbeitet, die vorzüglichen Kapitelle als Kompositkapitelle theodosianischen Stils mit (korinthischen) Bärlappblättern und (ionischen) Voluten. Sie wurden alle, was im frühchristlichen Kirchenbau keineswegs selbstverständlich ist, für die Acheiropoietos eigens angefertigt. Im nördlichen Seitenschiff sind unter dem Fußboden zwei übereinanderliegende Bodenmosaike von römischen Bauten zu sehen. Um was für Gebäude es sich handelt, ob gar um den an dieser Stelle vermuteten Dionysostempel, läßt sich nicht sagen (s. o. S. 47). Daß die Gegend dicht besiedelt war, beweist die römische Zisterne neben dem durch eine Vorhalle besonders ausgestalteten Südeingang der Kirche (jetzt unter dem Garten).

Die Hauptkirche der Stadt ist dem Stadtheiligen **Demetrios** geweiht. Als Sproß einer alteingesessenen Familie war er in jungen Jahren in das kaiserliche Heer eingetreten und hatte schon bald durch beachtliche Erfolge die Aufmerksamkeit des Kaisers erregt. Das bewahrte ihn jedoch nicht vor der von Galerius und Diokletian angeordneten Christenverfolgung. Wie die Chronik berichtet, wurde Demetrios, der sich auch nach seiner Festnahme weigerte, seinem Glauben abzusagen, kurzerhand in einem nahe gelegenen Baderaum eingesperrt. Galerius hatte im Augenblick keine Zeit, sich mit dem Gefangenen zu befassen; die wegen eines siegreichen Feldzugs angesetzten Spiele riefen ihn ins Stadion. Als Champion unter den Gladiatoren galt unbestritten ein gewisser Lyaios; entsprechend groß waren die Summen, die für einen Sieg über ihn ausgesetzt wurden. Trotzdem wagte niemand, mit ihm zu kämpfen. Schließlich stellte sich Nestor, der Freund des Demetrios, zum Kampf und bestand ihn siegreich. Als Galerius erfuhr, daß der Sieger ein Freund des Demetrios und wie dieser Christ war, verurteilte er ihn zum Tod. Demetrios selbst wurde in dem Thermenraum von Soldaten erstochen, sein Leichnam noch während der Nacht von Mitchristen gefunden.

Diese legendenhaft ausgeschmückten Ereignisse fanden im Jahr 303 statt. Kurz danach, vielleicht schon gegen 311, nach dem Toleranzedikt Kaiser Konstantins, das den Christen Religionsfreiheit zusicherte, soll an der Stelle, an der Demetrios den Märtyrertod erlitt, eine kleine Kirche gebaut worden sein. Die Nachricht ist durchaus glaubwürdig, denn Grabungen haben mehrfach bestätigt, daß die Demetrioskirche über einer römischen Thermenanlage des 2./3. Jahrhunderts errichtet worden ist. Zudem fand man in der Krypta, direkt unter dem späteren Altarraum, eine durch Stufen zugängliche kreuzförmige Einlassung für das Enkainion (Reliquiendepot), das die Reliquien, eine kleine Glasflasche mit Resten menschlichen Bluts, enthielt.

Im 5. Jahrhundert trat an die Stelle der alten Märtyrerkirche eine gewaltige fünfschiffige Anlage mit Querschiff, die auch im heutigen, nach dem Stadtbrand von 1917 neu errichteten Bau noch gut zu erkennen ist; schon zwischen 620 und 630 hatte ein Brand die Kirche stark in Mitleidenschaft gezogen, aber offenbar nicht zerstört. Das Mauerwerk der Thermen bildet den Kern der Anlage. Die Säulen, die die Schiffe voneinander trennen, ruhen auf den Wänden des Thermenuntergeschosses. Von dieser Badanlage wurden sogar zwei Räume fast unverändert übernommen und sind noch heute in der Nordwestecke der Kirche als vorspringende Annexbauten zu sehen: ein auffallend hoher, halbkreisförmig mit Ziegeln eingewölbter Raum und dahinter eine rechteckige Kammer, die später das Grab des Heiligen aufnahm. Die Länge der christlichen Anlage scheint ebenfalls durch die römischen Bauten bedingt zu sein. Im Osten stieß man auf dem Niveau der Krypta auf die Reste einer römischen Straße mit unregelmäßigen Marmorplatten. Im Westen lag das mit der Thermenanlage verbundene Stadion, das den asymmetrischen Verlauf der Westfront verursacht haben dürfte (noch im 9. Jahrhundert hieß die Demetriosbasilika „Kirche im Stadion").

Baugeschichtlich der interessanteste Teil ist die Krypta. Ursprünglich ein Nymphäum, das von der östlich verlaufenden Straße her durch mehrere Durchlässe zugänglich war, wurde der Bezirk in den Bau des 5. Jahrhunderts einbezogen. Eine halbkreisförmige Stellung von massiven Pfeilern, die der Apsiswand der neuen Kirche als Substruktion dienen, grenzten den Raum nach Osten ab. So entstand um den Portikus herum eine Art Umgang für die Pilger. Weitere Umbauten folgten. Der Nischenwand, die die Krypta im Westen abschloß, wurden zwei Becken für das heilige Öl mit einem von sieben Säulen getragenen Baldachin vorgelegt. Der Raum diente um diese Zeit als Chrismarium; das geweihte Öl galt als zuverlässiges Heilmittel gegen alle möglichen Krankheiten.

Demetrios, dessen Fest jährlich am 26. Oktober mit einem unwahrscheinlichen Aufwand im Stile eines Volksfestes gefeiert wurde, war nicht nur, wie unzählige Legenden berichten, der tapfere Streiter im Kampf gegen alle Feinde, der Retter von Pest und Hungersnot, der Erreger und Besänftiger von Wind und Wellen, er war auch der große Arzt, der auf ähnliche Weise wie Asklepios seine Wundertaten vollbrachte. Daher nimmt es nicht wunder, daß die Pilgerzahlen weiter zunahmen – die Erweiterung der Brunnenanlage im 10./11. Jahrhundert und das hinzugefügte runde Becken zwischen Ädicula und Pfeilern legen davon ein beredtes Zeugnis ab. Wie Athen seine Athena Polias, Venedig seinen Markus, so hatte Thessaloniki seinen Demetrios.

Anhang: Beroia

Über die nächste Station, die Paulus und Silas von Thessaloniki erreichten, ist nicht viel zu berichten. Beroia (Verria), heute eine reizvoll am Rand eines Hochplateaus gelegene mittlere Provinzhauptstadt, zeigt in seinem durch moderne Bauten geprägten Straßenbild nur wenig von seiner Vergangenheit. Die zahlreichen kleinen Kirchen verstecken sich meist in irgendwelchen Hinterhöfen; wie man sagt, sollten die Türken nicht auf sie aufmerksam werden. In ihrem größtenteils desolaten Zustand unterscheiden sie sich kaum von ihrer ärmlichen Umgebung, und selbst die alte Metropolis macht es dem Besucher nicht leicht, die Spuren der frühchristlichen Basilika, über deren Resten aus dem 5. Jahrhundert sie erbaut wurde, ausfindig zu machen (mit Blattornamenten prächtig verzierte Türfassung).

Auch die antiken Reste nehmen sich recht bescheiden aus. 1960 wurden die Fundamente eines der Stadttore ausgegraben, und ganz in der Nähe, an der Straße nach Thessaloniki, finden sich die Reste von zwei Türmen, die zur Stadtbefestigung gehörten. Daß man auf historischem Boden steht, merkt man eigentlich erst, wenn man unter die Erde geht. So fand man außerhalb des antiken Stadtgebiets 15 Gräber einer römischen Nekropole. Und unter den modernen Straßenzügen entdecken Bauarbeiter oder Kabelleger immer wieder Mauerreste von hellenistischen und römischen Bauwerken oder Teile einer mit Bordsteinen eingefaßten vier Meter breiten Römerstraße.

Nur ungenaue Kenntnis haben wir auch von der Rolle, die Beroia während seiner Blütezeit unter den römischen Kaisern gespielt hat. Mehrfach erwähnen Inschriften und Münzen in der Zeit zwischen dem 1. und 3. nachchristlichen Jahrhundert ein *koinón Makedónon,* also einen Zusammenschluß der Makedonen, und Sitz dieser Organisation war Beroia. Was nach einem politischen Bündnis aussieht, wird eher ein Zusammenschluß mit kultischen Aufgaben gewesen sein, vorwiegend für die Organisierung des Kaiserkults, wie der Titel für den Vorsteher der Gemeinschaft nahelegt. Dieser führte offenbar die Aufsicht über die Kaisertempel und war auch für die Ausrichtung der zum Kaiserkult gehörenden Spiele zuständig. Seit wann diese Gemeinschaft bestand, läßt sich nicht mit Sicherheit sagen. Der älteste Beleg stammt aus der Flavierzeit, jedoch ist eine Gründung schon unter Augustus wahrscheinlich, wobei das jetzt in Beroia tagende Synedrion aus den entsprechenden Gremien der vier Bezirke zur Zeit der Teilung (s. o. S. 43) zusammengefaßt worden sein könnte. Warum die Wahl ausgerechnet auf Beroia fiel, kann man nur vermuten. Zum einen lag es zentral, zum anderen kamen Städte wie Pella, Thessaloniki oder Amphipolis nicht in Betracht, da sie als römische Kolonien oder *civitates liberae* nicht zum Koinon gehörten. Auch wenn die – jährlich neu zu wählenden – Ratsmitglieder nicht das ganze Jahr über in Beroia anwesend waren, trug die Ansässigkeit des Synedrions der Stadt doch so schmeichelhafte Titel ein wie „große, volkreiche Stadt Makedoniens“ oder „göttliche Mutterstadt“.

Beroia, das Paulus und Silas über Pella in etwa zwei Tagen erreicht haben dürften, lag abseits der Via Egnatia (Gesamtentfernung von Thessaloniki 70–80 km), und das war vielleicht auch der Grund, weshalb diese Stadt als Zufluchtsort gewählt wurde. Die Vorgänge in der Stadt im Zusammenhang mit der Tätigkeit des Apostels erinnern stark an die Ereignisse in Thessaloniki. Auffallend ist, daß Paulus auch in Beroia gerade Frauen aus den vornehmen Kreisen für seine Sache gewinnen kann. Nun gibt es Hinweise darauf, daß Frauen in Beroia eine größere Rolle gespielt haben als andernorts. Aus Inschriften sind zwei *makedoniárchissai* bekannt, die – beide als Gattinnen von Makedoniarchen („Befehlshaber über Makedonien“) – wahrscheinlich von den Mitgliedern des Synedrions in dieses hohe Amt gewählt wurden. Frauen in einer derart hervorragenden Stellung sind auch um diese Zeit in Griechenland eine seltene Ausnahme.

IV. Athen

Der Bericht über Paulus' Besuch in Athen mit der berühmten Areopagrede ist nicht nur ein Höhepunkt innerhalb der Apostelgeschichte; in seiner präzisen Erfassung des Lokalkolorits stellt er für das gesamte Neue Testament etwas Einmaliges dar. Der Gang des Apostels durch die Straßen der Stadt mit den zahllosen Tempeln, Altären und geweihten Statuen, seine Auftritte in der Synagoge und auf der Agora vor einem großen Publikum, die Neugier der diskutierfreudigen Athener, aber auch ihre Ehrfurcht vor den Göttern, die Debatten, die das den Griechen angeborene agonale Element nicht verbergen, und nicht zuletzt der altehrwürdige Name des Ortes, an dem Paulus seine Rede hält, fügen sich zu einem Bild von atmosphärischer Dichte, das die Erinnerung an jene Zeiten wachruft, als Athen noch der geistige Mittelpunkt der westlichen Welt war. Über dem prächtigen Bericht des Lukas vergißt der Leser, daß die Stadt, in die Paulus damals kam *(Abb. 23)*, nach Größe und wirtschaftlichem Potential kaum mehr als eine Provinzstadt war. Rund 500 Jahre liegen zwischen dem Athen der perikleischen Blütezeit und jener Stadt, die Paulus besuchte, fünf Jahrhunderte, in denen Athen auf allen Gebieten, der Politik, Kultur und Wirtschaft, einschneidenden Veränderungen unterworfen war.

1. Der Niedergang der Polis

Das 4. Jahrhundert wurde, je weiter es vorrückte, in immer stärkerem Maße zum Krisenjahrhundert für die griechische Polis, also für jene Institution, ohne die die kulturellen Sonderleistungen der Griechen undenkbar wären, die aber auch den Keim des griechischen Grundübels, der Uneinigkeit und der Rivalitätssucht, in sich trug. Diese Unfähigkeit zu gemeinsamem Handeln mußte sich in Zeiten, in denen die Bedrohung von außen immer stärker wurde, besonders nachteilig auswirken. Die Entscheidung fiel 338 v. Chr. in der Schlacht von Chaironeia: Philipp II. von Makedonien war der Sieger, Griechenland verlor seine Unabhängigkeit. Zwar erfreute sich Athen noch längere Zeit der besonderen Gunst des Königs und war in seiner politischen Freiheit kaum eingeengt. Trotzdem gehört es zur Ironie der Geschichte, daß Demosthenes, der wortgewaltige Redner und energischste Verfechter der griechischen Polis, in seinen Tiraden gegen Philipp für eine bereits verlorene Sache kämpfte. Der Beschluß der athenischen Volksversammlung bei der Nachricht vom Tod Alexanders, den Krieg gegen Makedonien zu proklamieren, mag das Herz des überzeugten Demokraten, der mittlerweile auf Ägina in der Verbannung lebte, noch einmal enflammt haben. Aber der Aufstand wurde schnell niedergeschlagen. Die Folge war eine drastische

23 Dion, Isisheiligtum. Wenn Paulus für die Reise von Beroia nach Athen den Seeweg benutzt hat, was aus Gründen der Bequemlichkeit und nach Apg 17,14 („zum Meer") anzunehmen ist, wird er ein Schiff in einem kleinen Hafen beim heutigen Katerini bestiegen haben. Auf dem Weg dorthin wäre er durch Dion gekommen, der südlichsten Stadt Makedoniens am Fuß des Olymp. Hier lag das Haupttheiligtum der Makedonen, in dem auch Alexander vor seinem Feldzug nach Indien opferte. Seit 168 v. Chr. war Dion römische Kolonie. Unter den längst noch nicht abgeschlossenen Ausgrabungen verdient das Isisheiligtum besondere Beachtung: statt eines zentralen Tempels eine vielgliedrige Nischenarchitektur mit mehreren Schreinen für die Kultbilder. Hinter einem Altar an einem Wasserlauf führt eine Freitreppe in den zentralen Hof.

Reduzierung der Bürgerzahl Athens durch Neufestsetzung des Zensus sowie eine makedonische Besatzung in der athenischen Hafenfeste Munychia. Der Freitod des Demosthenes, der im Poseidonheiligtum von Kalaureia, der heutigen Insel Poros, Gift nahm, bekräftigte symbolisch das Ende der altgriechischen Polis. Darüber hinaus war mit dem mißglückten Aufstand die Vorherrschaft Athens zur See endgültig dahin; seine Rolle als politische Großmacht hatte Athen für immer ausgespielt.

Das Verhältnis von Philipp und Alexander zu Griechenland war nicht das von Despoten gegenüber einem unterworfenen Land, vielmehr versuchten beide, in einem vernünftigen Ausgleich zwischen Erhaltung der bürgerlichen Freiheit und Autonomie einerseits und einer maßvollen Kontrolle andererseits neue Formen des politischen Zusammenlebens in geographisch erheblich vergrößerten Räumen zu erproben.

Trotzdem waren die Makedonen in ihrer urtümlichen, an alten Einrichtungen wie Heeresversammlung und Königswahl festhaltenden, dabei für griechische Verhältnisse ungeistigen Art den Griechen eher unheimlich als sympathisch. Vollends widersprach die ihnen befohlene Vergöttlichung Alexanders griechischem Empfinden, mochte sie auch für die neue Zeit symptomatisch sein.

Auch unter den Diadochen (bis 280 v. Chr.), den Nachfolgern Alexanders, blieb Athen im Unterschied zum übrigen Griechenland vor größeren Schäden bewahrt, nicht zuletzt wegen der klugen Politik des Demetrios von Phaleron, der 317 von Kassandros (s. o. S. 41) als Regent über seine eigenen Landsleute eingesetzt worden war. Selbst ein Schüler des Aristoteles, versuchte er, ein Philosophenregiment im Sinne Platons zu führen. Bedeutende Persönlichkeiten wie Theophrast, das Haupt der peripatetischen Schule, und der Komödiendichter Menander gehörten zu seinem Freundeskreis. Aber alle wirtschaftlichen und kulturellen Leistungen, die er vorzuweisen hatte, konnten die Athener nicht daran hindern, jenen anderen Demetrios, der später den Beinamen Poliorketes („Städtebelagerer") bekam, stürmisch als Befreier zu begrüßen, als er die makedonische Besatzung aus der Hafenfestung vertrieb und die Demokratie in Athen wiederherstellte (307 v. Chr.).

In den beiden folgenden Jahrhunderten ging die Geschichte eher an Athen vorüber, das sich mit dem Verlust seiner politischen Führungsrolle abgefunden hatte. Der Versuch, die makedonische Herrschaft mit der ptolemäischen zu vertauschen (267–261 v. Chr.), wurde mit verstärktem politischem Druck beantwortet; wenigstens vorübergehend sank Athen auf das Niveau einer makedonischen Provinzstadt herab. Die wichtigen historischen Ereignisse dieser Zeit fanden fern von Athen statt; selbst die Kelten zogen an Attika vorüber wie seinerzeit die Dorer. Bis zu jener Katastrophe, die mit dem Namen Sullas verknüpft ist und deren verheerende Auswirkungen für die Stadt nur mit dem Perserbrand von 480 zu vergleichen sind. Mithridates VI. (120–63), der Schöpfer des Pontischen Reiches und gefährlichste Gegner der Römer im 1. Jahrhundert v. Chr., hatte es verstanden, nach der Vertreibung der Römer aus Kleinasien sich die Sympathien der dortigen Griechen zu erwerben, die ihn als „Retter von Asien" und „Neuen Dionysos" verehrten. Aber erst der – vom politischen Standpunkt höchst unkluge – Anschluß Athens an Mithridates vollendete dessen Triumph als Vorkämpfer der hellenischen Sache gegen Rom. Mit einem Heer von 30 000 Mann wurde Sulla nach Griechenland geschickt. Er belagerte Athen und den Piräus, den Mithridates zum Hauptstützpunkt seiner Flotte gemacht hatte. Am 1. März 86 v. Chr. fiel die Stadt und wurde geplündert, der Hafen auf Sullas Befehl in Brand gesteckt. Damit beginnt die römische Epoche in der Geschichte Athens. Aber erst unter Augustus brach auch für Athen eine Zeit der Ruhe und Erholung an, wenn auch unter bescheidenen wirtschaftlichen Verhältnissen.

2. Wirtschaftliche und soziale Spannungen

Der Verfall Athens von der führenden See- und Handelsmacht der Ägäis zur politisch und wirtschaftlich unbedeutenden Provinzstadt vollzog sich nicht schlagartig, aber auch nicht in Form einer stetigen Abwärtsentwicklung, vielmehr in mehreren Intervallen, die durch Zeiten relativer Prosperität unterbrochen waren.

Nachhaltiger als der Verlust der Vorherrschaft zur See nach der endgültigen Niederlage im Peloponnesischen Krieg (404 v. Chr.) dürfte die zunehmende Einbuße von Absatzmärkten im Osten die Wirtschaft Athens beeinträchtigt haben. Hier waren in Rhodos, Antiocheia und Alexandreia mächtige Rivalen entstanden, die den Bedarf an Konsumgütern durch den Auf- und Ausbau eigener Industrien zu decken suchten, zumal wichtige athenische Exportartikel, allen voran die Keramik, ihre

Monopolstellung mehr und mehr verloren. Im Westen machte Syrakus von sich reden, das unter Hieron II. (269–215 v. Chr.) eine Zeit außerordentlichen Wohlstands erlebte und Athen im westlichen Mittelmeer Konkurrenz machte. Da Athen andererseits auf Importe, vor allem von Getreide aus Ägypten, angewiesen war – nur etwa die Hälfte des Bedarfs konnte es aus eigenen Erträgen decken –, gestaltete sich die Handelsbilanz immer negativer, auch wenn der Export von Agrargütern wie Öl, Honig und Feigen nach wie vor nicht schlecht lief. Aber der Gegensatz zwischen arm und reich, der den meisten griechischen Städten schon immer zu schaffen gemacht hatte, nahm in Athen vor allem unter der Herrschaft der Makedonen beängstigende Formen an. In der Stadt konzentrierte sich der Wohlstand bei einer kleinen Schicht, das Land war in der Hand einiger weniger Großgrundbesitzer. Dieses Mißverhältnis in der Verteilung der wirtschaftlichen Kräfte wurde dadurch noch verschärft, daß als Folge der Abhängigkeit von einer fremden Macht die Fähigkeit der Polis, die politischen, sozialen und ökonomischen Bereiche ineinander zu integrieren, immer schwächer wurde – eine Entwicklung, die durch die Bevorzugung oligarchischer Regierungsformen durch Makedonen und Römer noch gefördert wurde. Auch wenn wir kaum über direkte Quellen verfügen, müssen wir annehmen, daß der Lebensstandard sowohl des Land- als auch des Stadtarbeiters bei niedrigen Löhnen und steigenden Lebenshaltungskosten außerordentlich bescheiden war. Mag das Urteil des Geographen Herakleides Kritikos (3. Jh. v. Chr.), Athen gewähre den angenehmsten Aufenthalt – vorausgesetzt, man bringe sein Essen mit, auch übertrieben sein, Tatsache ist jedenfalls, daß viele Athener sich im Ausland ein besseres Fortkommen erhofften; der Bevölkerungsrückgang war um diese Zeit besonders groß.

Daß unter solchen Umständen die in der Regel ohnehin schon vorhandenen sozialen Spannungen zunahmen und durch wachsende Proletarisierungstendenzen noch verschärft wurden, war die zwangsläufige Folge. Und nicht immer gelang es den Machthabern, aufflammende revolutionäre Unruhen im Keim zu ersticken. Einen spürbaren wirtschaftlichen Aufschwung gab es erst, nachdem die Römer die Verwaltung der Insel Delos an Athen zurückgegeben hatten (166 v. Chr.). Wenn damit auch keine direkten zusätzlichen Einkünfte verbunden waren, da die Römer Delos zum Freihafen erklärt hatten, war Athen jetzt wenigstens am internationalen Handel wieder beteiligt. Auch die Zerstörung Korinths (146 v. Chr.) wirkte sich für den athenischen Handel positiv aus, zumal Athen weit mehr als die alte Rivalin die Sympathien Roms genoß. Aber dieser Aufwärtstrend war nicht von langer Dauer. Nach der Eroberung durch Sulla folgte, vor allem durch die Ausbeutung der Stadt durch römische Beamte, der Abschwung. Wie schlecht es um die Staatsfinanzen bestellt war, mag man daraus entnehmen, daß sich die Stadt gezwungen sah, die Insel Salamis zu verkaufen.

So kann es nicht wundernehmen, daß bis in die augusteische Zeit hinein in den Klagen von Dichtern und Schriftstellern über den Verfall Griechenlands Athen an erster Stelle rangiert; vor dem Hintergrund seiner ruhmreichen Vergangenheit mußte der Niedergang um so schrecklicher erscheinen. „Was blieb von Pandions Athen außer dem Namen!“ klagt Ovid in den Metamorphosen (XV 430). Strabon spricht mehrfach von der Verwüstung des Piräus (IX 1,15; XIV 2,9), und noch Pausanias erweckt den Eindruck, als ob das von den Römern verwüstete Athen erst unter Hadrian wieder aufgeblüht sei (I 20,7). Jedoch widersprechen die epigraphischen und archäologischen Zeugnisse dem in der Literatur gezeichneten Bild. Manche literarischen Äußerungen sind rhetorische Übertreibungen (Seneca) oder persönliche, aus der Situation des Autors erklärbare Stellungnahmen (Cicero). Jedenfalls übersieht der Gemeinplatz vom Verfall Athens eine ganze Reihe von Möglichkeiten, die die Stadt zur Aufbesserung ihrer wirtschaftlichen Lage nutzte, ebenso die bemerkenswerten Leistungen ausländischer Herrscher für die Stadt.

3. Im Auftrieb des Philhellenismus

Allein schon die Feste, deren Zahl durch neueingerichtete Feierlichkeiten zu Ehren verschiedener hellenistischer Herrscher noch zunahm, verhinderte, daß Athen in Vergessenheit versank. Aus aller Herren Länder strömten die Leute zusammen und machten die Feste zu internationalen Festivals, an denen teilzunehmen auch Könige aus Ost und West sich zur Ehre anrechneten. Auch die Eleusinischen Mysterien erfreuten sich eines weltweiten Zuspruchs. Nach dem Zeugnis Philostrats war Athen die volkreichste Stadt des Imperiums, wenn die Mysterien in Eleusis gefeiert wurden.

Eine Mischung von Philhellenismus und merkantilem Interesse dürfte es gewesen sein, die manchen König des Ostens veranlaßte, Athen mit seinen Wohltaten zu überschütten und sich dafür von den Athenern ehren zu lassen. Vor allem die Könige von Pergamon ließen sich ihre Freundschaft mit Athen eine Menge kosten. Eumenes II. (197–159) stiftete eine großartige Stoa für das Dionysostheater, sein Bruder Attalos II. (159–138) eine riesige Markthalle als östlichen Abschluß der Agora. Die Förderung eines anderen, allerdings erst später vollendeten Prunkgebäudes der Stadt geht ebenfalls auf einen König des Ostens zurück: der schon von den Peisistratiden begonnene, dann aber liegengelassene Monumentaltempel des Olympischen Zeus, mit dessen Weiterbau Antiochos IV. von Syrien einen römischen Architekten beauftragte (s. u. S. 68).

Die Funktion der östlichen Wohltäter übernahmen später, wenn auch in unterschiedlicher Intensität und aus anderen Gründen, die römischen Kaiser. Sicher erreichte der römische Philhellenismus erst unter Hadrian seinen Höhepunkt, aber auch schon die Vorgänger ließen es an Gunstbezeugungen nicht fehlen. Augustus besuchte die Stadt unmittelbar nach seinem Sieg bei Actium (31 v. Chr.), und mindestens ein weiterer Aufenthalt des Kaisers in Athen ist gesichert. Zu Ehren des Augustus und der Roma wurde auf der Akropolis östlich vom Parthenon ein kleiner Rundtempel errichtet (Durchmesser 7,50 m), dessen neun ionische Säulen denen des Erechtheions nachgebildet waren.

Von den Nachfolgern des Augustus war vor allem der hochgebildete Claudius der Provinz Achaia und ganz besonders Athen zugetan. Nero setzte seinen Ehrgeiz darein, auch in Athen als bedeutender Sänger anerkannt zu werden. Immerhin trugen ihm seine Auftritte den Titel „Neuer Apollon“ ein – zu schmeicheln hatten die Griechen und allen voran die Athener in den vergangenen Jahrhunderten der Fremdherrschaft nur allzu gut gelernt.

Sicher gehörte Athen unter Augustus und seinen Nachfolgern als *civitas foederata et libera* zu den privilegierten Städten des römischen Imperiums. Jedoch war es um diese Freiheit allein schon wegen der jederzeit möglichen Übergriffe von römischen Beamten nicht gut bestellt. Erst unter Traian wurden Kommissare im Rang eines Prätors in die griechischen Städte geschickt, um derartige Mißstände zu verhindern. Einer von ihnen ist höchstwahrscheinlich jener Maximus, den der jüngere Plinius bei dessen Aufbruch in die Provinz Achaia daran erinnert, daß das hohe Alter und die kulturellen Leistungen Griechenlands ihm bei der Wahrnehmung seiner Verwaltungsaufgaben eine hohe Verpflichtung auferlegen würden; Städten wie Athen und Sparta den letzten Rest Freiheit zu rauben wäre hart und barbarisch (Briefe VIII 24,4). Mit Recht schätzt Plinius diese Freiheit der griechischen Städte nicht allzu hoch ein. Zwar ließen die Römer die alte Verfassung Athens nominell bestehen; es gab noch die wichtigsten demokratischen Institutionen: Volksversammlung, Rat und die Regierungsämter. Aber die Tendenz zu oligarchischen Formen ist unübersehbar. Wurden früher die meisten Beschlüsse von Volk, Rat und Areopag (s. u. S. 74ff.) gemeinsam gefaßt, so konnte der Areopag jetzt in vielen Fällen auch allein beschließen, während das Vorschlagsrecht des Volkes bei Gesetzen und Dekreten beschnitten wurde. Die in den Urkunden dieser Zeit eingehaltene Reihenfolge Areopag – Rat – Volk entspricht jedenfalls den Machtbefugnissen der drei Gremien. Und was die höchsten Staatsämter anbetrifft, so existierten sie zwar weiterhin: der *árchon epónymos,* nach dem das Jahr benannt wurde, der *árchon basileús,* der den Vorsitz im Areopag führte, der *árchon polémarchos* als oberster Kriegsherr. Aber eine selbständige Politik hatte Athen nicht mehr zu führen, die „Strategen“, in deren Händen früher die militärischen Geschicke der Stadt lagen, waren zu höheren Polizeibeamten herabgesunken. Da zudem die hohen Ämter vom Los- auf das Wahlverfahren umgestellt wurden, blieben sie wegen der mit ihnen verbundenen beträchtlichen Ausgaben den wohlhabenden Athenern vorbehalten. Athen hatte – nach dem Verlust seiner politischen und wirtschaftlichen Führungsrolle – aufgehört, als demokratisch organisierte Polis zu existieren.

4. Das kulturelle Erbe

Wenn man trotzdem in hellenistischer und römischer Zeit immer noch von Athen sprach, dann deswegen, weil Athen als Stadt der Künste und Wissenschaften nach wie vor in hohem Ansehen stand und auf alle Welt eine magnetische Anziehungskraft ausübte. In dem bereits erwähnten Brief ruft Plinius seinem Freund ins Gedächtnis, daß Griechenland die Geburtsstätte der Menschlichkeit (*humanitas*) und der Wissenschaften (*litterae*) sei, und Recht und Gesetz seien den Römern nicht wie Besiegten von den Griechen aufgezwungen, sondern auf eigene Bitten gegeben worden (VIII 24,2.4). Wenn auch nicht jeder Ausländer wie der notorische Griechenverehrer Plinius gedacht haben wird, Tatsache ist jedenfalls, daß Athen auch noch unter den römischen Kaisern und bereits vor den panhellenischen Bestrebungen Hadrians eine der meistbesuchten Städte der westlichen Welt war, und zwar nicht nur als Touristenattraktion, sondern als Ort des Studiums und der Bildung. So haben – nach dem Vorgang von Cicero – die bedeutendsten Dichter der augusteischen Zeit, Horaz, Vergil, Properz und Ovid, Athen besucht, und für viele römische Beamte scheint die Stadt eine beliebte Zwischenstation gewesen zu sein auf ihrem Weg von Italien in die östlichen Provinzen. Wie weit der Ruf der Stadt gedrungen war, beweist der indische Weise Zarmaros, der, als Gesandter zu Augustus nach Samos geschickt, sich in die Eleusinischen Mysterien einweihen ließ und sich dann in Athen verbrannte (Dio Cassius LIV 9,10); offenbar konnte er für diesen spektakulären Selbstmord keinen besseren Platz auf der Weltbühne finden.

Man war auch bereit, sich seine Griechenbegeisterung etwas kosten zu lassen. Einer der bekanntesten Gönner Athens ist der Redner Herodes Atticus (2. Jahrhundert n. Chr.), der als der reichste Mann der Antike gilt und neben anderen bedeutenden Stiftungen in Athen ein Stadion und das berühmte Theater am Südhang der Akropolis, das heute seinen Namen trägt, errichten ließ. Aber schon unter Augustus besaß Athen private Gönner, die mit einer erstaunlichen Großzügigkeit der verarmten Stadt halfen und dafür mit Ehren überhäuft wurden. So feierte man Iulius Nikanor, einen sonst unbekannten epischen Dichter, als „Neuen Themistokles“ und „Neuen Homer“, weil er Salamis den Athenern zurückgekauft und ihnen damit neue Einkünfte gesichert hatte. Zahlreiche Statuen, das athenische Bürgerrecht und sogar das Strategenamt waren der Lohn für diese generöse Tat.

Daß Athen dabei mehr von seiner ruhmreichen Vergangenheit als von seinen gegenwärtigen Leistungen lebte, ist eine Vermutung, die sich nicht von der Hand weisen läßt. Denn bekannte Namen von Künstlern, Dichtern, Philosophen oder Wissenschaftlern sind in den Quellen der Kaiserzeit bis in die hadrianische Epoche kaum zu entdecken. Zwar gibt es zum Beispiel eine neo-attische Bildhauerkunst, deren Werke zum großen Teil in die augusteische Zeit gehören. Handwerkliches Können läßt sich ihr ebensowenig absprechen wie eine große Breitenwirkung, besonders in Italien, wo Häuser und Gärten mit ihren Werken geschmückt wurden. Aber diese Kunst lebte fast ausschließlich von der Vergangenheit, deren Hauptwerke zu kopieren sie nicht müde wurde, ohne eigene Phantasie und schöpferische Kraft. Lediglich in der Porträtkunst gelangen den attischen Meistern selbständige Leistungen.

Auch auf literarischem Gebiet hat Athen um diese Zeit nichts zu bieten, was mit den Werken eines Seneca, Plinius, Petron oder Tacitus konkurrieren könnte. Weshalb die Jugend trotzdem immer noch in Athen zusammenströmte, war die Tatsache, daß der Ruhm Athens als bedeutender Universitätsstadt seit Ciceros Zeiten nicht verblaßt war und sich Athen gegenüber den neuen Bildungszentren wie Rom, Massilia (Marseille) und Antiocheia siegreich behaupten konnte. Wie die spärlichen Quellen vermuten lassen, studierte man in Athen in erster Linie Philosophie, später auch Rhetorik.

Ein anschauliches Bild vom philosophischen Treiben in Athen vermittelt Philostrat in seiner Biographie des Apollonios von Tyana, eines Zeitgenossen des Paulus (IV 17–19). Zwar ist es um die Glaubwürdigkeit dieses Gewährsmanns schlecht bestellt, denn so wichtig seine Sophisten-Viten für uns sind, so fabelhaft ist die Vita des wundertätigen Wanderpredigers und Asketen aus Kappadokien ausgestaltet. Daß Apollonios jedoch auf seinen ausgedehnten Reisen Griechenland besucht und sich in Athen länger aufgehalten hat, ist nicht zu bezweifeln. Mag Philostrats Athen-Skizze in den Einzelheiten erfunden sein, in der Gesamtcharakteristik der Athener und im Atmosphärischen wird sie der Wahrheit nahekommen.

Nach der Landung im Piräus, so erzählt Philostrat, traf Apollonios auf dem Wege nach Athen eine Gruppe von jungen Leuten, die zum Phaleron, dem anderen Hafen der Stadt, wollten. Einige sonnten sich nackt in der warmen Herbstsonne, andere studierten in Büchern, lernten auswendig oder diskutierten. Und keiner ging an Apollonios vorüber, vielmehr drehten sie sich um in der Annahme, daß er wohl der bekannte Apollonios sei, und begrüßten ihn mit großem Hallo. Ja, man ist sogar bereit, die Epidaurien, die gerade an diesem Tag zu Ehren des Asklepios gefeiert werden, zu versäumen, nur um mit dem berühmten Gast philosophische Gespräche führen zu können.

Von den zahlreichen Vorträgen, die Apollonios in Athen gehalten haben soll, wird nur das Thema des ersten, über das richtige Opfern und Beten, genannt und die Wahl des Themas mit der Opferfreudigkeit der Athener erklärt – eine auffällige Parallele zum Paulus der Apostelgeschichte, der bei seinen Ausführungen über die rechte Gotteserkenntnis an die Gottesfürchtigkeit der Athener anknüpft (17,22). Was Philostrat ausdrücklich sagt, daß nämlich Apollonios bei den Athenern für dieses Thema eine besondere Aufgeschlossenheit erwarten konnte, gilt sicher auch für die paulinische Wahl des Anknüpfungspunktes, auch wenn Lukas dazu keine Angaben macht. Auch die Neugier des Publikums ist ein beiden Berichten gemeinsames Motiv. Jedoch gilt sie bei Philostrat mehr der Person als der von ihr vertretenen Sache, und deshalb artikuliert sie sich primär in einer allgemeinen Begeisterung. In der Apostelgeschichte hingegen interessieren sich die Athener in erster Linie für die „neue Lehre" (V. 19), die Paulus vorzutragen hat. Das entspricht dem offenbar höheren Niveau des fachmännischen Auditoriums: Angehörigen der stoischen und epikureischen Schule, nicht eine undifferenzierte Gruppe, die sich neben manchem anderen auch mit Philosophie beschäftigt.

5. *Epikureer und Stoiker*

Beide Philosophenschulen erfreuten sich in der Kaiserzeit außerordentlich großer Beliebtheit. Wie sie sich allmählich annäherten und miteinander verschmolzen, wird an Gestalten wie Seneca, Epiktet und Marc Aurel deutlich. Die die Zeiten überdauernde Aktualität des Epikureismus zeigt allein schon die Tatsache, daß er fast ununterbrochen irgendwelchen Angriffen ausgesetzt war, zunächst von Platonikern und Peripatetikern, dann von den Stoikern. Schließlich wurden die **Epikureer** zur bevorzugten Zielscheibe der christlichen Apologeten, die in den Anhängern Epikurs den *homo carnalis,* den unerleuchteten Menschen schlechthin, erblickten. Hauptpunkt der Kritik war natürlich Epikurs Lehre von der Lust, sicher ein Hauptstück seiner Philosophie, das aber aus dem System herausgebrochen und grob mißdeutet wurde. Vor allem übersah man den Zusammenhang, der bei Epikur zwischen Lust und Ataraxie besteht, jenem erstrebten Seelenzustand, den Epikur selbst mit einer Windstille verglichen hat.

Trotz der Polemik der Apologeten gegen Epikur gibt es durchaus Berührungspunkte zwischen Epikureismus und Christentum, nicht in der Lehre, wohl aber im Bereich des praktischen Lebens. Auch im Mittelpunkt der epikureischen Lebensgemeinschaft stand die Seelsorge in ihren verschiedenen Ausformungen: als mündliche Aussprache – die Beichte war im „Garten" *(képos)* Epikurs eine feste Einrichtung –, aber auch in Briefform, in der man einen Vorläufer der neutestamentlichen Briefliteratur sehen könnte. Auch wenn die Epikureer keine Gemeinde im strengen Sinn bildeten und Gütergemeinschaft nicht kannten, führte die starke Betonung der Freundschaft doch zu einem verinnerlichten Zusammenleben. Vor allem aber ist es der religiöse Enthusiasmus, mit dem die Epikureer ihrem Meister anhingen, der an frühchristliche Verhältnisse denken läßt. Schon für die unmittelbaren Schüler Epikurs war das Leben ihres Lehrers, dessen hervorstechende Merkmale Güte und Selbstgenügsamkeit waren, zum Mythos geworden. Später verehrte man ihn als „Retter", als Bringer einer Heilsbotschaft, und aus dem Kultmahl, das im Kepos mit gemeinsamen Opfern gefeiert wurde, scheint sich im Lauf der Zeit ein Gedächtnismahl zu Ehren des Stifters entwickelt zu haben (Diogenes Laertios 10,18). Wenn die Lehre Epikurs im Lauf der Jahrhunderte keine einschneidenden Veränderungen erfahren hat, so ist das in erster Linie auf die Anhänglichkeit der Schüler an den Gründer zurückzuführen.

Die Anziehungskraft der Lehre Epikurs hatte auch in der Kaiserzeit nichts an Stärke eingebüßt. Im Gegensatz etwa zum theoretisch orientierten, recht esoterischen Platonismus konnte die Philosophie Epikurs unmittelbar bei der Bewältigung des schwierig gewordenen, an Orientierungslosigkeit leidenden Lebens behilflich sein. „Keinen Schmerz im Körper und keine Unruhe in der Seele zu empfinden", wie Epikur im Menoikeus-Brief (131) sein höchstes Ziel, die Eudämonie, umschreibt, war ein Programm mit erheblicher Stoßkraft, und wenn eine Richtung der griechischen Philosophie das Beiwort „missionarisch" verdient, dann der Epikureismus. Man wird ihn trotz der religiösen Ausdrucksmittel, deren er sich bediente, nicht als Religion bezeichnen können; dafür waren große Teile seiner Lehre, darunter auch die Theologie, zu rationalistisch angelegt. Aber immerhin sah Epikur die höchste Form der Eudämonie in der auf der Gotteserkenntnis basierenden *imitatio dei*: Der Weise ist in der theologischen Terminologie Epikurs zugleich der Fromme, der von den Göttern angenommen wird.

Und dieser Weise steht im Mittelpunkt epikureischen Denkens, nicht Gott, der von Epikur außerhalb aller denkbaren Welten angesiedelt wird. Ein Wirkzusammenhang zwischen ihm und unserer Welt besteht nicht – er darf nicht bestehen, da nur so die erstrebte Freiheit von Ängsten ermöglicht wird. Aus demselben Grund lehnt Epikur auch die Bindung an den Staat ab und sucht den Tod aus dem menschlichen Leben zu extrapolieren. An die Stelle einer Jenseitshoffnung setzt er die illusionslose Lebensbewältigung aus eigener Kraft. Deswegen seine Forderung, sich den Blick durch die Orientierung an unerforschlichen Mächten nicht trüben zu lassen, deswegen aber auch der Versuch, durch eine ausgeklügelte Theorie des Schmerzes den Hauptgegner des menschlichen Lebens zu erledigen. So wurde die Philosophie bei Epikur und seinen Anhängern in ganz besonderem Maß zur Lebenskunst.

Anders bei den **Stoikern,** der zweiten im Areopagbericht genannten Philosophengruppe. Das ursprüngliche Anliegen der Stoa, in Auseinandersetzung mit Platon und Aristoteles das Erbe des Sokrates in Anlehnung an den Kynismus möglichst rein zu bewahren, war im Lauf der wechselreichen Geschichte dieser Schule allmählich abgeflacht. In der Zeit der ausgehenden Republik und in der frühen Kaiserzeit war sie zu einer Art Modephilosophie geworden. Ihre namhaftesten Vertreter, von Epiktet abgesehen, sind nicht unter den Griechen, sondern unter den Römern zu suchen, deren Ideal des *vir bonus* immer mehr Züge des stoischen Weisen in sich aufnahm (der jüngere Cato, Musonius Rufus, Seneca, der ältere Plinius, Marc Aurel).

Allein wichtig war auch hier die Nutzbarmachung der Philosophie für die Lebensbewältigung. Der einzelne mit seinen persönlichen Bedürfnissen stand im Mittelpunkt des Interesses. Diese Konzentrierung auf eine Individualethik ging zwar auf Kosten der – in der Stoa von Anfang an nicht besonders stark ausgebauten – Systematik des philosophischen Lehrgebäudes, sicherte ihr andererseits aber eine ungeheure Breitenwirkung, mit der sich auch das Christentum auseinanderzusetzen hatte. Zu der Neuorientierung der Stoa an der Praxis des Alltags gehörte auch eine gesteigerte Rücksichtnahme auf die religiösen Bedürfnisse des Menschen, was der Theologie neben der „Pflichtenlehre“ einen festen Platz in der zeitgenössischen Stoa sicherte.

Es ist klar, daß von den beiden Philosophenschulen vom christlichen Standpunkt aus nur die Stoa für eine Auseinandersetzung, die mehr als radikale Ablehnung der heidnischen Position sein sollte, in Frage kam. Auch aus der **Areopagrede** gewinnt man den Eindruck, daß Paulus sich hier ausschließlich mit den Stoikern befaßt. Aber an diesem Punkt beginnen die Schwierigkeiten. Bis heute haben sich die Theologen über den Grundcharakter der Areopagrede nicht einigen können. Ist sie, auf eine vereinfachende Alternative gebracht, letztlich ein stoischer Traktat über die rechte Gotteserkenntnis mit einer christlichen Schlußwendung, oder stellt sie den Musterfall einer heidenchristlichen Missionspredigt dar, die ihren Motivvorrat vorwiegend aus dem Alten Testament schöpft? Im ersten Fall läge in der Areopagrede der erste Versuch eines christlichen Schriftstellers vor, heidnische Philosophie und Theologie für die eigene Missionsarbeit fruchtbar zu machen; die Bewertung der Rede als „nicht-paulinisch“ und als „Fremdkörper“ im Neuen Testament wäre dabei in Kauf zu nehmen. Im zweiten Fall könnte die Rede durchaus für Paulus in Anspruch genommen werden; die lukanische Fassung wäre dann die verkürzte Wiedergabe einer Rede, die Paulus in Athen tatsächlich gehalten hat.

Für beide Positionen, die „philosophische“ und die „jüdisch-christliche“, gibt es gewichtige Argumente, die zum Teil auch als Grundmotiv und Begleitmotiv miteinander kombiniert werden können. Aber die Suche nach Herkunft und Parallelen eines Motivs in der griechisch-römischen bzw. jüdisch-hellenistischen Literatur verliert leicht das Ganze aus dem Auge. Die Rede steht nicht für sich isoliert, sondern ist kunstvoll wie keine andere Rede der Apostelgeschichte in eine reich ausgestaltete Szenerie eingebettet und eng mit ihr verknüpft. Diese Szenerie ist mehr als ein „Rahmen“ und sehr wohl geeignet, eine Interpretationshilfe zum besseren Verständnis der Rede zu geben.

6. Das Bild Athens in der Areopagrede (Apg 17,22–31)

Die Einleitung der Rede knüpft an ein bereits in V. 16 anklingendes Motiv an und führt es weiter aus: das Betrachten der Tempel, Statuen, Altäre, kurz: von allem, was einer Gottheit geweiht ist, beim Gang des Apostels durch die Straßen der Stadt. Dabei stößt Paulus auch auf den Altar mit der berühmten Inschrift, die er als Anknüpfungspunkt für seine Ausführungen wählt. Jedoch dient die Inschrift nicht lediglich als „Aufhänger“. Der Altar ist einem unbekannten Gott geweiht. Das bedeutet zunächst einmal, einem Gott, dessen Namen man nicht kennt (s. u. S. 87f.). Paulus macht aus dieser punktuellen Unkenntnis eine umfassendere Unwissenheit, wenn er den Athenern das verkünden will, was sie bislang verehrten, ohne es zu kennen (V. 23). Am Ende seiner Rede greift Paulus darauf zurück, wenn er von den „Zeiten der Unwissenheit“ spricht, die Gott übersieht (V. 30). In beiden Fällen wird der heidnischen Unwissenheit die Verkündigung des Evangeliums gegenübergestellt, zunächst in persönlicher, auf die konkrete Situation bezogener Form („ich verkündige euch“ V. 23), dann objektiv und allgemeingültig („Gott verkündet den Menschen“ V. 30).

Eine weitere Parallele zwischen Bericht und Rede bildet das Motiv der Gottesfürchtigkeit der Athener. Auch dieses Motiv ist auf den Kontrast angelegt. Zunächst erscheint es mit negativem Vorzeichen im szenischen Bericht („mit vielen Götterbildern“ V. 16), wo es den Beigeschmack von Aberglauben hat, weshalb Paulus auch „ergrimmt“. In der Rede jedoch wird die Vielzahl von Tempeln und Altären als Ausdruck der Frömmigkeit durchaus anerkannt. Der vermeintliche Widerspruch bezeichnet denselben Tatbestand aus verschiedenen Perspektiven: einmal aus der Sicht des Christen, für den jede heidnische Religion Aberglaube sein muß, dann aus der Sicht des Missionars, der seine Botschaft den jeweiligen historischen Gegebenheiten anpassen muß, nicht in der Substanz, wohl aber in der Form der Aussage. Wenn das Christentum bei den Intellektuellen Athens eine Chance haben sollte, mußte ein totaler Konfrontationskurs vermieden werden.

Eine dritte Klammer bildet schließlich das Stichwort „Auferstehung“ (V. 18 und 31f.), in das die Areopagrede den wesentlichen Inhalt der christlichen Botschaft zusammenfaßt. Wieder wird in der Rede der einfache Hinweis auf einen wichtigen Begriff im Bericht erweitert und erläutert (Aufforderung zur Buße, Jüngstes Gericht). Das Thema ist bereits vorgestellt, bevor es in der Rede durchgeführt wird.

Die aus Unwissenheit geborene Neugier der Athener, ihre Religiosität und der auf die Formel „Jesus und Auferstehung“ gebrachte Inhalt der Predigt sind drei Klammern, die Bericht und Rede in ein enges Bezugssystem rücken.

Frömmigkeit und Wißbegier der Athener waren sprichwörtlich und werden von antiken Schriftstellern immer wieder erwähnt. Das Besondere freilich ist die nicht zu überhörende Reminiszenz an Sokrates, gleichsam den Urathener. Man hatte ihm vorgeworfen, daß er neue Gottheiten in Athen einführe (Xenophon, Memorabilien I 1,1; Platon, Apologie 24b), und ihn deswegen angeklagt. In auffälliger Parallele dazu sehen die Athener in Paulus den „Verkünder neuer Gottheiten“ (V. 18), wobei der hierfür gewählte Begriff *daimónia* bemerkenswert ist. Im neutestamentlichen Sprachgebrauch bezeichnet *daimónion* immer den bösen Geist (der Krankheit), der aus einem Menschen ausgetrieben werden muß. Im klassischen Griechisch jedoch ist der Begriff wertneutral, und so ist er auch – das einzige Mal im Neuen Testament – in V. 18 verwendet. Dabei weist der pluralische Gebrauch des Wortes sowohl in der Anklage gegen Sokrates wie in der Erwartung der Athener über das Thema des Paulus auf einen grundsätzlichen Irrtum. Paulus verkündet gerade nicht eine Pluralität von Göttern, sondern den einen Gott, der die Menschen zur Umkehr auffordert (V. 30). Auch Sokrates sprach nicht von irgendwelchen Gottheiten, die er den offiziellen Staatsgöttern an die Seite stellen wollte, nicht von *daimónia* (im Plural), sondern von seinem individuellen *daimónion* (im Singular). Damit meinte er die innere Stimme, die er in sich vernahm und die ihn davon abhielt, etwas Schlechtes zu tun. Die Ankläger konnten damit offenbar nichts anfangen und machten aus dieser Daimonion-Stimme Gottheiten, womit sie das Anliegen des Sokrates total verfälschten. Übrigens könnten die Zuhörer des Paulus in einem vergleichbaren Mißverständnis die Kombination „Jesus und Anastasis (Auferstehung)“ (V. 18) als Götterpaar, wie sie vor allem aus orientalischen Religionen bekannt sind, aufgefaßt haben; die sprachliche Form läßt das durchaus zu.

Daß Lukas bei der Gestaltung seines Athenberichts an den berühmtesten Athener gedacht hat, scheint auch die Veränderung des „Ankunftsschemas“ zu beweisen. Während Paulus sonst nach seiner Ankunft in einer neuen Stadt die Missionsarbeit in der Synagoge bei Juden und Gottesfürchtigen beginnt, ist Apg 17,17 die Agora sofort als zweiter Schauplatz genannt. Hier hat Paulus sich „jeden Tag“, also nicht nur am Sabbat, mit den „gerade Anwesenden“, also nicht nur mit Juden, unterhalten. Die Agora, auf der das Volk sich tummelte, das breite, nicht durch die Zugehörigkeit zu einer bestimmten Gruppe gekennzeichnete Publikum, statt „Predigt“ oder „Verkündigung“ die Wahl des Terminus *dialégesthai,* „sich unterreden“, den Platon für das sokratische Gespräch zu verwenden pflegt – das alles paßt vorzüglich zur Gestalt des Sokrates, aber kaum zur gewohnten Arbeit des Paulus in der Synagoge. Offenbar war Lukas an der Herausarbeitung des genius loci sehr gelegen.

Bei diesem unverwechselbaren Flair, das der Areopagszene eignet, fällt es schwer, die Rede des Apostels einfach bei den übrigen Missionsreden der Apostelgeschichte einzuordnen. Die Durchsicht der drei Hauptthemen, auf die Paulus in seiner Rede zu sprechen kommt, bestätigt diesen Eindruck. Die Bedürfnislosigkeit Gottes, der auf materielle Verehrung nicht angewiesen ist (V. 24f.), die Gotteserkenntnis aus der vernünftigen Weltordnung (V. 26f.) und die Gottesverwandtschaft des Menschen (mit dem Originalzitat eines griechischen Dichters: „Wir sind von seinem Geschlecht", V. 28f.) sind keine genuin biblischen Themen, sondern Allgemeinplätze der stoischen Popularphilosophie, die der lukanische Paulus offenbar bewußt aufnimmt. Trotzdem ist das Ganze mehr als ein stoischer Traktat. Mit Recht weisen die Verfechter einer üblichen Missionspredigt auf die alttestamentlichen Stellen hin, die in der Rede mehr oder weniger stark durchschimmern – aber eben nur dies. Wörtlich zitiert wird das Alte Testament an keiner Stelle, und das mit gutem Grund, wenn Paulus seine Chancen bei dem anspruchsvollen Athener Publikum nicht gleich verspielen wollte. Gott als Schöpfer von Himmel und Erde (so Jes 42,5) war eine der griechischen Religion unbekannte Vorstellung. Lukas macht daraus den „Herren von Himmel und Erde" (V. 24), und als solcher wird Zeus bereits in Homers Ilias eingeführt. Einen durch die philosophische Diskussion vorbelasteten Begriff wie „Geist" *(pneúma)* ersetzt Lukas durch „Leben"; der Lebensodem wird nicht „dem Volk" (welchem?), sondern „allen" gegeben (V. 25). Und die Vorstellung, daß Gott aus einem Menschen, Adam, das ganze Menschengeschlecht erschaffen habe, erspart der lukanische Paulus seinem Publikum. In V. 26 heißt es lediglich „aus einem", was auch neutrisch verstanden werden kann in Anlehnung an die stoische *„hen kai pan-Formel"* („ein und alles"). Dann wäre die Menschheit sozusagen aus *einem* Prinzip hervorgegangen, aus einem „Urstoff", und mit einem solchen hatten bereits die ionischen Naturphilosophen als Modell einer Welterklärung gearbeitet. Das Prinzip einer „Gräzisierung" alttestamentlicher Vorstellungen ist also durchgängig beibehalten – bis auf den Schluß, an dem Paulus nun endgültig Farbe bekennen muß: Gericht und Auferstehung, auf welche Begriffe Paulus das Wesentliche seiner Rede jetzt reduziert, werden nicht mehr „übersetzt", und schon ist das Gelächter da.

Die Alternative stoischer Traktat oder Missionspredigt mit alttestamentlicher Beweisführung stellt sich somit als unzulässig heraus. Der besondere Reiz der Areopagrede besteht gerade in der Kombination beider Bereiche, und die Athener scheinen dafür ein feines Gespür gehabt zu haben. Sie nennen Paulus nämlich einen *spermológos* (V. 18), was gewöhnlich mit „Schwätzer"

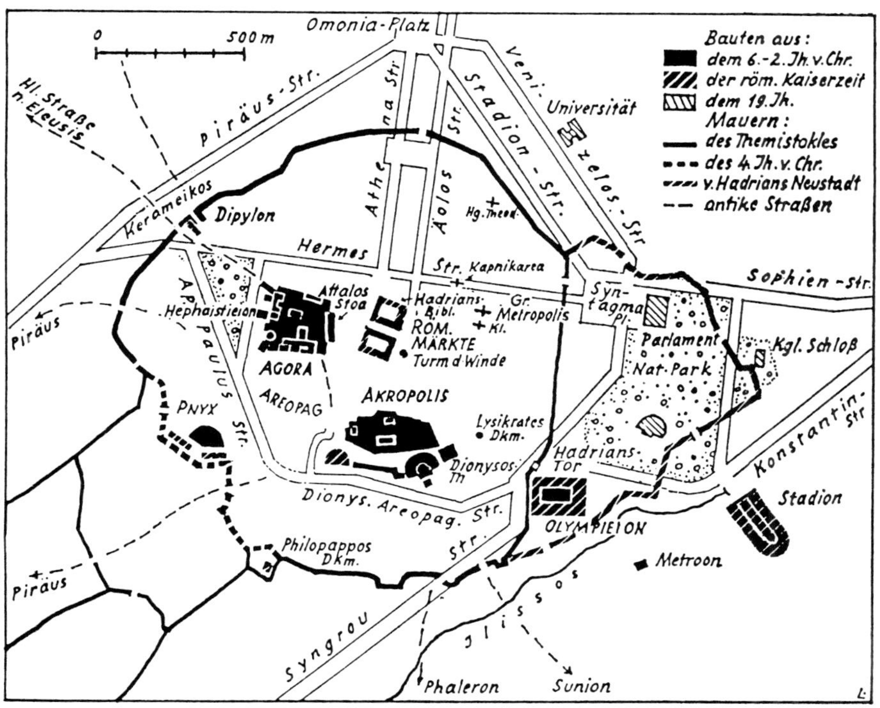

24 Athen, Lageplan der antiken Stadt (modernes Straßennetz angedeutet).

übersetzt wird. Aber was für ein Interesse sollten die Athener daran gehabt haben, einem solchen zuzuhören? Mit der wörtlichen Bedeutung „Samenpicker" (etwa von der Saatkrähe) kommen wir weiter. So verstanden, bezeichnet der Begriff einen Menschen, der sich mit fremden Federn schmückt, der die Gedanken anderer aufgreift und als seine eigenen ausgibt. Genau das tut der lukanische Paulus, wenn er stoisches Gedankengut zitiert, um sein eigenes Anliegen dem Publikum nahezubringen. Und damit scheitert der Apostel in Athen, wo der Missionserfolg höchst bescheiden war. Lukas aber hat deutlich gemacht, daß sich griechische Weisheit auch christlich interpretieren läßt.

7. Zur Archäologie der Stadt

Für den heutigen Besucher Athens ist es nicht ganz einfach, die ins Uferlose gewachsene Zweimillionenstadt in der Vorstellung auf ihre antiken Ausmaße zu reduzieren. Am ehesten wird ein solcher Versuch von der Akropolis aus gelingen, von wo man den Verlauf der antiken **Stadtmauer** mit etwas Phantasie verfolgen kann (*Abb. 24*). Die markanteste Linie bildet im Westen die von Nymphenhügel (mit dem neuen Observatorium), Pnyx (s. u. S. 86) und Musenhügel (mit dem Philopapposdenkmal) gebildete Hügelkette, an deren westlichen Abhängen sich die Stadtmauer in unregelmäßiger, dem hügeligen Gelände angepaßter Linie hinzog. Hinter dem Philopapposdenkmal bog sie in scharfem Knick nach Osten ab und erreichte nach etwa 1200 Metern das Gelände des Olympieions (s. u. S. 66). Der weitere Verlauf der Mauer, zunächst im Nordosten etwa parallel zur Stadionstraße, dann auf der Nordseite in einem leichten Bogen zum Dipylontor („Doppeltor") im Nordwesten zurückführend, läßt sich von oben nur noch erahnen. Die Länge des gesamten Mauerrings betrug etwa sechs Kilometer. Themistokles hatte ihn im Jahr 479 v. Chr., als nach der Schlacht von Plataiai die Persergefahr fürs erste gebannt war, in aller Eile bauen lassen. Mindestens 15 Tore führten durch den Ring. Das wichtigste von ihnen war das Dipylon, wo die Straßen zum Piräus, zur Akademie Platons und nach Eleusis (Hauptverbindung zur Peloponnes) das Stadtgebiet verließen. Zur Zeit des Paulus war allerdings weder von der Themistoklesmauer noch von den wenig später erbauten sogenannten „Langen Mauern", die den Zugang zu den beiden Häfen Piräus und Phaleron sichern sollten, viel zu sehen. Nach der Zerstörung der Mauern bei der Eroberung der Stadt durch Sulla (86 v. Chr.) blieb Athen für dreieinhalb Jahrhunderte unbefestigt, bis die drohende Heruler- und Gotengefahr zum Bau der Valeriansmauer zwang (267 n. Chr.).

Die alte Stadt mit einer Gesamtfläche von ungefähr 200 Hektar lag also recht klein beieinander, zumal sich die Wohngebiete nicht überall bis zur Stadtmauer erstreckten. Die Bevölkerungsdichte muß demnach sehr hoch gewesen sein, vor allem während der Blütezeit der Stadt zwischen 480 und 430, also zwischen dem Perserkrieg und dem Peloponnesischen Krieg, als die Einwohnerzahl von 150 000 auf 300 000 anstieg. Aber schon im Bruderkrieg gegen Sparta wurde die Bevölkerung stark dezimiert; die Zahl der freien Bürger sank von 170 000 auf 100 000. Gegen Ende des 4. Jahrhunderts dürfte die Stadt nur noch wenig über 200 000 Einwohner gezählt haben (84 000 Bürger, 35 000 Metöken = freie, aber vom politischen Leben ausgeschlossene Bürger aus anderen griechischen Städten, 100 000 Sklaven), und für die Folgezeit ist ein weiterer erheblicher Rückgang anzunehmen, vielleicht sogar bis auf 4000 Bürger in der frühen Kaiserzeit. Natürlich sind diese auf ganz Attika, das ja politisch zu Athen gehörte, bezogenen Zahlen mit Vorsicht zu gebrauchen.

In römischer Zeit wurde östlich der alten Agora ein neues Zentrum angelegt: eine modernen Bedürfnissen entsprechende Marktanlage und eine große Bibliothek. Das **Augustusforum** bildete nicht nach griechischem Muster eine lose gruppierte, jederzeit erweiterungsfähige Gebäudeansammlung, sondern ein geschlossenes Rechteck (112 × 96 m) mit ringsumlaufenden ionischen Säulenhallen, in denen hinten kleine Läden installiert waren. Bei einigen waren die Namen der Besitzer auf einer Säule oder Bodenplatte eingemeißelt. Die hier und da in den Boden eingehauenen Hohlmaßreihen sind heute noch vorhanden.

Diese Anlage diente vorwiegend kommerziellen Zwecken. Zugänglich war sie durch zwei Prunktore, ein besonders prächtig ausgestattetes dorisches im Westen und ein ionisches im Osten. Wie die Inschrift auf dem Architrav besagt, wurde das westliche Tor vom Volk errichtet aus Spenden des Caesar und (nach 27 v. Chr.) des Augustus; die ganze Marktanlage jedoch ist erst später unter Traian fertiggestellt worden.

Ein weiteres Indiz für die Zentrumsverlagerung der Stadt in römischer Zeit ist das als **„Turm der Winde"** bekannte Horologion des Andronikos von Kyrrhos aus der zweiten Hälfte des 1. Jahrhunderts v. Chr. Denn sicher hätte man den für die Öffentlichkeit bestimmten Zeitmesser nicht in dieser Gegend an der Ostseite des römischen Kaufmarktes errichtet, wenn sich hier nicht die Bevölkerung der Stadt in Scharen ein Stelldichein gegeben hätte. Auf dem achteckigen Turm war an jeder Seite eine Sonnenuhr angebracht, so daß sich jedermann die Uhrzeit besorgen konnte. Aber was tun bei Nacht oder wenn die Sonne einmal nicht scheinen wollte? Dann gab der Wasserstand in einem ausgeklügelten Röhrensystem im Turminneren Auskunft. Das Wasserreservoir in Form eines Anbaus auf der den beiden Eingängen abgekehrten Seite ist ebensogut erhalten wie der Turm insgesamt mit dem Relieffries unter dem kegelförmigen Dach: Darstellungen der Winde in Männergestalt mit charakteristischen Attributen (Früchte und Ähren, Blumen, Schiffsheck, Holzkohlengefäß). Die Wasseruhr stellt dem wissenschaftlichen Erfindungsgeist der damaligen Zeit ein gutes Zeugnis aus. Architektonisch wird man den Bau eher als Fremdkörper empfinden. Der Turm erinnert an Grabbauten, wie sie für Syrien typisch sind und auch in Kyrrhos, der Heimatstadt des Erbauers, gefunden wurden: polygonal und auffallend hoch. Das Bauwerk ist also ein später Nachklang der im 3. und 2. Jahrhundert praktizierten Gewohnheit, die von hellenistischen Herrschern der Stadt gestifteten Prunkgebäude im Stil des eigenen Landes zu errichten.

Auch unter Hadrian hielt die rege Bautätigkeit in diesem Bezirk an. Unmittelbar nördlich vom römischen Markt, nur durch die große, zum Dipylon führende Ost-West-Ader der Stadt von ihm getrennt, entstand die heute so genannte **Hadriansbibliothek,** in Anlage, Größe und Funktion dem Römischen Markt etwa entsprechend und wie dieser nur teilweise ausgegraben. Genau hundert Säulen aus phrygischem Marmor umstanden ein großes Rechteck von 122 × 82 Metern, das auf den beiden Längsseiten je drei Nischen (Exedren) ausbildete, die mittlere rechteckig, die seitlichen halbkreisförmig. Der Eingang, ein Propylon, das einer Fassade aus weißem pentelischem Marmor mit je sieben prächtigen korinthischen Säulen zur Rechten und zur Linken vorgebaut war, lag auf der Westseite, so daß wie beim Römischen Markt eine bewußte Orientierung auf die alte Agora hin anzunehmen ist. Auf der gegenüberliegenden Seite befanden sich die wichtigsten Räumlichkeiten, die dem Ganzen seinen Namen gegeben haben: im Zentrum ein großer Bibliothekssaal mit zahlreichen, vielleicht für die Aufbewahrung der Papyrusrollen bestimmten Nischen in der Rückwand und seitlich anschließenden Räumen, die man gewöhnlich als Hör- oder Lesesäle ausgibt, die aber nach dem Vorbild der Hadriansbibliothek in Alexandreia auch als Aufbewahrungsort der Archive gedient haben könnten. In der Längsachse des Komplexes erstreckte sich ursprünglich ein Wasserbecken, und Grünanlagen dürften den Säulenhof zu einem zum Verweilen einladenden Ort gemacht haben. Auch nach dem Herulereinfall 267 n. Chr., der in der Baugeschichte Athens eine der wichtigsten Zäsuren setzt, blieb die Hadriansbibliothek ein wichtiges Zentrum der Stadt mit kommerziellen und administrativen Funktionen. Im 5. Jahrhundert wurde über dem Ostende des Bassins ein Vierkonchenbau errichtet, dessen Grundriß heute noch gut erkennbar ist. Ob es sich um ein Nymphäum, um einen Vortragssaal oder gar schon um eine frühchristliche Kirche handelt, läßt sich nicht entscheiden. Sicher ist nur, daß im 6. oder 7. Jahrhundert der Bau zu einer dreischiffigen Basilika umgestaltet wurde; zu ihr gehören die drei heute wieder aufgerichteten Säulen. Insgesamt zählt die Hadriansbibliothek mit den zum Teil noch in originaler Höhe stehenden Mauern, der prunkvollen Westfassade und den mächtigen Strebepfeilern der Ostseite zu den eindrucksvollsten Monumenten des römischen Athen.

Bescheidener nimmt sich der zweigeschossige **Bogen** aus, den Hadrian an der Grenze der „alten Theseusstadt" und der „Stadt des Hadrian" hat errichten lassen. So ist es auf den beiden Inschriften des Bogens zu lesen. Mit seinen Villen und Grünanlagen, die sich am Ilissos entlang bis zum Stadion erstreckten, erweiterte „Neu-Athen" das alte Stadtgebiet um etwa ein Viertel. Platon schildert das heute kaum noch erkennbare Ilissostal als idyllische Gegend.

8. Die hellenistische Zeit

Bevor wir uns der Agora und der Akropolis zuwenden, die auch noch im Athen der Römerzeit die markantesten städtebaulichen Akzente setzten, sei kurz eingegangen auf die Veränderungen, die Athen in hellenistischer Zeit erfuhr. In mancher Hinsicht bilden sie den Übergang von den alten griechischen Bauten zu den Bauwerken der Römer.

War es vorher der Staat gewesen, der die Bauaufträge vergab und seine eigenen Bürger als Bauleiter einsetzte, so gingen diese Aufgaben nach dem politischen Niedergang Athens in die Hände auswärtiger Gönner über.

Dem Staat blieb in den meisten Fällen nicht viel mehr übrig, als den Stifter mit einer Statue oder sonstigen Auszeichnungen zu ehren. Da sich die neuen Bauherren mehr ihrem eigenen Land als griechischen Traditionen verpflichtet fühlten, war es unausweichlich, daß seit dem 3. Jahrhundert auch in Athen neue Bauformen auftauchten und das Stadtbild stark veränderten. An erster Stelle sind die vielen Säulenhallen in bisher unbekannten Ausmaßen zu nennen, allen voran die **Attalosstoa** an der Agora (*Abb. 26*, S. 71, Nr. 19), die Stiftung eines Königs von Pergamon, Attalos II. (159–138 v. Chr.). Mit ihren zwei Geschossen und insgesamt 42 Räumen ist sie von amerikanischen Archäologen in den Jahren 1953–56 wieder aufgebaut worden und dient seither als Agora-Museum. Architektonisch war die über 100 Meter lange, in leuchtendem pentelischem Marmor gehaltene Fassade als markanter Abschluß der Agora auf der Ostseite gedacht. Eine Wandelhalle gewährte Zutritt zu den hinter der inneren Säulenstellung gelegenen Läden, 21 auf jedem Stockwerk. Sie war ein bevorzugter Platz für Statuen, die hier zu Ehren der Wohltäter der Stadt aufgestellt wurden. Bei Festlichkeiten boten Obergeschoß und Terrasse einer großen Menge Schaulustiger genügend Platz. Eine künstlerische Novität für Athen waren die ägyptischen Vorbildern nachgeahmten Palmkapitelle der Säulen des oberen Stockwerks, eine Spezialität der pergamenischen Baumeister.

Seine größte Halle, die **Eumenesstoa** (*Abb. 28*, S. 77, Nr. 26), mit 163 Metern fast so lang wie ein griechisches Stadion, verdankt Athen ebenfalls einem pergamenischen König, dem Bruder und Vorgänger Attalos' II. Sie schloß sich westlich an das Dionysostheater an und verlief unterhalb des Asklepieions am Abhang entlang. Als später das Herodes-Atticus-Theater gebaut wurde, achtete man auch auf dieser Seite auf einen bequemen Anschluß an die Stoa. In ihrer Konstruktion aus unterschiedlichem Material mit zwei Geschossen, mittlerer Säulenstellung und geschlossener Rückwand entspricht sie genau der Attalosstoa, nur hat sie nicht deren Läden. Diese waren entbehrlich, weil die Stoa den Theaterbesuchern als Wandelhalle dienen sollte. Sie ist so orientiert, daß sie im Sommer den kühlenden Seewind aufnimmt, im Winter den kalten Nordwind abhält – eines der vielen Zeichen für die gehobenen Ansprüche und den verfeinerten Lebensstil dieser Zeit.

Das ehrgeizigste Unternehmen der hellenistischen Zeit wurde, ebenfalls um die Mitte des 2. vorchristlichen Jahrhunderts, auf einem flachen Hügel oberhalb des Westufers des Ilissos gestartet. Auf diesem schon in prähistorischer Zeit besiedelten Hügel stand seit alters ein **Heiligtum des Olympischen Zeus**. An seiner Stelle hatte Peisistratos mit dem Bau eines Monumentaltempels begonnen, der mit seinen Ausmaßen (30 × 60 m) alles bis dahin im griechischen Mutterland Bekannte in den Schatten stellen sollte. Die Söhne des Peisistratos hatten einen solchen Riesentempel auf Samos kennengelernt und wollten nun etwas Ähnliches auch für Athen schaffen. Was dabei herauskam, muß ein merkwürdiger Zwitter gewesen sein. Wohl nahm man sich in architektonischen Einzelheiten und vor allem in der doppelten Säulenstellung rings um den Tempel das samische Hera-Heiligtum zum Vorbild. Aber man hielt im Unterschied zum ionischen Heraion an der massiveren dorischen Säule fest, was dem Bau eine kaum erträgliche Wucht gegeben hätte – wenn er vollendet worden wäre. Mit dem Ende der Tyrannis um 510 v. Chr. war es auch um diese stolze Selbstdarstellung mächtigen Herrschertums geschehen. In der Demokratie zeigte niemand mehr Interesse an einem Weiterbau, im Gegenteil, viele Architekturglieder, vor allem Säulentrommeln, wurden der Themistoklesmauer einverleibt, wo man sie heute noch mit ihrem Durchmesser von fast 2,50 Metern bewundern kann (im Norden der Tempelterrasse). An derartige Frondienste für Tyrannen wollte das Volk nicht mehr erinnert sein. Darüber hinaus war es wohl auch das dem Griechen angeborene Maßgefühl, das vor einem so ungeheuren Unternehmen zurückschrecken ließ.

Erst etwa 350 Jahre später wurde der Bau wiederaufgenommen, jetzt aber nach den Plänen eines römischen Architekten und in korinthischer Ordnung. Die Finanzierung hatte Antiochos IV. Epiphanes von Syrien, ein weiterer Freund und Gönner Athens, übernommen. Antiochos, eine schillernde Herrscherpersönlichkeit und zugleich ein glühender Verehrer griechischer Kultur und Religion, war von der Idee besessen, den religiös zersplitterten Osten in der Verehrung des Olympischen Zeus zu einen. Sein Vorsatz, das Judentum zu hellenisieren, gipfelte in dem Versuch, den Kult des Olympischen Zeus in Jerusalem einzuführen. Dieses Vorhaben scheiterte jedoch am Widerstand der Makkabäer. Die Wiederaufnahme der Bautätigkeit am Olympieion im Jahr 174 v. Chr. ist in Zusammenhang zu sehen mit dem Wunsch des Antiochos, Jahwe und Zeus in einem gemeinsamen Kult zu vereinen; ebenso wird die orientalische, dem Griechen fremde Vorstellung des vergöttlichten Königs dabei eine Rolle gespielt haben. Aber so gewaltig die Anstrengungen waren – den Bau mit seinen 104 kolossalen korinthischen Säulen etwa in den Ausmaßen des Peisistratidentempels zu vollenden, gelang auch diesmal nicht. Zwar war das Bauwerk beim Tod des Antiochos bis zur Gebälkzone gediehen, aber weitere 300 Jahre vergingen, bis es unter Hadrian zwischen 125 und 132 n. Chr. endgültig vollendet wurde. So war es zu guter Letzt nicht ein syrischer, sondern ein römischer Herrscher, der sein Standbild im Tempel neben dem des Zeus aufstellen und sich als Gott verehren ließ.

Von den riesigen Ausmaßen des Tempels zeugen die heute noch sichtbaren Reste (*Abb. 25*): 13 Säulen mit Architrav an der Südostecke, dazu zwei einzeln stehende an der Südseite; eine dritte liegt heute noch so, wie sie 1852 von einem Sturm umgelegt wurde. Man hat ausgerechnet, daß für die Säulen allein 15500 Tonnen Marmor verwendet wurden, das Vierfache der Parthenonsäulen. Sicher war der Tempel einer der größten und prächtigsten der damaligen Zeit, vergleichbar mit dem Artemistempel in Ephesos und den großen Tempeln von Agrigent und Selinunt. Aber selbst im römischen Athen muß er wie ein Fremdkörper gewirkt haben. Passender mögen sich die von Sulla verschleppten Säulen auf dem Kapitolinischen Hügel in Rom ausgenommen haben. Athen war für eine derartig massive, jedes klassische Maß sprengende Selbstdarstellung nicht der richtige Boden.

9. Die Agora

Zur Zeit, als Paulus in Athen weilte, präsentierte sich die Agora in jener Form, die sie in der hellenistischen und frührömischen Zeit angenommen hatte: als ein unregelmäßiges, fast völlig bebautes Viereck, dessen Seiten größtenteils von Säulenhallen gebildet wurden (*Abb. 26*). Beides widersprach dem Geist der altgriechischen Agora. Zwar war diese als geweihter Ort durch Grenzsteine mit der Aufschrift „Ich bin die Grenze (der Agora)“ vom profanen Stadtgebiet abgegrenzt, aber diese Grenzlinie war baulich nur schwach realisiert. Erst die Säulenhallen der hellenistischen Zeit, die Attalosstoa im Osten, die Mittel- und Südstoa im Süden, der dem Metroon vorgelegte Portikus im Südwesten, schnitten das Agoragebiet als eigenständigen Bereich aus der Stadt heraus. Und stellte sich die griechische Agora eher als ein lockeres Miteinander einzelner Baukörper mit viel freiem Raum dar, so hatten die Römer durch die Versetzung des Arestempels und den beherrschenden Bau des Odeions nicht nur diesen freien Raum durch massive Baukörper ausgefüllt, sondern zugleich das Ganze zu ordnen gesucht, indem sie den Altar des Arestempels in die Mittelachse des Odeions legten. So überschnitten sich bei der späteren Athener Agora griechische, hellenistische und römische Baugedanken und gaben ihr eine gewisse architektonische Spannung: zum einen zwischen Rahmen und Füllung, die je aus verschiedenem Geist geboren waren, zum anderen zwischen den Regionen im Norden und Nordwesten, die ihren alten Charakter weitgehend bewahrt hatten, und den neugestalteten Bezirken im Osten und Süden. Aber auch die alte griechische Agora, ohne hellenistische und römische Zutaten, bot ein recht buntes, im Laufe der Jahrhunderte wechselndes Bild. Sie ist der Ort, an dem sich die Geschichte der Stadt, soweit sie zu Stein geworden ist, am besten ablesen läßt.

Erst in den letzten Jahrzehnten des 6. Jahrhunderts, als sich die Zeit der Peisistratiden dem Ende zuneigte, konnte die Agora zum Zentrum des nun demokratischen Athen werden. Die Bautätigkeit begann an der Südwestecke, wo heute die Reste von Tholos, Buleuterion und Metroon zu sehen sind. Dieser Bereich blieb auch in den folgenden Jahrhunderten das Regierungszentrum der Stadt. Zum ältesten Bestand gehört das sogenannte alte Buleuterion, ein Versammlungshaus, in dem der „Rat der 400“ (von Kleisthenes auf 500 Mitglieder erweitert) zusammentrat. In der Nähe lagen die Heiligtümer der Göttermutter (Metroon), des Zeus und des Apollon, im Norden folgte die Stoa Basileios und der Zwölfgötteraltar, im Süden stand ein für die Versorgung der Bevölkerung wichtiger Brunnen sowie ein Gerichtsgebäude, wahrscheinlich die Heliaia, der wichtigste athenische Gerichtshof. Es blieb also genügend Platz für Versammlungen, Feste, Theateraufführungen und lebhafte Handelsgeschäfte.

Nach dem Abzug der Perser, die Athen im Jahr 480 erobert und weitgehend verwüstet hatten, wurden die Schäden auf der Agora bald behoben und zusätzliche Bauten errichtet, so ein neues **Buleuterion** mit halbkreisförmigen Sitzreihen. Das angrenzende **Metroon** nahm das Staatsarchiv und das altehrwürdige Kultbild der Göttermutter auf. Auf dem Sockel eines gegenüberliegenden **Monuments für die Heroen** der zehn attischen Phylen konnten die Athener seit etwa

25 Athen, Olympieion. Von den insgesamt 104 Säulen des erst unter Hadrian vollendeten Kolossaltempels des Olympischen Zeus sind 13 Säulen an der Südostecke stehen geblieben. Andere wurden von Sulla nach Rom transportiert und im Jupitertempel auf dem Kapitol wiederverwendet. Die korinthischen Kapitelle haben eine außerordentlich plastische Tiefenwirkung.

330 v. Chr. öffentliche Bekanntmachungen lesen, zum Beispiel die Gesetzesentwürfe, über die sie abzustimmen hatten.

Das markanteste Gebäude dieser Wiederaufbauphase und neben dem Buleuterion der zweite Kernbau des demokratischen Athen war die unmittelbar südlich anschließende **Tholos** („Rundbau").

Das kreisrunde Fundament mit einem Durchmesser von 8,5 Metern überrascht noch heute den Besucher, wenn er von der Plattform des Kolonos Agoraios, des „Markthügels" mit dem Hephaisteion, die gesamte Marktfläche überblickt. Hier im Rundbau, dessen Kegeldach von sechs Säulen gestützt wurde, tagten die Prytanen, die 50 Mitglieder des geschäftsführenden Ratsausschusses, dem alle Ratsmitglieder der betreffenden Phyle angehörten. Attika war in zehn solche Phylen (Bezirke) eingeteilt. Demgemäß führte jede Phyle für ein Zehntel des Jahres die Ratsgeschäfte der Stadt. Ein Drittel der 50 Prytanen mußte immer, bei Tag und bei Nacht, in der Tholos anwesend sein, um in Notfällen schnell entscheiden zu können. Deshalb war auch eine Küche angebaut, in der eine Menge Geschirr – übrigens auffallend einfaches – gefunden wurde. Der Gegenantrag des zum Tode verurteilten Sokrates auf „Speisung im Prytaneion" (Platon, Apologie 36d) gewinnt angesichts solcher Funde an Drastik; denn selbstverständlich wurden die Prytanen auf Staatskosten verpflegt. Die Prytanen, die aus ihrer Mitte jeweils für einen Tag den Obmann für Rat und Volksversammlung wählten, verwahrten auch die Siegel und die Schlüssel für Archiv und Schatzkammern. So ist es kein Wunder, daß die Tholos eine Art Symbol des öffentlichen Lebens der Stadt war. Nach der sullanischen Zerstörung wurde sie schnell im alten Stil wiederaufgebaut, bekam in augusteischer Zeit eine Viersäulenhalle als Eingang und um die Mitte des 1. Jahrhunderts n. Chr., also genau zur Zeit von Paulus' Aufenthalt in Athen, einen prächtigen Boden aus pentelischen Marmorsplittern.

Auf einen anderen Gebäudetyp treffen wir an der Nordwestecke der Agora, dem zweiten Bauzentrum der alten Zeit, das auch unter den Römern sein ursprüngliches Aussehen weitgehend bewahrte. Es handelt sich um mehrere Säulenhallen, die ganz unterschiedlichen Zwecken dienen konnten: als Sitz von Behörden, als Versammlungsraum, als Gerichtsstätte, aber auch als schattiger Ort, der zum Schwätzchen einlud. Die älteste dieser Hallen, die **Basileus-Stoa,** die dem Archon Basileus, dem zweithöchsten Beamten Athens, der für Fragen des Kultes und der Religion zuständig war, als Amtssitz diente, stammt noch aus der Mitte des 6. Jahrhunderts. Mit den Ausmaßen von 18 × 7 Metern war die Halle überraschend klein. Die der Agora zugekehrte Seite war als Schaufront mit acht Säulen zwischen Antenwänden ausgebildet. Im Inneren, an dessen drei geschlossenen Seiten Steinbänke umliefen, stützten Säulen das Giebeldach. Zahlreiche Reparaturen und der spätere Anbau von zwei vorgezogenen Seitenflügeln mit je drei Frontsäulen bezeugen die Bedeutung, die der Bau auch in späteren Jahrhunderten noch besaß. Hier wurden nicht nur religiöse Feste und die athenischen Staatsfeiern organisiert, hier tagte auch einer der wichtigsten athenischen Gerichtshöfe, der für Asebie- (Religionsfrevel) und Mordprozesse zuständig war (die Prozesse selbst allerdings fanden anderswo statt). Platon hat deshalb für das Gespräch zwischen Sokrates und dem Priester Euthyphron im gleichnamigen Dialog die Stoa Basileios als Szenerie gewählt (2a). Beide Gesprächspartner haben es mit dem „Basileus" zu tun: Sokrates muß sich verantworten wegen der gegen ihn eingereichten Asebieklage, Euthyphron will den eigenen Vater, der einen unbotmäßigen Sklaven hatte umkommen lassen, wegen Totschlags gerichtlich belangen.

Von der Stoa Basileios an der engsten Stelle kaum mehr als einen Meter entfernt, lag eine weit größere Halle, die **Stoa des Zeus Eleutherios** („Befreier"). Der

Name ist auf die Bannung der Persergefahr zurückzuführen, jedoch wurde die Halle erst gegen 430 v. Chr., also am Ende des gewaltigen perikleischen Bauprogramms, errichtet.

Auch von ihr sind nicht viel mehr als die Fundamente erhalten, und die nicht einmal vollständig, weil das Nordende der Stoa beim Bau der Piräusbahn zerstört wurde. Die Front zur Agora bildete eine Folge von 25 dorischen Säulen, während im Innern neun nichtkannelierte ionische Säulen standen. Vor der Halle stand das Bild des Zeus Eleutherios, die Wände schmückten mehrere Bilder, unter anderem eine Darstellung des Theseus mit den Figuren der Demokratia und des Demos, deren „Erfindung" die Athener dem sagenhaften König zuschrieben. Im Unterschied zur kleinen Nachbarin diente die Zeushalle wohl mehr dem geselligen Verkehr der Bürger. Im ersten nachchristlichen Jahrhundert wurde im Westen ein in der Mitte geteilter, wahrscheinlich für den Kaiserkult bestimmter Anbau hinzugefügt; sowohl Augustus als auch Hadrian trugen den Beinamen Eleutherios.

Von einer weiteren Halle am Nordrand der Agora jenseits der Bahnlinie hat man in den letzten Jahren einige Stufen freigelegt. Es muß sich um die berühmte **Stoa Poikile** handeln, die „Bunte Halle", wie sie nach den jedem Athener bekannten Gemälden an ihren Wänden genannt wurde. Pausanias erwähnt vier Darstellungen: den Kampf zwischen Athenern und Spartanern bei Oinoe in der Argolis (um 460 v. Chr.), den Kampf der Athener unter Theseus gegen die Amazonen, eine Heeresversammlung der Griechen nach der Einnahme von Troia und die Schlacht von Marathon (490 v. Chr.). Zwei historische Themen rahmten also zwei mythische, die in der athenischen Kunst besonders beliebt waren. Im Kampf gegen jegliche Fremdherrschaft und in der Behauptung des eigenen Rechts – auf beides waren die Athener von jeher stolz – vereinigten sich Mythos und Geschichte. An den Wänden aufgehängte Bronzeschilde und andere Trophäen vervollständigten den Charakter der Halle als einer Art Museum der Geschichte Athens. Nicht zuletzt wegen der Erinnerung an die ruhmreiche Vergangenheit der Stadt war die Halle ein Lieblingsplatz der Dichter und Philosophen. Hier, im prächtigsten Bau der griechischen Agora, lehrte Zenon,

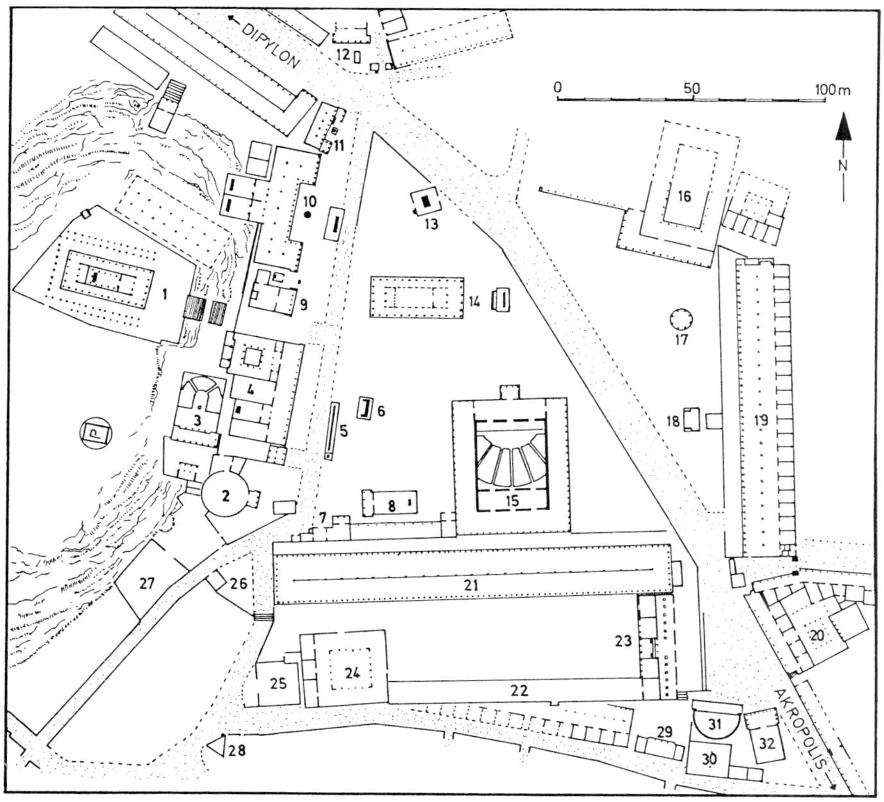

26 Athen, Agora um 180 n. Chr.

1 Hephaistostempel
2 Tholos (Prytaneion)
3 Buleuterion
4 Metroon
5 Denkmal der Eponymen Heroen
6 Altar des Zeus Agoraios
7 Grenzstein
8 Südwesttempel
9 Tempel des Apollon Patroos
10 Zeusstoa
11 Stoa Basileios
12 Stoa Poikile
13 Zwölfgötteraltar
14 Arestempel
15 Odeion des Agrippa
16 römische Basilika
17 römischer Rundbau
18 römische Rednertribüne
19 Attalosstoa
20 Pantainosbibliothek
21–23 Südmarkt
24 Heliaia (?)
25 Brunnenhaus
26 Schusterwerkstatt
27 Strategeion
28 Heiligtum
29 Brunnenhaus
30 Münze
31 Nymphäum
32 Tempel

der Gründer der Stoa; seine Anhänger nannten sich nach dem Ort, an dem sie sich trafen, „Stoiker".

Von den alten Sakralbauten der Agora ist außer dem Hephaistostempel heute nicht mehr viel zu sehen. Trotzdem dürfen wir sie nicht übergehen, denn im religiösen Leben der Stadt spielten sie eine bedeutende Rolle. An erster Stelle sei der **Zwölfgötteraltar** genannt, eine der ältesten und auch in römischer Zeit noch benutzten Kultstätten. Wahrscheinlich schon 521 v. Chr. gestiftet, wurde er nach der Zerstörung durch die Perser in der alten Form mitsamt der Umfriedung wiederhergestellt. Ursprünglich war er den olympischen Göttern geweiht, diente später aber auch als Asylstätte für Flüchtige und Verfolgte, weshalb er in römischer Zeit den Namen „Mitleidsaltar" bekam. Pausanias, der mit diesem Altar seinen Rundgang über die griechische Agora beschließt, vergißt nicht, darauf aufmerksam zu machen, daß die Athener als einzige der Griechen dem Gott des Mitleids, der für das menschliche Leben am meisten Nutzen habe, Verehrung erwiesen (I 17,1). Bedeutung hatte der am Schnittpunkt wichtiger Straßen im Norden der Agora gelegene Altar auch als zentraler Meilenstein, sozusagen als Nullpunkt, von dem aus die Entfernungen zu anderen Städten gemessen wurden. Ohne Zweifel war also das kleine Geviert, dem heute kaum noch jemand Beachtung schenkt, der ideelle Mittelpunkt Attikas, zumal einiges dafür spricht, daß an dieser Stelle auch der Ostrakismos, das „Scherbengericht", mit dem unliebsame Bürger für zehn Jahre aus Athen verbannt werden konnten, abgehalten wurde.

Noch etwas älter als der Zwölfgötteraltar war der ebenfalls von den Persern zerstörte und heute spurlos verschwundene **Tempel des Apollon Patroos**, an dessen Stelle im 4. Jahrhundert ein neuer Bau mit tiefer Vorhalle und vier Frontsäulen errichtet wurde. Hier wurde Apollon als Stammvater der Athener verehrt. Die überlebensgroße Statue zeigt den Typus des Kithara spielenden Apollon in einem Peplos mit gegürtetem Überfall und mantelartigem Umhang auf dem Rücken. In reizvollem Gegensatz zum von dicken Falten verdeckten Standbein drückt sich das Spielbein durch das Gewand durch und läßt, fast etwas geziert, den mit einer feinen Sandale bekleideten Fuß unter dem Peplos hervorschauen. Charakteristisch für diese Zeit, erscheint das Göttlich-Erhabene gemildert in der Form des Ästhetisch-Reizvollen.

Zu den ehrwürdigsten Heiligtümern der Stadt gehörte das **Eleusinion,** eine Art Dependence des berühmten Demeterheiligtums im zwanzig Kilometer entfernten Eleusis, das unter Solon politisch mit Athen vereinigt wurde. Hierher wurden zu den Vorfeiern der Eleusinischen Mysterien die geweihten Geräte aus Eleusis gebracht, um dann in der Prozession nach Eleusis zurückgetragen zu werden. Das Heiligtum, bei dem sich der Festzug formierte, lag im Südosten der Agora an einer scharfen Biegung des Panathenäenwegs. Der schlichte Bau, der zu Beginn des 5. Jahrhunderts einen älteren Vorgänger ablöste, bestand lediglich aus einer Cella und einem abgetrennten Raum, wohl dem Adyton („Allerheiligstes"), in dem die heiligen Geräte deponiert wurden.

Die von Nordwesten nach Südosten die ganze Agora durchquerende **Panathenäenstraße** war nicht nur der Prozessionsweg am großen Fest der Stadtgöttin, sondern eine der wichtigsten Verkehrsadern überhaupt. Ausgangpunkt der 10 Meter breiten Straße war das Dipylon. Das (noch nicht ausgegrabene) Teilstück bis zur Agora war in römischer Zeit über große Strecken von Kolonnaden gesäumt. An der Einmündung ins Agoragebiet gabelte sich die Straße in drei Arme. Einer lief nördlich an der Stoa Poikile vorbei weiter zum römischen Markt, einer in südlicher Richtung an den wichtigsten öffentlichen Gebäuden vorbei zum Nordwesthang des Areopags, der dritte, der eigentliche Panathenäenweg, quer über die Agora; an ihrem Südosteck bog er nach Westen ab und erreichte, im letzten, steilen Stück durch Stützmauern gesichert, nach einer neuerlichen Spitzkehre die Propyläen auf der Westseite der Akropolis. Auf einer Gesamtlänge von einem guten Kilometer hatte er dabei einen Höhenunterschied von knapp 100 Metern zu überwinden.

Besondere Bedeutung erlangte die Straße als Prozessionsweg während der Panathenäen. Dieses aufwendigste und prächtigste Fest, das die Athener zu Ehren ihrer Stadtgöttin, der Athena Polias, an deren Geburtstag im Juni/Juli feierten, brachte die ganze Bevölkerung auf die Beine. Natürlich wurde auch dieses Fest auf Theseus, die Symbolfigur der politischen Einigung Attikas, zurückgeführt, aber erst seit der Mitte des 6. Jahrhunderts v. Chr. feierte man das Fest im regelmäßigen Abstand von vier Jahren. Der Wunsch nach einer jährlichen Feier war jedoch so stark, daß man neben dem Hauptfest die Kleinen Panathenäen einführte, die jährlich gefeiert wurden. Höhepunkt war der Festzug, der bei Sonnenaufgang am Dipylon begann. Eine in ihrer

Lebendigkeit unvergleichliche Darstellung dieses Festzugs mit Männern und Frauen, Jungen und Alten, teils Opfertiere führend, teils Opfergeräte tragend, dazwischen Ordner, die den Strom zu steuern suchen, und Reiter, die ihre feurigen Rosse bändigen müssen, haben uns Pheidias und seine Mitarbeiter hinterlassen auf dem prächtigen Fries, der um die Cellawand des Parthenon herumlief. An der Ostseite, an der beide Ströme des Zuges zusammentrafen, wurde der Schirmherrin der Stadt im Beisein der Götter das neugewebte Gewand (Peplos) überreicht. Unbescholtene Mädchen hatten neun Monate vor den Feierlichkeiten mit der Herstellung des Gewandes begonnen. Am Festtag wurde es im Prozessionszug mitgeführt, und zwar – wohl nach dem Vorbild des dionysischen Schiffskarren – auf einem Schiff, an dessen Mast es aufgehängt war.

Die nationale Bedeutung des Festes geht unter anderem auch daraus hervor, daß sämtliche attische Städte und die Kolonien ein Opferrind zu stellen hatten. Überdies fanden während der Panathenäen auch athletische und (seit Perikles) musische Wettbewerbe statt, die eine Ausdehnung des Festes über mehrere Tage erforderten. Schauplatz der Rennen und Wettläufe war die Panathenäenstraße. Bei den Kampfpreisen standen mit Öl gefüllte Amphoren an erster Stelle: eine Huldigung an die Göttin, die Attika den Ölbaum geschenkt hatte.

Die wichtigste Kultstätte dieser Göttin im Marktbereich lag auf dem Kolonos Agoraios, also auf der westlichen Grenzlinie. Es ist der berühmte **Hephaistostempel**, auch heute noch die bauliche Dominante des Agoragebiets. In seiner Cella standen, zwischen 420 und 415 von Alkamenes geschaffen, die Kultstatuen der Athena und des Hephaistos, sie als Schutzpatronin der Textilarbeiter, er als Gott der Schmiedekunst und deswegen als Handwerker mit Zange, Hammer und Amboß dargestellt. (Die alte Bezeichnung „Theseion“ geht auf die besondere Rolle des Theseus im plastischen Schmuck des Tempels zurück. Jedoch ist die Zuweisung an den Schmiedegott Hephaistos durch aufgefundene Bauinschriften und die genaue Lokalangabe bei Pausanias I 14,6: „oberhalb der Königsstoa“ gesichert.) Der Tempel selbst ist zwischen 449 und 444, also etwa gleichzeitig mit dem Parthenon, entstanden, mit dem ihn auch manche bauliche Eigentümlichkeiten verbinden, zum Beispiel die Gestaltung des Innenraums mit dreiseitig umlaufender Säulenreihe. Architektonisch bemerkenswert ist die Betonung der östlichen Vorhalle und damit der Verzicht auf das für den griechischen Tempel ursprünglich geltende Prinzip der Symmetrie. Nicht nur sind Umgang und Vorhalle auf der Ostseite tiefer gestaltet, in diesem Bereich konzentriert sich auch der figürliche Metopenschmuck. Daß man dem Tempel eine Art Schauseite zur Agora hin geben wollte, bekundet sich auch in der Tatsache, daß die Ausgräber zwischen altem Buleuterion und Königshalle, zwischen denen das Hephaisteion auf höherem Niveau liegt, keine Gebäudereste aus klassischer Zeit gefunden haben. Bis zum Bau des Apollon-Patroos-Tempels blieb die Fläche offenbar aus optischen Gründen frei. Dieser Baugedanke wurde später wieder aufgenommen, als man, etwa zur Zeit von Paulus' Athenbesuch, eine monumentale Freitreppe zwischen Hephaisteion und Agora legte und damit ein seit dem Hellenismus beliebtes Baumuster auf der Athener Agora einführte. Interessant ist der Tempel auch insofern, als er das erste bekannte Beispiel für eine systematische Bepflanzung eines heiligen Bezirks darstellt. Um den Tempel herum waren in gleichmäßigen Abständen, auf den Längsseiten sogar in zwei Reihen, quadratische Löcher in den Fels gearbeitet. Wie die in ihnen gefundenen Scherben von großen Tontöpfen beweisen, waren sie für die Anpflanzung junger Bäume bestimmt.

Heute gilt das Hephaisteion als der besterhaltene dorische Tempel des griechischen Festlands. Das verdankt er zum einen dem glücklichen Umstand, daß er beim Herulereinfall 267 n. Chr. unbeschädigt blieb, zum anderen den Christen, die ihn, vielleicht schon im 5. Jahrhundert, zu einer Basilika umbauten. Dabei wurde der Eingang nach Westen verlegt, die Ostwand abgetragen, um den Einbau der Apsis in die Vorhalle zu ermöglichen, die Cella mit einer Tonne eingewölbt und ihre Wände für Eingänge durchbrochen.

Das Bildprogramm des Tempels, das sich mit den Taten des Herakles und Theseus beschäftigt, ist für Athener Verhältnisse keineswegs selbstverständlich. Zwar erscheinen beide Heroen zusammen auch auf den Metopen des Athener Schatzhauses in Delphi, aber beim Hephaistostempel liegt das Schwergewicht eindeutig bei Herakles, also dem dorischen Stammheros und Konkurrenten des Theseus. Thema des Ostgiebels war wahrscheinlich die Einführung des Herakles in den Olymp, von seinen Taten erzählen die zehn Metopen der Ostfront. Diesen Platten korrespondieren an den Ostenden der Längsseiten je vier Metopen mit den Leistungen des Theseus: die Erlegung des Stiers von Marathon, die Bestrafung des Prokrustes, die Besiegung des Unholds

Kerkyon und des Skiron (auf dem Fels als Krabbe dargestellt) sowie die Tötung eines Ebers. In beiden Zyklen drückt sich der Nationalstolz der Athener aus: der Sieg von Gesittung und Kultur über das Barbarentum.

Um das Bild, das die Agora zur Zeit des Paulus bot, zu vervollständigen, müßte noch eine ganze Reihe weiterer Bauwerke aufgezählt werden. So etwa die beiden besonders prächtig ausgestatteten Brunnenhäuser an der Südseite, die primitivere Anlagen ersetzten und bei der notorischen Wasserarmut der Stadt von besonderer Bedeutung waren. Oder der in hellenistischer Zeit ebenfalls im Süden eingerichtete und durch Mittel- und Südstoa abgegrenzte Markt für den eigentlichen Handel mit dem Platz der Geldwechsler. Oder der **Arestempel,** der in der – im strengen Sinn „konservativ" eingestellten – frühen Kaiserzeit aus einem nicht genau bekannten Ort in Attika auf die Agora versetzt wurde; Versatzmarken sind auf den wenigen noch vorhandenen Bauteilen gut zu erkennen. Das Kultbild des Kriegsgottes hatte Alkamenes, ein Schüler des Pheidias, geschaffen. Oder das um 15 v. Chr. an zentraler Stelle errichtete **Odeion** des Agrippa, des Schwiegersohns des Augustus, für Vorträge, Konzerte und Liedrezitationen mit 18 halbkreisförmigen Sitzreihen für etwa 1000 Besucher. Die überdimensionalen Skulpturen eines Giganten und zweier in einen Fischschwanz auslaufenden Tritonen stammen von einem Neubau, der das alte, durch Brand oder Erdbeben vernichtete Odeion um die Mitte des 2. Jahrhunderts n. Chr. ersetzte. Die Reste von Palästren, Thermen, apsidial geschlossenen Hörsälen und Verwaltungsräumen stammen von einem Gymnasion, das im 4. Jahrhundert das Odeion ersetzte. Möglicherweise handelt es sich dabei um die weltbekannte Universität, die Justinian 529 n. Chr. schließen ließ.

Vergessen seien auch nicht die zahllosen **Statuen,** die über den ganzen Platz verstreut waren, unter ihnen Demosthenes, der den Anschluß Griechenlands an Makedonien zu verhindern gesucht hatte, der glänzende Redner und Staatsmann Lykurgos, König Attalos II. von Pergamon und natürlich die beiden Symbolfiguren der athenischen Demokratie, die Tyrannenmörder Harmodios und Aristogeiton. Sie waren die ersten Menschen, die auf der Agora mit Statuen geehrt wurden und denen der Archon Polemarchos, einer der höchsten Beamten der Stadt, Totenopfer darbrachte.

Wie nirgends sonst in Athen trafen auf der Agora drei Zeiten in ihren kulturellen und politischen Ausprägungen auf engstem Raum aufeinander: das klassische Athen, mit den Namen Kleisthenes, Kimon, Perikles und Lykurgos verbunden, im Westen und Norden der Agora; die Stiftungen hellenistischer Herrscher in Gestalt von prächtigen Säulenhallen, besonders auf der Süd- und Ostseite; schließlich die Bauten der Römer, die vor allem die Mitte des Platzes einnahmen.

10. Der Areopag

Die neugierig gewordenen Stoiker und Epikureer führen Paulus zum Areopag (*Abb. 27*), und hier hält der Apostel seine Rede über die richtige Gotteserkenntnis. Alt ist der Streit, ob mit dem Areopag der nordwestlich der Akropolis gelegene Areshügel oder die ursprünglich auf diesem Hügel, in späterer Zeit aber auch andernorts tagende Gerichtsbehörde gemeint sei, ob wir also zu übersetzen haben „sie führten ihn *auf* den Areopag" oder „sie führten ihn *vor* den Areopag". Natürlich ist die Lokalisierung der Szene nicht nur eine philologische oder topographische Frage, vielmehr hängt von ihr Entscheidendes ab für die Gesamtinterpretation. Versteht man nämlich den Areopag nicht als reine Lokalangabe, nimmt die Szene juridischen Charakter an, gleichgültig, ob man den Areopag als Gerichtshof oder als mit besonderen Kontrollbefugnissen ausgestattete Behörde auffaßt. In diesem Fall rücken die Vorgänge in Athen in die Nähe vergleichbarer Ereignisse in Philippi,

27 Athen, Areopag. Der Areshügel im Nordwesten der Akropolis war die Tagungsstätte des ältesten attischen Gerichtshofs. Die „Areopag" genannte Behörde der Römerzeit trat hier nicht mehr zusammen. Nach Apg 17,19.22 soll Paulus auf dem Areopag seine berühmte Rede vor Stoikern und Epikureern gehalten haben.

Thessaloniki und Korinth. Wie Paulus sich dort vor den Strategen, den Politarchen und dem Prokonsul zu verantworten hat, so hier vor den Areopagiten.

Grundsätzlich mag der Text beide Möglichkeiten des Verständnisses zulassen, jedoch wird der unbefangene, in die wissenschaftliche Diskussion nicht eingeweihte Leser den Areopag kaum anders denn als szenische Angabe verstehen. Wo immer Lukas den Apostel mit staatlichen Institutionen in Konflikt geraten läßt, geschieht das auf eindeutige, die Rechtspositionen klar umreißende Weise. Von einem gewaltsamen Vorgehen der Hörerschaft ist trotz V. 19 (ähnlich etwa Apg 9,27) zwingend nirgends die Rede, und der Ausdruck „inmitten des Areopags" (V. 22) kann durchaus im räumlichen Sinn verstanden werden und setzt keine Körperschaft voraus. Mit keiner der beiden Wendungen läßt sich die Gerichtsthese wahrscheinlich machen. Umgekehrt gibt es jedoch zwei Stellen, die ihr energisch widersprechen. Deutlich ist die Neugier der Philosophen als Grund für den Ortswechsel von der Agora zum Areopag angegeben – man beachte vor allem die aus dem Erzählzusammenhang herausfallende allgemeine Erklärung über die Wißbegier der Athener (V. 21) –, und nichts deutet darauf hin, daß die Befragung des Paulus im Auftrag einer fremden Kommission erfolgt.

So ist auch von einer Reaktion des Areopags auf die Rede des Apostels nichts gesagt. Die Leute, die am Schluß sich lustig machen oder bei späterer Gelegenheit weiter hören wollen, sind gewiß keine Mitglieder des Areopags gewesen, und ebenso – das ist die zweite Stelle – bezieht sich V. 33, mit dem die Szene (Paulus ging fort „aus ihrer Mitte"), auf die Leute, von denen vorher die Rede war, also auf die Philosophen und Interessierten, nicht auf die Areopagiten. Ein Kontrollverfahren ohne Erwähnung des Kontrollorgans wäre ein Unding.

Wenn nun schon der Text keine Handhabe für eine Deutung der Szene als „Rechtfertigung" des Paulus bietet, wäre weiter zu fragen, in welcher Eigenschaft der Areopag über den Apostel hätte befinden sollen. Daß er nicht als Gericht im strengen Sinn angerufen wurde, wird heute auch von den Verfechtern der Behörden-These nicht bestritten; ein Prozeß läßt sich nun einmal aus dem Bericht der Apostelgeschichte nicht herauslesen. Wohl aber soll der Rat eine Kontrollfunktion innegehabt haben, die sich auf den Vortragsbetrieb auf der Agora und die Jugenderziehung erstreckte. Dabei beruft man sich auf eine Notiz bei Plutarch (Cicero 24,7), Cicero habe den Rat des Areopag bewogen, den Peripatetiker Kratippos um ein Verbleiben in der Stadt zu bitten – offenbar, weil Ciceros Sohn, der 46–44 v. Chr. in Athen studierte, den berühmten Lehrer noch hören sollte. Daraus eine Kontrollfunktion des Rates zu erschließen ist nicht begründet.

Über die Befugnisse des Areopags unter den Römern ist wenig bekannt, auch wenn er in den Inschriften der Kaiserzeit eine der am häufigsten erwähnten Institutionen darstellt. In alten Zeiten trat der Areopag, der nach dem Areshügel, auf dem er tagte, benannt war, unter dem Vorsitz des Archon Basileus zusammen, was darauf hinweist, daß er sich als Nachfolger des alten Königsrates verstand. Folglich hatte er neben den gerichtlichen auch politische Befugnisse. Wie weit sie reichten, wie vor allem das Verhältnis zu Rat und Volksversammlung war, darüber sagen die Quellen nichts, wie überhaupt schon in der Antike der Areopag von einem geheimnisvollen Dunkel umgeben war, das eher an den Nimbus von Femegerichten erinnert. Das liegt sicher daran, daß der Areopag von alters her der Blutgerichtshof der Stadt war und zudem unter Solon zum obersten Wächter über Sitte und Ordnung aufrückte. Da zudem nur gewesene Archonten, also Männer mit großer Erfahrung, Mitglieder des Areopags werden konnten, stand der Rat in hohem Ansehen.

Das wurde anders im demokratischen Athen des Perikles, das mit einer solchen aristokratischen Institution nur noch wenig anfangen konnte. Ephialtes, einem Parteifreund des Perikles, gelang es, unter dem Vorwurf der Korruption dem Areopag die meisten politischen Befugnisse zu nehmen und sie dem Rat der 500 sowie der Volksversammlung zu übertragen (462 v. Chr.). Gleichzeitig ging auch ein Teil der richterlichen Gewalt an die Geschworenengerichte über. Lediglich die Blutgerichtsbarkeit verblieb – neben einigen weniger wichtigen Aufgaben besonders im sakralen Bereich – beim Areopag.

Politische Kompetenzen bekam das Gremium erst wieder unter den Römern, die in Athen wie in anderen Städten Griechenlands das aristokratisch-konservative Element zu stärken suchten. Im römischen Athen scheint der Areopag eine der wichtigsten Behörden gewesen zu sein. Öfters wird er mit Rat und Volksversammlung zusammen genannt (oder mit einem der beiden Organe), öfters aber auch allein. Daß er für Fragen der Außenpolitik zuständig war, Maße und Gewichte überwachte, die athenische Münze überprüfte und die Aufsicht über Heiligtümer führte, ist bezeugt. Ebenso wuchsen seine juristischen Kompetenzen, da die Geschworenengerichte, eine urdemokratische athenische Einrichtung, sich offenbar nur noch mit Zivilprozessen zu befassen hatten, das öffentliche Recht also ebenfalls in der Hand des Areopags lag. Bei einer solchen Vielzahl von Funktionen ist es wahrscheinlich, daß die Arbeit unter mehrere Kommissionen aufgeteilt war. Daß eine von ihnen für die Jugenderziehung oder für die Aufsicht über fremde Kulte zuständig gewesen sein sollte, ist möglich, aber nicht zu belegen.

Bei dieser Lage der Dinge muß man sich fragen, wie man überhaupt dazu kommen konnte, die ganz im athenischen Geist konzipierte philosophische Erörterung in eine Gerichtsszene, sei es auch nur in Form einer „Voruntersuchung", umzudeuten. Die Erklärung kann nur darin zu suchen sein, daß die steile, unebene und höchst unbequeme Kalksteinkuppe des Areshügels einen denkbar ungeeigneten Ort für Diskussionen mit einem größeren Publikum abgab, ganz abgesehen davon, daß die antike Tradition von einem Treffpunkt der Philosophen oder anderer Leute – außer eben dem Rat des Areopag selbst – an dieser Stelle nichts weiß. Auch eine Verlagerung der Szene auf den flachen Sattel zwischen Areshügel und Burgberg ist unbefriedigend, da die Bezeichnung „Areopag" für diese Gegend nicht bezeugt ist. Ebensowenig taugt der Versuch, die Szene vor die Königshalle an der Agora zu verlegen. Die dafür als Stütze angeführte Stelle (Pseudo-)Demosthenes 25,23 besagt lediglich, daß der Areopag sich dort versammeln konnte, nicht, daß er es regelmäßig tat. Zudem heißt es weiter, daß der Areopag in der Stoa Basileios gleichsam in Klausur tagte: durch Seile vom Volk getrennt und „in viel Ruhe für sich selbst" – ein denkbar schroffer Gegensatz zur Situation, die Lukas bei der Areopagrede voraussetzt. Das früher gern gezeichnete Bild von Paulus inmitten der auf Stühlen sitzenden Areopagiten und der lauschenden Menge darum herum sollte endgültig aufgegeben werden.

Die Erklärung muß wohl auf dem literarischen Feld gesucht werden. Wollte Lukas ein unverkennbares Bild Athens auch nur in Andeutungen skizzieren, so durfte der bekannteste Bürger der Stadt ebensowenig fehlen wie die berühmte Gerichtsstätte. Eine Agora und eine Akropolis gab es auch in anderen Städten, einen Areopag nur in Athen. Die Erwähnung des Areopags hat also einen ähnlichen Stellenwert wie die Sokrates-Reminiszenz oder die Charakteristik der Athener als gottesfürchtig und neugierig. Das heißt, sie gehört zum szenischen Inventar des historischen Rahmens, in den Lukas die Rede des Paulus eingebettet hat. Der Athenbericht der Apostelgeschichte scheint nicht auf Autopsie zu beruhen. Um so eher konnte der Autor diese ideale Szenerie für die Paulusrede wählen.

Die archäologischen Spuren auf dem Areshügel sind minimal – verständlicherweise, da das Gericht unter freiem Himmel tagte. Am Ende der erst aus späterer Zeit stammenden Treppe ist rechts ein freier Felsblock sichtbar, der als Altar der Athena Areia gedeutet wird. Vielleicht war es aber auch einer der beiden Steine, auf denen der Kläger oder der Beklagte Platz zu nehmen hatte, in der antiken Tradition bekannt als „Stein des Zorns" und „Stein der Schande". Am Nordwesthang befand sich der Tempel des Ares, also jenes Gottes, dem der Hügel geweiht war, daneben das Heiligtum der Erinyen. An dieser Stelle entstand später eine christliche Kirche für den nach der Legende ersten Bischof von Athen, Dionysios Areopagites. In der Apostelgeschichte wird er als einer der wenigen neugewonnenen Anhänger in Athen genannt (V. 34). Vielleicht sollte der klingende Name aus der Reihe der Vornehmsten der Stadt über den mageren Missionserfolg hinwegtrösten.

11. Die Akropolis

Auch in römischer Zeit blieb die Akropolis (*Abb. 28*) das religiöse Zentrum der Stadt. Wie sehr sich die Römer der klassischen Zeit der Griechen verpflichtet fühlten, geht allein schon daraus hervor, daß sie sich im wesentlichen auf die Restaurierung der alten Bauwerke der Akropolis beschränkten. In die Zeit des Claudius fällt die Umgestaltung der schlichten zickzackförmigen Rampe, die ursprünglich zu den Propyläen emporführte, in eine 12 Meter breite Monumentaltreppe nach dem Vorbild hellenistischer Anlagen.

Der Eindruck, den der heutige Besucher der Akropolis gewinnt, ist in mehrfacher Hinsicht unvollkommen und irreführend. Selbst wenn man die vier wichtigsten Bauwerke, die das moderne Bild bestimmen, also Propyläen, Parthenon, Erechtheion und den kleinen Niketempel, ergänzte, Cellamauern und Säulen wieder vollständig aufrichtete, die erhaltenen Giebelfiguren an ihren alten Platz setzte, den Gebälkzonen ihre prächtige Farbigkeit mit sattem Rot und Blau wiedergäbe, es wäre immer noch nicht die alte Athener Akropolis, wie sie sich bis in die Spätantike hinein erhalten hatte. Die weiten Flächen, die sich jetzt zwischen den isolierten

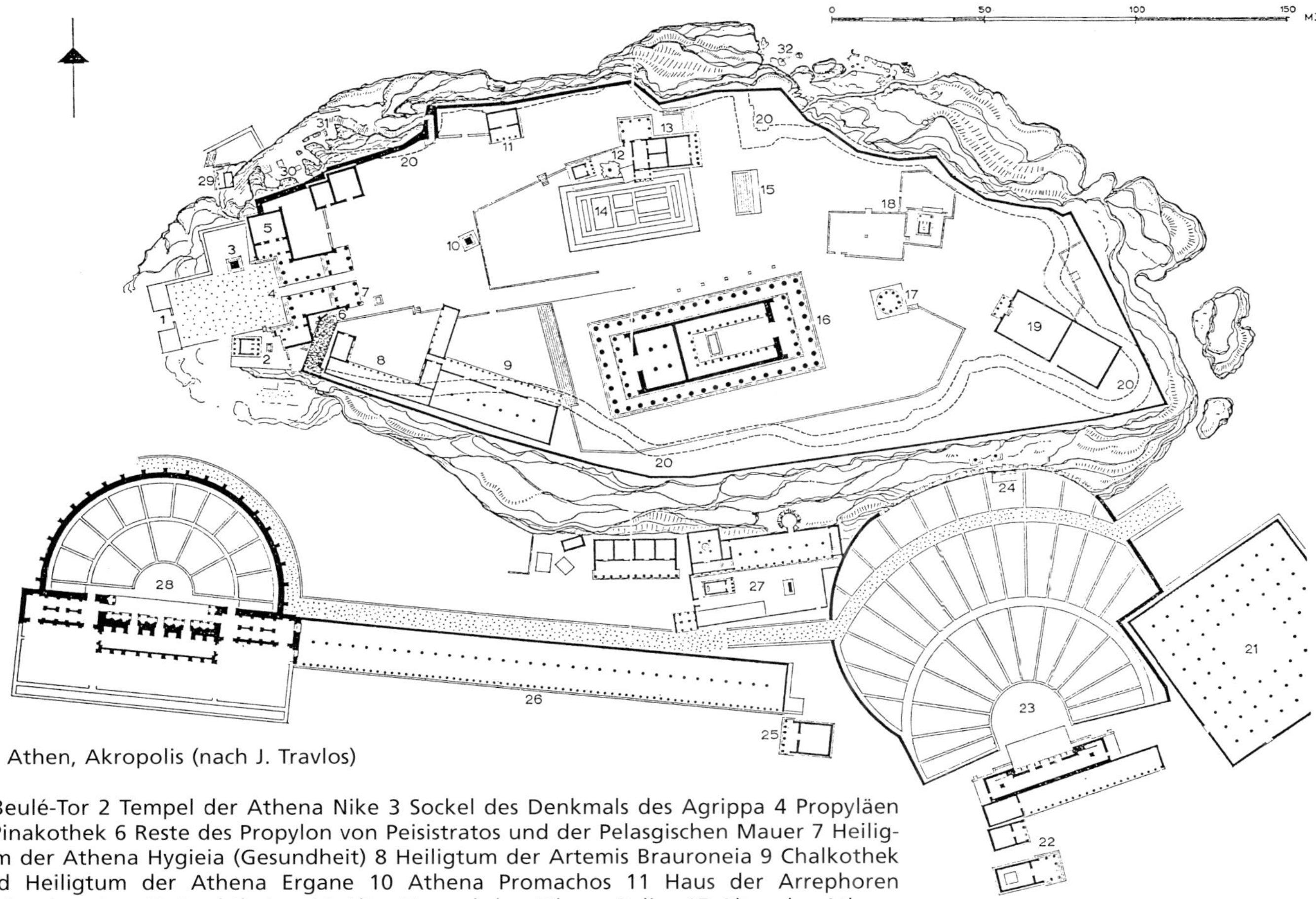

28 Athen, Akropolis (nach J. Travlos)

1 Beulé-Tor 2 Tempel der Athena Nike 3 Sockel des Denkmals des Agrippa 4 Propyläen 5 Pinakothek 6 Reste des Propylon von Peisistratos und der Pelasgischen Mauer 7 Heiligtum der Athena Hygieia (Gesundheit) 8 Heiligtum der Artemis Brauroneia 9 Chalkothek und Heiligtum der Athena Ergane 10 Athena Promachos 11 Haus der Arrephoren 12 Pandroseion 13 Erechtheion 14 Alter Tempel der Athena Polias 15 Altar der Athena 16 Parthenon 17 Tempel der Roma und des Augustus 18 Heiligtum des Zeus Polieus 19 Heroentempel des Pandion 20 Pelasgische Mauer 21 Odeion des Perikles 22 Alter und neuer Tempel des Dionysos Eleutherios 23 Dionysostheater 24 Denkmal des Thrasyllos 25 Denkmal des Nikias 26 Halle des Eumenes 27 Asklepieion 28 Odeion des Herodes Attikus 29 Quelle Klepsydra 30 Höhle des Pan 31 Alte Treppe 32 Heiligtum des Eros und der Aphrodite „in den Gärten"

Baukörpern ausdehnen, waren förmlich übersät mit Standbildern, Weih- oder Ehrengaben für Götter und Menschen. Und die Mauer, die das unebene Felsplateau rings umzog, bot nicht wie heute nach allen Seiten weite Ausblicke, sondern war über große Strecken von Gebäuden verdeckt, deren geringe Reste heute nur dem Auge des Fachmanns wahrnehmbar sind. So nahmen den jetzt freien Raum zwischen Propyläen und Parthenon auf der Südseite zwei ausgedehnte Gebäudekomplexe ein. Den einen bildete das Heiligtum der **Artemis Brauroneia,** der Schutzgöttin von Frauen und Mädchen, deren Kult Peisistratos von seiner Heimatstadt Brauron nach Athen geholt hatte: ein tempelloser, nur auf zwei Seiten von Säulenhallen umgebener Bezirk mit Altar und Kultstatue, einem Werk des Praxiteles. Östlich schloß sich die **Chalkothek** an, ein langgestreckter rechteckiger Bau mit vorgelegter Säulenhalle, der vor allem für die Aufbewahrung erzener Weihgeschenke und Waffen bestimmt war. Aber damit nicht genug. Im Winkel zwischen Propyläen und Brauroneion hatte eine ganze Anzahl weiterer Gottheiten ihre Kultstätten, so Artemis Hekate, Hermes Propylaios, also der Gott der Eingänge und Vorhöfe, und die Athena Hygieia; Anlaß für diese Stiftung war das Ende der Pest in den ersten Jahren des Peloponnesischen Krieges (429 v. Chr.), der auch Perikles zum Opfer gefallen war. Unmittelbar vor

29 Athen, Akropolis. Die vor der Westfront des Parthenons in den Fels gehauenen Stufen waren für die Aufstellung von Weihgeschenken bestimmt.

dem Westunterbau des Parthenon, sind fast über die ganze Breite etwa zehn Stufen in den Fels gehauen (*Abb. 29*). Hier waren Weihgeschenke aufgestellt in einer Fülle, die selbst die Enge eines Museums als weitläufig erscheinen lassen müßte.

Ähnlich wie hier im Südwesten muß auch der Eindruck gewesen sein, den Paulus in den übrigen Regionen der Akropolis gewonnen hat. Da gab es, etwa an der Stelle, wo heute das Museum liegt, das Heroon des Pandion, König von Athen und Vater des Erechtheus; neben dem Rundtempel der Roma und des Augustus, am höchsten Punkt des Plateaus, erhob sich der Altar des Zeus Polieus; zwischen ihm und dem Erechtheion lag der Altar der Athena; im Erechtheion selbst war eine Vielzahl von Kulten in einem verwirrenden Baukomplex vereinigt (siehe unten), und nahebei hatten die Mädchen, die das Gewand der Göttin für den Panathenäenzug weben sollten, ihre Heimstatt. Nicht zu vergessen sind schließlich die zahlreichen Kultstätten in den Höhlen am Nordabhang des Burgfelsens mit vielen Nischen für Weihgaben, die für Apollon, für Pan oder für Eros und Aphrodite bestimmt waren. Alles in allem eine überwältigende Fülle von Heiligtümern, der anschauliche Beweis für die besondere „Gottesfürchtigkeit“ der Athener.

Dazu kam die Fülle der Standbilder links und rechts der Heiligen Straße, die von den Propyläen quer über die Felskuppe bis zur Ostseite des Parthenon führte. Pausanias nennt bei seinem Rundgang über die Akropolis eine stattliche Anzahl, galt ihnen doch sein Interesse in besonderem Maß. Die Statue der **Athena Lemnia** gleich hinter den Propyläen war schon in der Antike als eines der vollkommensten Werke des Pheidias bekannt. Das von attischen Kolonisten der Insel Lemnos gestiftete Standbild zeigte die Göttin ausnahmsweise ohne Waffen, ganz im Gegensatz etwa zum nahen, 9 Meter hohen Standbild der **Athena Promachos,** einem anderen Werk des Pheidias und Wahrzeichen der Burg, das aus Beutestücken der Schlacht von Marathon gefertigt worden war und schon vom Kap Sunion aus sichtbar gewesen sein soll. Aber auch „weltliche“ Darstellungen zogen die Aufmerksamkeit auf sich, so etwa die Statue des Perikles, dem die Akropolis ihre großartige Ausgestaltung seit der Mitte des 5. Jahrhunderts verdankte, der Kampf zwischen Galliern und Amazonen, eine Stiftung des Königs Attalos von Pergamon, oder die Statue des Troianischen Pferds, dessen mächtiger Höhlung griechische Helden entstiegen. Bezeichnend für das religiöse Empfinden der Griechen ist es, daß man auch bei der Darstellung des Göttlichen vor menschlich-allzu-menschlichen Zügen nicht zurückschreckte. Nicht immer hatte die Burgherrin die göttliche Schönheit wie auf der Weihgabe der Lemnier. Sie konnte auch mit Spindel und Spinnrocken wie eine Arbeiterin vorgeführt werden (Athena Ergane), und eine berühmte Gruppe des Myron zeigte sie, wie sie sich angewidert von einer am Boden liegenden Flöte abwendet, weil sich beim Blasen das Gesicht entstellt hatte, während Marsyas auf der anderen Seite sein Interesse an dem Instrument nicht verbergen kann. Die griechischen Götter hatten mehrere Funktionen wahrzunehmen und wurden dementsprechend in Haltung, Gestik und Attributen unterschiedlich dargestellt, wobei auch die weniger erfreulichen Seiten der menschlichen Realität nicht ausgespart wurden.

Ein besonders anschauliches Beispiel für die auf engstem Raum sich drängenden Kulte und zugleich für die Genialität eines Baumeisters der klassischen Zeit bietet das **Erechtheion** (*Abb. 30*). Seinen Namen, der sich übrigens erst in römischer Zeit einbürgerte, bezog es von Erechtheus, einem der ältesten Könige der Stadt, dessen Palast in mykenischer Zeit etwa an dieser Stelle gestanden hat, wie die beiden runden Erhebungen, auf denen zwei Holzsäulen aufruhten, vor der Südseite zeigen. Aber auch andere Könige und Heroen der athenischen Frühzeit, etwa der Heros Butes, auf den sich eins der ältesten Priestergeschlechter Athens zurückführte, hatten hier ihre Kultstätte. Kekrops, der erste König von Athen, halb Mensch, halb Schlange und damit Symbol

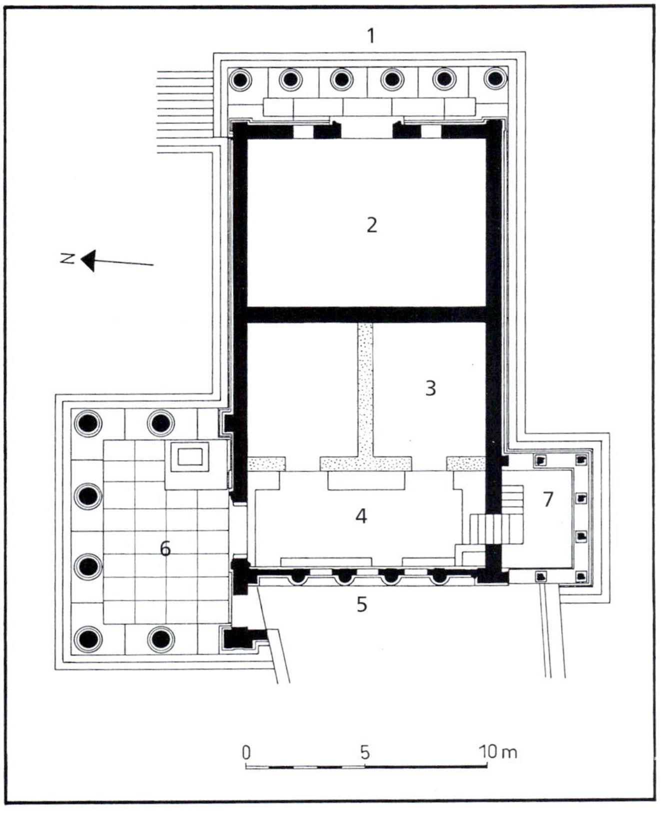

30 Athen, Erechtheion: Plan
1 Östliche Vorhalle 2 Heiligtum der Athene Polias mit dem hölzernen Kultbild der Stadtgöttin 3 das eigentliche, 3 m unter dem Ostniveau liegende Erechtheion mit dem Grab des Erechtheus 4 Querraum mit runder Öffnung über der Poseidonquelle 5 durch Halbsäulen gegliederte Fensterfront 6 Nordhalle mit Dreizackmal 7 Korenhalle

für die Autochthonie der Athener, war hier begraben, und seiner Tochter Pandrosos, der ersten Priesterin der Stadt, war nebenan ein Heiligtum errichtet worden. Vor allem jedoch dachte man sich hier den Ort, an dem Athena und Poseidon um den Besitz von Attika gestritten hatten, sie den Ölbaum, er das Salz als Preis versprechend. Kekrops soll den Streit zugunsten der Athena entschieden haben. Seither war ihr Ölbaum, in einem Bezirk südlich des späteren Erechtheions, eine der heiligsten Stätte Athens; wie Herodot erzählt, konnte ihm selbst die Wut der Perser, die ihn mehrfach anzündeten, nichts anhaben. Der über seine Niederlage erzürnte Meeresgott schleuderte den Dreizack in den Fels, und auch dieses Dreizackmal dürfte wie der Ölbaum der Athena ursprünglich ein offenes Heiligtum unter freiem Himmel gewesen sein. Schließlich erhob sich an der Südseite des Bezirks der alte Tempel der Athena Polias, der Stadtgöttin, deren hölzernes Kultbild nach der Legende vom Himmel gefallen war. Dieser altehrwürdige Tempel, dessen Fundamente vor der Südweststrecke des Erechtheions noch zu sehen sind, fiel dem Persersturm zum Opfer.

Bei der Neugestaltung der Akropolis unter Perikles sah sich der uns unbekannte Architekt vor die schwierige Aufgabe gestellt, die vielen an dieser Stelle konzentrierten Kulte unter einem Dach zu vereinigen. Und diese Aufgabe hat er blendend gelöst, allerdings unter

31 Athen, Erechtheion: Osthalle. Die schlanken Säulen auf sanft gewölbten Basen mit auffallend kleinen Kapitellen und dem schmalen dreifach geschnittenen Architrav vermitteln einen guten Eindruck von der leichten Eleganz ionischer Architektur. Im Hintergrund ist der Durchgang zur Nordhalle erkennbar.

Verzicht auf die herkömmliche geschlossene Tempelform. Das bauliche Ensemble, das unter seinen Händen entstand, fasziniert durch die räumliche Disposition und die Feinheit seiner Architekturglieder. Zwar ist die Aufteilung des Inneren, das beim Umbau des Tempels in eine byzantinische Kirche (7. Jh.) völlig zerstört wurde, immer noch umstritten. Trotzdem ist es möglich, sich ein Bild von den verschiedenen Kultstätten zu machen, die in dem zwischen 421 und 406 – wegen des Peloponnesischen Krieges mit längeren Unterbrechungen – entstandenen Komplex untergebracht waren.

Auf den ersten Blick bietet sich das Erechtheion als Konglomerat ohne einheitliche Konzeption dar: drei selbständig behandelte Baukörper – der Cellabau in der Mitte und je eine südlich und nördlich angefügte Vorhalle – auf vier Ebenen, dazu vier verschiedene Säulentypen, die Gebälkträgerinnen der Korenhalle mit eingerechnet. Dieser Eindruck wird noch verstärkt durch die Asymmetrie des Cellabaus, der nur auf der Ostseite eine flache Vorhalle mit sechs ionischen Säulen aufweist (*Abb. 31*), während die Westfront wegen des unterschiedlichen Bodenniveaus zweigeschossig mit vier Stützen auf einem wandartigen Sockel aufgeführt wurde. (Das heutige, ganz ungriechische Aussehen bekam die Front im 1. Jh. v. Chr., als man die Zwischenräume zwischen den Säulen zumauerte und mit Fensteröffnungen versah.) In der Tat, vom Architektonischen her wird sich eine Logik nur für die einzelnen Baukörper, nicht für den Gesamtkomplex finden lassen. Sie waltet mehr im funktionalen Bereich, wo die konservative Haltung des Nikias, des führenden athenischen Politikers dieser Jahre, jede lokale Veränderung der althergebrachten Kultstätten verbot. So erklärt sich zum Beispiel die merkwürdige Aufteilung des Hauptbaus in zwei Räume, von denen der westliche, größere nochmals in zwei nebeneinanderliegende Kammern unterteilt war. Auf den chthonischen Charakter dieser drei Meter unter dem Ostniveau liegenden Kultstätten weist unter anderem eine runde Öffnung im Boden des Querraums, unter der das „Salzmeer“ lag, das aus der Quelle Poseidons gespeist wurde. Unter dem Boden vermutet man auch das Grab des Erechtheus und die Felskluft für die heilige Schlange. Das Grab des Kekrops schließlich kam bei der Errichtung des Erechtheions unter dessen Südwestecke zu liegen, wobei das Fundament an dieser Stelle ausgespart wurde. Das touristische Wahrzeichen Athens, die Korenhalle, die einen Teil des Grabes überdeckt, ist wohl als eine Art Grabmonument zu verstehen. Ihren Namen hat sie von den sechs das Gebälk tragenden Mädchen (kóre = Mädchen) bekommen. Man weiß nicht, was man mehr bewundern soll: den architektonisch klaren Aufbau der Figuren mit dem starken vertikalen Faltenwurf, der vielleicht mit der stützenden Funktion in Zusammenhang zu sehen ist; die unterschiedliche Gestaltung des Gewandes, das bald die Körperformen durchscheinen läßt, bald sich zu einem eigenen Körper verdichtet; das Spiel von Druck und Freiheit, das in der starken Differenzierung von Stand- und Spielbein seinen unmittelbaren Ausdruck gefunden hat; die bei aller Symmetrie im Detail herrschende Vielfalt, etwa in dem um die Hüfte gerafften Peplos oder den in dicken Zöpfen herabhängenden Haaren.

Auch die Nordhalle mit sechs schlanken ionischen Säulen zeichnet sich durch ihre originelle Erfindung und die Sorgfalt der Ausführung aus. Beides verdankt sie wohl den verschiedenen Funktionen, die sie zu erfüllen hatte: als Vorhalle zur Westcella, als Propylon für das von hier aus zugängliche Heiligtum der Pandrosos sowie als Baldachin über dem Dreizackmal Poseidons, das im Plattenbelag ausgespart ist; die fehlende Kassette in der Decke erinnert an die ursprüngliche Lage des Heiligtums unter freiem Himmel. Von erlesener Qualität ist das plastische Blütenband am Hals der Säulen, das die Motive des rings um die Cellawand laufenden Ornamentbandes wiederaufnimmt: Lotosblüten und Palmetten im Wechsel, darüber Perl- und Eierstab und zwischen den Voluten des Kapitells ein Wulst mit Netzmuster, das Ganze wegen der schattenwerfenden Hohlformen von höchst plastischer Wirkung. Einen Hauch von Kunstgewerblichkeit brachte der merkwürdige, griechische Traditionen außer Kraft setzende Fries in die Halle. Die Figuren waren nicht aus dem Stein herausgehauen, sondern einzeln in Marmor gearbeitet und vor einen kontrastierenden Hintergrund aus blauem eleusinischem Marmor gesetzt. Dieses sich allenthalben im Erechtheion aussprechende Bedürfnis nach ausgefeilten Details entspricht dem „reichen“ Stil, der für die letzten Jahrzehnte des 5. Jahrhunderts charakteristisch ist. Wie sorgfältig am Erechtheion gearbeitet wurde, geht aus einer Bauinschrift hervor. An den Kanneluren einer Säule der östlichen Vorhalle arbeiteten fünf bis sieben Steinmetze zwei Monate lang.

Gegenüber vom Erechtheion erhebt sich der **Parthenon** (*Abb. 32*), der zwischen 447 und 438 in knapp zehn Jahren als erstes Bauwerk der neuen Akropolis

32 Athen, Parthenon: Ostfront. Im Vergleich zu Abb. 31 fällt der strengere, wuchtigere Charakter dorischer Tempelarchitektur ins Auge. Die massiveren Säulen wachsen ohne Basen aus dem Stylobat hervor, die Kapitelle wirken in ihrer exakten geometrischen Form nüchterner, der Architrav lastet mächtiger. Erst der Metopen-Triglyphen-Fries mit bildlichen Darstellungen bringt ein spielerisches Element in die strenge Form.

errichtet wurde, nicht das typischste, sicher aber das glanzvollste Stück dorischer Architektur. Besonders typisch deswegen nicht, weil die übliche Zahl der Frontsäulen um zwei auf acht (wie beim ionischen Tempel) erhöht ist und die Längsseiten demgemäß (nach dem Kanon doppelte Zahl der Frontsäulen + 1) 17 Säulen aufweisen. Dadurch wird die Cella, für die in der Regel drei Jochweiten zur Verfügung stehen, erheblich verbreitert, zumal die Umgänge mit nur einer Jochweite auffallend schmal gehalten sind. Hierin deutet sich schon das Besondere des Parthenon an. Durch die eng an die Cellawand gerückten Säulen erhöht sich der Eindruck eines geschlossenen Baukörpers, eine Wirkung, die in dem extrem engen Abstand der Säulen und der Betonung der Ecken durch Verringerung der Abstände zu den Ecken hin („Eckkontraktion“) bestätigt wird. Auch die leichte Neigung der Säulen nach innen, der Ecksäulen in die Diagonale verstärkt die plastische Körperhaftigkeit. Jene Durchsichtigkeit und der von Säule zu Säule wechselnde Perspektivenreichtum, die heute das Erscheinungsbild der meisten griechischen Tempel bestimmen, ist also eine Folge ihres bedauerlichen Erhaltungszustandes; dem ursprünglichen Bau waren sie fremd. Im Gegenteil, der eigentliche Kern des Tempels, die Cella, präsentierte sich als ein geschlossener, in der Regel fensterloser Kubus, in dessen Inneres nur vom Eingang her Licht fiel. In dieser Geschlossenheit spürt man noch am stärksten die Herkunft des griechischen Tempels vom Megaron, dem Archetypus der ägäischen Architektur: ein langgestrecktes Rechteck mit offenem Vorraum auf einer Schmalseite, ein Bautyp, der für die frühen Antentempel direkt übernommen und auch in späterer Zeit, etwa bei den Schatzhäusern, in Brauch blieb. Wie beim Wohnraum-Megaron der Herd, so war beim Tempel das vor der Rückwand aufgestellte Götterbild heiliges Zentrum. Jedoch wurde der Tempel von den Griechen nicht als Wohnung des Gottes empfunden. Weder opferte man dem Götterbild – der Opferaltar stand in der Regel vor der Ostfront im Freien –, noch betete man es an. Das griechische Wort für Götterbild, *ágalma,* gibt zu verstehen, daß das Bild ein schönes Werk war, das bewundert werden sollte.

Im 8. Jahrhundert trat zur Monumentalität ein weiteres, den sakralen Charakter des Bauwerks kennzeichnendes Element hinzu: die Säule, und zwar schon sehr früh in der ausgebildeten Form eines Säulenumgangs (Peristasis). In dieser Vereinigung antithetischer Strukturen, von starrer Cella und rhythmischer Säulenabfolge, von festem Körper und aufgelockertem „Kleid“, fassen wir eine Grundidee der griechischen Architektur, die in immer neuen Varianten konstruktiv ausgebildet wurde.

Das Gesetz der Autarkie brachte es mit sich, daß der dorische Tempel in strenger Symmetrie gebaut wurde. So fügte man, entsprechend der vom Megaron übernommenen Vorhalle (Prodomos), auf der hinteren Schmalseite eine gleichgroße Halle hinzu (Opisthodomos), auch wenn sie zunächst keinen praktischen Zweck zu erfüllen hatte. Dieses Prinzip der Allseitigkeit verbot einerseits jegliche Art von Annexbauten, wie sie etwa für die frühchristlichen Basiliken selbstverständlich sind, andererseits verhinderte sie die Ausbildung einer Schauseite. Eine „Fassade“ gibt es bei einem griechischen Tempel nicht.

So ist das Bauprinzip des griechischen Tempels denkbar einfach. Er weist drei Zonen auf, die funktional klar voneinander geschieden sind: die Stufen des Unterbaus, die das Ganze tragen, die aufwärtsstrebenden Säulen vor der Cellawand und das lastende Gebälk, also ein Wechsel von Horizontalen und Vertikalen, der, abgesehen vom Giebeldreieck auf den Schmalseiten, nur durch den wulstigen Unterteil des Kapitells (Echinus) gemildert wird. Wenn ein dorischer Tempel trotzdem niemals tot und mathematisch abgezirkelt wirkt, dann deshalb, weil die griechischen Architekten es meisterhaft verstanden haben, durch dem bloßen Auge kaum wahrnehmbare Abweichungen vom Grundschema dem Bau organisches Leben einzuhauchen, ihn als „Körper“ spürbar werden zu lassen. So ist schon der Unterbau des Tempels bei den fortschrittlicheren Vertretern nicht plan, sondern weist eine leichte Krümmung nach oben auf (Kurvatur); beim Parthenon beträgt sie 12 cm auf den Längsseiten, 6 cm auf den Schmalseiten – eine minimale Abweichung, die jedoch ausreicht, um eine perspektivische Verzerrung der Horizontalen zu verhindern. Dasselbe Prinzip wiederholt sich in der Schwellung der Säulen (Entasis), die, ohne Basis aus dem Unterbau aufsteigend, anschwellen wie ein unter Druck gespannter Muskel und durch die Licht-Schatten-Wirkung der Kanneluren ihrerseits als vollplastischer Körper in Erscheinung treten.

Über der quadratischen Deckplatte des Kapitells (Abakus) beginnt dann die aufgelockerte, auch farblich hervorgehobene Gebälkzone: der Architrav und darüber der durch das Geison abgedeckte Fries von Triglyphen und Metopen im regelmäßigen Wechsel. Deutlich verrät die Organisation der Gebälkzone ihre Herkunft aus der Holzbauweise. Die Triglyphen, also die dreifachen Kerbschnitte, entsprechen den geschnitzten Balkenköpfen beim hölzernen Dachstuhl, die zylindrischen „Tröpfchen“ an der Unterseite einer jeden Triglyphe den Holzstiften oder Bronzenägeln für die Befestigung. Die Zwischenräume, die keine konstruktive Aufgabe zu erfüllen hatten, boten der künstlerischen Phantasie freie Möglichkeiten; in der Regel waren die Metopenfelder mit Reliefschmuck versehen. In den an First und Giebelseiten angebrachten Akroteren (Giebelschmuck pflanzlichen oder figürlichen Charakters) lief der sonst

33 Athen, Parthenon: Inneres. Das 12 m hohe Goldelfenbeinstandbild (Elfenbein für das Karnat, Gold(platten) am Gewand) aus der Hand des Pheidias war eines der berühmtesten Kunstwerke der Antike. Auf einem reliefgeschmückten Podium stand Athena Parthenos (die „Jungfrau“) in kriegerischer Aufmachung mit Helm, Schild (darin die Burgschlange) und Lanze, eine geflügelte Siegesgöttin (Nike) auf der rechten Hand, frontal dem Betrachter gegenüber. Eine doppelte Säulenstellung in U-Form grenzte das „Allerheiligste“ vom umgebenden Raum ab.

so massiv gebaute Tempel leichtbeschwingt in den umgebenden Luftraum aus.

Der figürliche Schmuck des Parthenon beschäftigt sich ausschließlich mit Athena und der Geschichte ihrer Stadt. An erster Stelle ist natürlich das berühmte, von Pheidias selbst geschaffene Goldelfenbeinstandbild der Göttin zu nennen. Es stand an der Schmalseite einer U-förmigen Säulenstellung, die das kassettierte Holzdach trug (*Abb.* 33). Der einzige heute noch sichtbare Rest ist das Kalksteinfundament mit dem Zapfloch, in das der Pfahl, der als Rückgrat für das Gerüst der insgesamt zwölf Meter hohen Statue diente, eingelassen war. Die beste Vorstellung vom Original, freilich ohne Differenzierung von goldenem Gewand und elfenbeinernen Fleischpartien, vermittelt eine Marmorstatuette aus dem 2. Jahrhundert v. Chr. im Athener Nationalmuseum („Varvakionstatuette"). Die Göttin steht da in erhabener Ruhe, mit der Linken den auf den Boden gestellten Schild stützend, in der ausgestreckten, auf einer Säule aufruhenden Rechten eine kleine geflügelte Nike (Siegesgöttin) tragend. Die strengen, senkrecht herabfallenden Gewandfalten erhöhen den Eindruck feierlicher Erhabenheit. Als Helmschmuck dienen zwei Flügelpferde auf beiden Seiten einer Sphinx. Auf der Innenseite des Schildes ringelt sich die Burgschlange; die Außenseite des Originals trug ein Relief mit einer Darstellung der Amazonenkämpfe, ein beliebtes Thema attischer Kunst, das symbolisch an die Perserkriege erinnern sollte.

Dasselbe Thema griffen die Metopen der Westseite auf. In den Darstellungen der insgesamt 92 Metopen des Tempels geht es um den Kampf des Menschen gegen die unkontrollierte Macht des Barbarischen in Mythos und Geschichte. Im Kampf zwischen Göttern und Giganten (Ostseite) manifestierte sich für den Griechen die Begründung der Zeusherrschaft und des Nomos. Der Sieg der Lapithen über die Kentauren, das Thema der Südseite, wurde als Sieg der menschlichen Gesittung über den ungezügelten Trieb gedeutet. Die Einnahme Troias (Nordseite) schließlich, für den Griechen selbstverständlich ein historisches Ereignis, erinnerte den Athener ähnlich wie das mythische, mit der Gestalt des Theseus verknüpfte Amazonenthema an die Bannung der Gefahr aus dem Osten.

Rein mythischen Charakter dagegen hatten die beiden Darstellungen in den Giebelfeldern, die Geburt der Athena aus dem Haupt des Zeus im Osten, der Streit zwischen Athena und Poseidon um das attische Land im Westen. Auch wenn ein Großteil dieser figurenreichen Gruppen unwiederbringlich verloren und das Erhaltene zum Teil entsetzlich verstümmelt ist, gelten die Giebelfiguren des Parthenon vielen als die Vollendung griechischer Plastik. Ungeheuer kühn ist schon die Komposition der Giebel. Die höchste Stelle des Dreiecks ist nicht, wie etwa beim Zeustempel in Olympia, durch eine die Szene beherrschende Figur ausgefüllt, sondern als Spannungsfeld des links und rechts sich vollziehenden Geschehens frei gelassen: im Westgiebel Athena und Poseidon, beide mit ausladenden Bewegungen nach den Seiten ausweichend, aber den Kopf zur Giebelmitte orientiert, sie mit der Lanze, er mit dem Dreizack in der Rechten; im Ostgiebel auf der einen Seite der thronende Zeus, ihm gegenüber Athena in voller Rüstung, dabei der Schmiedegott Hephaistos, der sie soeben aus dem Haupt des göttlichen Vaters geholt hat. Den Raum zu den Giebelecken hin füllte eine Vielzahl von Göttern, die das zentrale Geschehen mit mehr oder weniger Interesse oder aber auch mit Entsetzen verfolgten, teils zu Zweiergruppen zusammengefaßt, teils isoliert und durch unterschiedliche Haltungen der Giebelschräge eingepaßt. Im Unterschied zu früheren Giebelkompositionen dieser Art machte sich dabei die Tendenz bemerkbar, die Ränder des Giebeldreiecks zu transzendieren und das Geschehen in den umgebenden Luftraum auszudehnen. Am deutlichsten geschieht das in den Ecken des Ostgiebels: Links taucht das Gespann des Helios auf, rechts geht das Gespann der Selene unter. Die Anwesenheit beider Götter ist für derartige Götterversammlungen keineswegs selbstverständlich. Aber auch im übrigen fällt die eigenwillige Auswahl der Götter in den Giebelkompositionen auf, besonders die beiden Gruppen der eleusinischen Gottheiten Demeter und Kore sowie der Aphrodite und ihrer Mutter Dione, beide im Ostgiebel, der dem weiblichen Element überhaupt ein starkes Übergewicht einräumt; dagegen fehlen Poseidon und Hermes.

Insgesamt führt der plastische Schmuck des Parthenon durch drei Bereiche, in denen sich das Göttliche für den Griechen in besonderer Weise manifestierte: in der kultischen Feier, wie sie der Panathenäenzug des Frieses darstellt, in den Heroensagen der Metopenfelder und im mythischen Geschehen der Giebeldreiecke, ohne das dem Athener ein historisches Verständnis seiner Existenz nicht möglich gewesen wäre.

Was die Genialität des Entwurfs und die künstlerische Qualität der Ausführung betrifft, steht das dritte monumentale Bauwerk der Akropolis, die **Propyläen** (*Abb. 34*), Parthenon und Erechtheion nicht nach. Wo in mykenischer Zeit ein schmaler Pfad sich zur Burg hinaufschlängelte, war schon im 6. Jahrhundert eine Rampe mit einem Propylon angelegt worden, um der Einmündung der Heiligen Straße in den Burgbereich ein repräsentatives Aussehen zu geben. Die Anlage, die heute den Besucher der Akropolis empfängt, entstand zwischen 437 und 432, also nach Vollendung des Parthenon, und gilt als Werk des Mnesikles. Zusammen mit dem kleinen, kühn auf einem vorgeschobenen Turm der ehemaligen mykenischen Burganlage thronenden

34 Athen, Akropolis: Propyläen. Der Entwurf des Architekten Mnesikles für die Propyläen des heiligsten Bezirks der Athener übertraf an Größe und Kühnheit alle bis dahin in Griechenland errichteten Torbauten. Die eigentliche Eingangshalle mit sechs dorischen Säulen und Giebeldach wirkt wie ein Tempel, die weit vorgezogenen Seitenflügel flankieren den Mittelbau auf hohen Podesten. Im Bild zwei Frontsäulen des Mittelbaus und die Ecke des linken Flügels, der Pinakothek, so genannt wegen der Tafelbilder im Inneren.

Tempel der Athena Nike, einem Kleinod ionischer Baukunst, bilden die Propyläen den westlichen Grenzbereich. Ihre Anlage mit den tiefen, am Hauptzugang von je drei ionischen Säulen flankierten Torhallen und den auf beiden Seiten vorgezogenen Flügelbauten läßt die Funktion des Bauwerks als Art Empfangsraum deutlich erkennen. Zwar ist die ursprüngliche Aufgabe solcher Toranlagen, die natürlich in erster Linie zu Verteidigungszwecken dienten, nicht vergessen. Aber durch die Ausgestaltung des Torbaus mit tempelartigen Frontseiten mit je sechs dorischen Säulen und Giebeldach sowie den als Antentempeln konstruierten Flügelbauten waren die Propyläen architektonisch den großen Heiligtümern der Akropolis angeglichen und deshalb geeignet, den Besucher auf die besondere Atmosphäre des heiligen Bezirks vorzubereiten.

Allerdings ist das Bauwerk nie vollendet worden. Die beiden Hallen, die sich im Südosten und Nordosten anschließen sollten, wurden nie gebaut; zudem ist der südliche Seitenflügel erheblich kürzer als der nördliche – eine wohl kaum beabsichtigte Asymmetrie. Mit großer Wahrscheinlichkeit hat der Ausbruch des Peloponnesischen Krieges die Vollendung des Baus verhindert. Schwierigkeiten dürften aber auch Priester und Konservative gemacht haben. Denn wäre der Plan des Mnesikles vollständig durchgeführt worden, hätten auf der Südseite uralte heilige Bezirke, vor allem der Athena Nike und der Artemis Brauroneia, überbaut werden müssen. Ob eine Einbeziehung dieser Kultstätten in den Bau geplant war, wissen wir nicht, jedoch ist es anzunehmen. Allerdings konnten sich die konservativ eingestellten Athener oder auch nur eine einflußreiche Partei in Athen zu dieser am Erechtheion praktizierten Lösung nicht bereitfinden. Auch läßt sich nicht ausschließen, daß persönliche Rivalitäten eine Rolle gespielt haben. Wie dem auch sei, die Propyläen blieben trotz immenser Kosten Torso, wenn auch ein in architektonischer Hinsicht wohlgelungener. So galt die in Resten noch erhaltene Kassettendecke lange Zeit als die vollkommenste der Antike, und die bei den Propyläen zum ersten Mal angewandte Kombination von dorischen Außensäulen und ionischen Innensäulen war fortan ein beliebtes Baumuster. Auch die wenigstens geplante Verbindung von herkömmlichem Propylonbau und anschließenden Hallen darf als eine revolutionäre Neuerung in der griechischen Baukunst betrachtet werden. In diesem neuartigen Torbau manifestiert sich die nun endgültig vollzogene Umwandlung der Akropolis von einer Befestigungsanlage zum zentralen Heiligtum der Stadt am deutlichsten.

Auch ein knapper Überblick über die Akropolis und ihre Bauten wiese eine empfindliche Lücke auf, wenn nicht auf die intensiven Forschungen und umfangreichen Restaurierungen der letzten zwanzig Jahre wenigstens hingewiesen würde. 1977 erscholl der Ruf der UNESCO: „Rettet die Akropolis!“ Es war höchste Zeit, wenn die Schäden nicht endgültig irreparabel werden sollten. Die zunehmende Luftverschmutzung durch

Industrie und Abgase von Autos und Heizungen, dazu die Schallwellen der direkt über den Burgberg fliegenden Düsenjets und der in den Sommermonaten auf täglich etwa 100 000 Touristen anschwellende Besucherstrom hatten den Bauwerken bereits erheblich zugesetzt. Von innen sprengten die bei früheren Restaurierungen verwendeten, mittlerweile verrosteten und jetzt durch Titan ersetzten Eisenklammern Säulentrommeln, Architravbalken und Quader, so daß nichts anderes übrigblieb, als zum Beispiel das Erechtheion fast ganz abzutragen und nach sorgfältiger Einzelbehandlung wieder zusammenzusetzen. Aus dem heiligen Ort war eine riesige Baustelle mit einem Ungetüm von Spezialkran in der Cella des Parthenon geworden. Gern nimmt der Besucher mit einem perfekten Abguß vorlieb, wenn er das Original oder das, was von ihm noch geblieben ist, sicher im Museum weiß. Und was zusätzlich zu allen Sicherungs- und Restaurierungsarbeiten an neuen Erkenntnissen hinzukam, übertraf alle Erwartungen. Wer hätte gedacht, daß die Cella des Parthenon und damit das Kultbild der Athena durch zwei hochliegende Fenster Licht bekam? Daß in der Wand der Vorhalle eine geknickte Treppe zum Dachstuhl führte? Daß im nördlichen Umgang eine alte Kultstätte, wohl mit Statuenschrein und Altar, lag, die vielleicht das alte Problem löst, warum der Parthenon nach der Zerstörung seines Vorgängers durch die Perser nach Süden an den Rand des Akropolisfelsens versetzt wurde, obwohl im Norden für eine Vergrößerung noch Platz gewesen wäre und die mächtigen Substruktionen auf der Südseite dann hätten eingespart werden können. Und noch ein Letztes. Das Pfeilermonument, das vor der Nordostecke des Tempels aufragte und durch neue Funde jetzt rekonstruierbar geworden ist, hat Paulus noch gesehen. Es trug ein Viergespann und war wohl zu Ehren des Augustus errichtet worden, vielleicht in Verbindung mit dessen Rundtempel in unmittelbarer Nachbarschaft.

12. Der unbekannte Gott

Auf seinen Gängen durch die Straßen Athens muß Paulus noch viele Orte besucht haben, die in der Geschichte der Stadt eine bedeutende Rolle gespielt haben und zum Teil auch noch in römischer Zeit zu den bevorzugten Plätzen zählten. So wird er zum **Kerameikos-Friedhof,** der in einer Talsenke des Eridanos außerhalb der Mauern hinter dem Dipylon und dem Heiligen Tor lag, hinausgegangen sein. Hier, auf beiden Seiten der breiten, zu Platons Akademie führenden Straße befanden sich die Gräber der berühmten Staatsmänner und im Krieg gefallenen Athener. Nach dem Bericht des Pausanias (I 29,2–16) lagen hier unter anderem Thrasybulos, der Befreier Athens von den 30 Tyrannen (403 v. Chr.), Perikles, Kleisthenes, Konon, Lykurgos, die Tyrannenmörder Harmodios und Aristogeiton, aber auch die Philosophen Zenon und Chrysippos begraben. Und hier haben die großen Redner Athens bei den feierlichen Staatsbegräbnissen ihre Gedenkreden auf die Toten gehalten: Lysias, Demosthenes und vor allem Perikles, dessen berühmte Leichenrede auf die ersten Gefallenen des Peloponnesischen Krieges eines der schönsten Preislieder auf die Stadt Athen und ihre Einwohner ist (Thukydides II 35–46). Die Familien- und Privatgräber hingegen lagen an der Heiligen Straße, die nach Eleusis führte, und an einer zum Piräus abzweigenden Straße („Gräberstraße“). Dieser Bezirk des Ausgrabungsfeldes bietet noch heute ein anschauliches Bild vom Friedhof der klassichen Zeit, also des 5. und 4. Jahrhunderts. Neben Einzelgräbern gibt es Grabbezirke und Grabterrassen, neben einfachen Plattengräbern tempelartige Grabbauten („Naiskoi“), Grabtische und Sarkophage. Auf den Gräbern standen mit Palmetten geschmückte Stelen, Salbgefäße mit schmalem Hals (Lekythen) oder schlanke Kannen

35 Athen, Dionysostheater. Das berühmteste Theater der Antike, in dem die meisten Stücke der griechischen Tragiker ihre Uraufführung erlebten, präsentiert sich heute im Zentralbereich als römischer Umbau des 1. (unter Nero) und 2. Jh. (Relieffries und Silenfiguren). Die vordersten Sitzreihen wurden entfernt, Ehrensitze mit Lehnen eingerichtet und Steinplatten zum Schutz der Zuschauer um die Orchestra gestellt. Der Zuschauerraum mit 17 000 Sitzplätzen zog sich ursprünglich bis zum Fuß der Akropolismauer hinauf.

für die unverheiratet Gestorbenen (Lutrophoren). Wohl das schönste attische Grabmal ist die Stele der Hegeso (um 400 v. Chr.): die Tote, auf einem Stuhl sitzend, läßt sich von einer Dienerin ein Kästchen reichen, dem sie ein Schmuckstück entnimmt – wie zu ihren Lebzeiten, ruhig auf den Vorgang konzentriert, ohne das geringste Zeichen von Angst vor dem Jenseits.

Das Aussehen des Friedhofs änderte sich schlagartig, als Demetrios von Phaleron zwischen 317 und 307 ein Gesetz gegen den überhand nehmenden Gräberluxus erließ und damit der attischen Grabmalkunst ein abruptes Ende bereitete. Jetzt gab es fast nur noch einfache Erd- und Urnenbestattungen mit schlichten Grabbeigaben, vor allem schlanken Salbfläschchen, dazu eine kleine Marmorsäule mit dem Namen der Toten. Dieser Brauch hielt sich noch in römischer Zeit, in der die Gräber im alten Nekropolenbereich dicht bei dicht lagen. Auch jetzt noch waren die Grabbeigaben höchst bescheiden, in der Regel wieder Salbfläschchen, jetzt aber aus Glas, gelegentlich ein Spiegel, ein Goldkranz oder ein Charongroschen, der dem Toten als Fährgeld für Charon für die Überfahrt ins Jenseits in den Mund gelegt wurde. Allerdings setzte im 1. nachchristlichen Jahrhundert der bildliche Grabschmuck wieder ein. Reliefstelen mit Darstellungen der Verstorbenen fanden sich in großer Zahl, wenn auch meistens zweckentfremdet, etwa als Abdeckung für einen Kanal.

Ein weiterer Besuch könnte der **Pnyx** gegolten haben, jenem abgeflachten Felshügel im Westen der Akropolis, der seit Kleisthenes als Ort der Volksversammlung diente. Die mehrfach veränderte, einmal auch umgepolte theaterartige Anlage war die Szenerie für manchen denkwürdigen Auftritt der athenischen Rhetorengarde: Antiphon, Lysias, Isokrates, Aischines, Demosthenes, Lykurgos. Ursprünglich sprachen die Redner in Richtung zum Hang, das Publikum sah zur Stadt hin. Gegen Ende des 4. Jahrhunderts wurde eine Rednertribüne auf der Höhe errichtet, das Volk stand jetzt auf einem eigens aufgeschütteten Halbrund am Hang mit dem Rücken zur Stadt. In frühhellenistischer Zeit scheint die Pnyx an Bedeutung verloren zu haben. Das mittlerweile mit steinernen Sitzreihen ausgestattete Dionysostheater am Südhang der Akropolis bot mehr Bequemlichkeit, und 17 000 Männer – so viele Besucher faßte das Theater höchstens – waren selbst zur Zeit der größten Ausdehnung der Stadt für eine Volksversammlung nicht zu mobilisieren. Noch geringer dürfte das Interesse in römischer Zeit gewesen sein, da jetzt die Befugnisse dieses urdemokratischen Organs stark beschnitten waren.

Schließlich wird auch das **Dionysostheater** (*Abb. 35*) die Neugier des Apostels erregt haben. Die baugeschichtlich äußerst komplizierte und in Einzelheiten immer noch nicht restlos geklärte Anlage hängt mit der Einführung des Dionysoskultes in Attika unter Peisistratos (oder einem seiner Nachfolger) und der Stiftung der Großen Dionysien zusammen. In erstaunlich kurzer Zeit entwickelte sich die literarisch anspruchsvolle Tragödie aus dem für den Dionysoskult charakteristischen Dithyrambos, einem flötenbegleiteten ekstatischen Chorgesang. In auffallendem Gegensatz zu der in der Orchestra gezeigten Kunst stand die Primitivität des Theaterbaus, dessen Sitze im 5. Jahrhundert, also der Zeit des Aischylos, Sophokles und Euripides, aus Holzbänken bestanden haben dürften. Die heute sichtbaren steinernen Sitzreihen, die sich ursprünglich fast bis zum Fuß der Burgmauer hinaufzogen, wurden erst in der zweiten Hälfte des 4. Jahrhunderts angelegt. Auch der Bühnenraum wurde verändert. Die Schauspieler agierten jetzt nicht mehr in der Orchestra, sondern auf einer erhöhten Bühne vor dem Hintergrund der Front eines Bühnenhauses, das die vorher kreisrunde Orchestra, jetzt nur noch Tanzplatz des Chores, im Süden beschnitt. Die kauernde Silenfigur und der Relieffries mit Szenen aus dem Leben des Dionysos wurden erst im 2. Jahrhunder n. Chr. angebracht, als das Theater schon längst römischen Bedürfnissen angepaßt worden war. Schließlich erfuhr die Orchestra noch eine letzte Verwendung als Brunnenhof in Verbindung mit einer Kirche, die man in den östlichen Theaterzugang hineingebaut hatte.

Auch das westlich anschließende **Heiligtum des Asklepios** war zur Zeit des Paulus noch voll in Betrieb. Seit seiner Gründung 419 v. Chr. erfreute es sich großer Beliebtheit. Aus der römischen Kaiserzeit stammt das Propylon zwischen den beiden Teilen der Anlage, die kurz nacheinander entstanden sind, jeweils mit einer Heilquelle im Mittelpunkt, die aus dem Akropolishügel hervorsprang. Zur Ausrüstung gehörten jeweils ein kleiner Tempel mit Altar sowie eine Liegehalle mit Ruhebetten für den Heilschlaf. Im 6. Jahrhundert wurden die Bauten durch eine dreischiffige Basilika ersetzt. Sie war sinnigerweise den beiden Arztheiligen Kosmas und Damian geweiht, den „Anargyroi“, die „ohne Geld“ heilten. Die frühe Kirche verstand Asklepios durchaus als „Vorläufer“ Jesu, gelegentlich aber auch als dessen

Konkurrenten, der aus dem Feld geschlagen werden mußte (s. u. S. 104ff.).

An den genannten und an vielen anderen Stellen in Athen mag Paulus gewesen sein – nur wo er den **Altar** mit der Aufschrift „Einem unbekannten Gott" gesehen haben könnte, läßt sich nicht sagen, ja mehr noch, daß er ihn überhaupt gesehen hat, ist nicht eben wahrscheinlich. Daß ein solcher Altar in der antiken Literatur nicht erwähnt wird und bislang auch nicht gefunden worden ist, könnte ein Spiel des Zufalls sein. Aber würde er gefunden, müßten wir unsere Ansichten über griechische Gottesvorstellungen gründlich revidieren. Wer soll dieser individuell im Singular angesprochene Gott sein, dessen Name nicht bekannt ist und über den folglich auch keine Aussagen gemacht werden können? Eine Eigentümlichkeit gerade der griechischen Götter ist es, für bestimmte Daseinsbereiche zuständig zu sein, und diese Zuständigkeit findet ihren Ausdruck im Namen oder Beinamen des Gottes. So fungierte Zeus Agoraios als Aufseher über Markt und Versammlung, Athena Polias als Beschirmerin der Stadt, Athena Nike als Göttin des Sieges und dergleichen mehr. Es hat nicht an Versuchen gefehlt, nach dieser Methode das Wesen der Gottheit, der der Altar mit der merkwürdigen Aufschrift geweiht war, zu ergründen. So sollte es eine Mysterien- oder Todesgottheit sein, deren Name nicht genannt werden durfte, oder – nach der gnostischen Doktrin, nach der die Menschen von Gott nichts wissen können – eben dieser Gott der Gnostiker. Die Wahrscheinlichkeit spricht gegen derartige Identifizierungsversuche, zumal sich eine plausible Lösung des Problems anbietet.

In den literarischen Quellen ist mehrfach von Altären „unbekannter Götter" (im Plural) die Rede. Nach Pausanias I 1,4 standen solche Altäre in Phaleron, dem zweiten Hafen Athens (einen weiteren Altar erwähnt er V 14,8 beim Zeustempel in Olympia), und Philostrat bemerkt in seiner Vita des Apollonios, daß in Athen Altäre „unbekannter Götter" errichtet worden seien (VI 3,5). Die Stellen sind höchst aufschlußreich.

1. Sie nennen die unbekannten Götter im Plural. Der scheinbar geringfügige Unterschied hat weitreichende Konsequenzen. So schwierig es ist, „einen" oder „den" unbekannten Gott zu erklären, so leicht läßt sich die Weihung an mehrere unbekannte Götter verstehen, nämlich aus der Furcht, man könnte einen Gott, nur weil man ihn nicht kennt, übergangen und sich damit schuldig gemacht haben. Das ist im Grund nichts anderes, als wenn der Grieche im Gebetsanruf den Gott mit mehreren Namen nennt und mit einer Sicherheitsfloskel schließt (etwa: „oder welchen Namen du sonst gerne hörst"). Der Gott muß nicht nur in mehreren Funktionsbereichen angesprochen werden, damit man ihn möglichst umfassend ehrt und sich gleichzeitig seiner Hilfe versichert, man muß auch jeden Anlaß vermeiden, etwa durch Unterlassung seinen Zorn zu erregen. Die Weihung an unbekannte Götter ist also nicht nur ein lebendiges Zeugnis für die immer noch vorhandene Virulenz des griechischen Polytheismus, sondern ebenso für die „Gottesfurcht" der Athener im doppelten Sinn: als Frömmigkeit den Göttern gegenüber und als abergläubische Furcht.

2. Diese religionsgeschichtliche Deutung wird gestützt durch den Zusammenhang, in dem Philostrat die unbekannten Götter erwähnt: Es sei vernünftiger, über alle Götter Gutes zu reden, zumal in Athen, wo man auch Altäre unbekannter Gottheiten errichte. Auch hier erscheinen die Altäre als Ausdruck der besonderen Frömmigkeit der Athener.

3. Der Zusatz bei Pausanias I 1,4: der „sogenannten" unbekannten Götter läßt an eine im Bewußtsein des Volkes lebendige, wenn auch nicht genau zu definierende Gruppe von Göttern denken, also keineswegs an eine Ausnahmeerscheinung. Dieser Glaube hat in der Literatur mehrfach seinen Niederschlag gefunden. Von daher kann Lukas das Motiv durchaus bekannt gewesen sein; eine Ortskenntnis setzt es nicht voraus. Damit ergibt sich eine Parallele zum Areopagmotiv, das wir ebenfalls literarisch und nicht im strengen Sinn topographisch gedeutet haben. Unter dieser Voraussetzung wäre auch die Ersetzung des sonst üblichen Plurals durch den Singular sinnvoll zu erklären: nicht als Irrtum, der dem nur ungenau Bescheid wissenden Autor unterlaufen wäre, sondern als bewußte Änderung, um über das Anknüpfungsmotiv hinaus ein zusätzliches Argument für den einzig richtigen und in der Formel vom unbekannten Gott den Griechen bereits untergeschobenen monotheistischen Glauben zu gewinnen. Ohne es zu wissen, haben die Athener bereits eine Ahnung vom wahren Gott.

Im Motiv des unbekannten Gottes oder der unbekannten Götter kommt eine Haltung zum Ausdruck, die auch sonst für die Athener in hellenistischer und römischer Zeit charakteristisch war. Obwohl die alten Götter mit dem Zerfall der altgriechischen Polis, mit deren Leben und Einrichtungen sie weitgehend identifiziert wurden, ihre Bedeutung verloren hatten, verharrten die Athener in einer erstaunlich konservativen Haltung und öffneten sich nur zögernd östlichen Einflüssen. Eine nicht zu unterschätzende Rolle spielten dabei die Eleusinischen Mysterien, die immer noch eine ungeheure Anziehungskraft ausübten. Zahlreiche römische Kaiser und einflußreiche Männer ließen sich einweihen, Claudius soll sogar erwogen haben, den Mysterienkult nach Rom zu überführen.

Das nochmalige Aufblühen der Eleusinischen Mysterien steht im Einklang mit dem Zurücktreten der traditionellen Kulte für Zeus und Apollon, Athena und Artemis. Sie sind zwar in der frühen Kaiserzeit alle inschriftlich noch bezeugt, aber wichtiger waren andere Götter geworden, die in besonderem Maß mit Leben und Tod zu tun hatten, vor allem Demeter, Asklepios und Dionysos. Trotzdem hielten die Athener in ihrer konservativen Grundeinstellung am Alten fest. Die alten Götter, die in der Dichtung, in den Bauten und zahllosen Kunstwerken der Stadt noch lebendig und unmittelbar anzuschauen waren, erwiesen sich doch als überraschend widerstandsfähig. Das bekam, wie alle anderen Religionen des Ostens, auch das Christentum zu spüren. Der Athenbericht der Apostelgeschichte liefert dafür das beste Zeugnis. Erst im 5. Jahrhundert scheint das Christentum in Athen in Schwung gekommen zu sein, nun aber gleich in beachtlicher Stärke. Es gibt in Athen kaum ein bedeutendes antikes Bauwerk, in das nicht eine christliche Kirche eingebaut worden wäre: Parthenon, Erechtheion, Propyläen, Theseion, Dionysostheater, Asklepieion, um nur die wichtigsten zu nennen.

V. Korinth

„Ein banales Dorf, eine prächtige Landschaft, ein grandioser Berg, rätselhafte Ruinen" – treffender läßt sich das, was heute unter dem Namen Korinth zusammengefaßt wird, kaum charakterisieren (De Waele S. 15). Neukorinth, anstelle des 1858 durch ein schweres Erdbeben zerstörten alten Dorfes etwa sechs Kilometer weiter nordöstlich direkt am Golf neu angelegt, 1928 von einem weiteren Beben und 1933 durch einen verheerenden Brand heimgesucht, hat außer seiner Lage am Meer nicht viel Reizvolles. Reichliche Entschädigung bietet jedoch Akrokorinth, der Burgberg, ein 575 Meter schroff und abweisend über dem Meer sich erhebender isolierter Kalkfelsen. Mehr noch als die imposanten Befestigungsanlagen, vorwiegend aus venezianischer und türkischer Zeit, vermag der Rundblick zu fesseln, ohne Zweifel einer der schönsten Griechenlands. Beim Gang an dem zwei Kilometer langen Mauergürtel entlang eröffnen sich immer neue Perspektiven: zu Füßen die fruchtbare, sich bis zum Meer hin erstreckende Ebene mit den beiden Terrassen, auf denen das alte Korinth angelegt war; weiter östlich die Einfahrt in den Kanal von Korinth, dessen Ausgang zum Saronischen Golf ebenfalls sichtbar ist. Auf der gegenüberliegenden Seite, hinter dem Vorgebirge von Perachora mit dem alten Heiligtum der Hera Akraia, erheben sich die boiotischen Berge Kithairon und Helikon, links dahinter der bis in den Frühsommer hinein mit Schnee bedeckte Parnaß. Im Osten begrenzen die Berge Attikas, Hymettos, Pentelikon und Parnes, das Blickfeld; davor liegen die Inseln Salamis und Ägina, und bei klarer Sicht ist sogar die Akropolis von Athen auszumachen. Faszinierend auch der Blick ins peloponnesische Bergland, ins Kyllenegebirge und zu den Bergrücken Arkadiens. – Schon im Altertum galt der Blick von Akrokorinth als etwas Besonderes. Der Geograph Strabon hat ihn ausführlich geschildert (VIII 6,21) – eine große Seltenheit in der griechischen Literatur, die den Ausblick vom Berg so gut wie nie zu einem poetischen Thema gemacht hat.

Was schließlich die Trümmer von Altkorinth betrifft, so stecken sie in der Tat trotz der vorzüglichen Ausgrabungsarbeit, die die American School of Classical Studies at Athens seit 1896 geleistet hat, immer noch voller Rätsel. Außer den einsam ragenden sieben Säulen des Apollontempels gibt es im Agoragebiet, dem Hauptausgrabungsfeld von Korinth, nur wenig, was dem heutigen Besucher unmittelbar einleuchten oder ohne Erklärung sein Interesse wecken könnte. Und doch war Korinth jahrhundertelang eine der reichsten und mächtigsten Städte Griechenlands.

1. Die Stadt in griechischer Zeit

Durch seine Lage am Isthmos war Korinth dazu prädestiniert, den gesamten Verkehr, der über diesen wichtigen Verbindungsweg lief, zu kontrollieren: zunächst den Landverkehr zwischen Mittelgriechenland und der Peloponnes, dann aber auch den Seeverkehr zwischen Adria und Ägäis sowie zwischen Italien und Kleinasien. Um die beschwerliche und zudem gefährliche Umschiffung der peloponnesischen Südspitze zu vermeiden, zog man die Schiffe lieber über den etwa sechs Kilometer breiten Isthmos. Gegen Ende des 6. Jahrhunderts wurde sogar eine Art Schiffsstraße angelegt, der sogenannte **Diolkos**, auf dem auch größere Schiffe mit Hilfe von untergelegten Walzen oder auf eigens konstruierten Wagen von einer Seite zur anderen herübergeschafft werden konnten. Ein Stück dieser Straße ist südlich von der westlichen Kanaleinfahrt noch zu sehen. Durch die beiden Häfen, **Lechaion** am Korinthischen und **Kenchreai** am Saronischen Golf, waren für Korinth zudem optimale Voraussetzungen geschaffen, auch seinerseits im Handel zwischen Ost und West eine dominierende Rolle zu spielen. Schließlich bot das Felsmassiv von Akrokorinth erhebliche strategische Vorteile. Wegen seiner Unzugänglichkeit und relativ großen Entfernung vom Meer als ständiger Wohnsitz ungeeignet, war der Berg doch wie geschaffen zur Kontrolle des Überlandverkehrs zwischen der Peloponnes, vor allem Argos, und Zentralgriechenland; wie die moderne Fahrstraße führte schon die alte Handelsstraße ins Innere der Peloponnes östlich am Burgberg vorbei.

Bei derart günstigen geographischen Bedingungen ist natürlich mit einer frühen Besiedlung der Gegend am Isthmos zu rechnen. In der Tat stieß man an mehreren Stellen in der unmittelbaren Nachbarschaft der alten Stadt auf neolithische und frühhelladische Funde, die auf eine sehr alte, im einzelnen jedoch noch wenig durchschaubare Siedlungsgeschichte hinweisen. Auffallend spärlich dagegen sind die Funde aus mykenischer Zeit, so spärlich, daß man sogar – allerdings kaum zu Recht – vermutet hat, die Gegend sei im Mittel- und Späthelladikum überhaupt nicht besiedelt gewesen. Als

Tatsache darf jedoch gelten, daß sie um diese Zeit nur eine bescheidene Rolle im Schatten der mächtigen Herren der nahen Argolis gespielt hat. Auch die Gründung der Stadt Korinth, wohl um 900 von Dorern aus Argos, dürfte zunächst zu keiner einschneidenden Änderung geführt haben. Jedenfalls zeigen die Gefäße dieser Zeit, deren Export auf die umliegende Gegend und auf Zentralitalien beschränkt war, eine in Technik und Erfindung gleich große Primitivität. Offenbar mit gutem Grund erwähnt Homer in der Ilias Korinth so gut wie nicht.

Um so überraschender ist der plötzliche Umschwung, der um 750 v. Chr. einsetzt und auf gewaltige politische und wirtschaftliche Umwälzungen schließen läßt. Die **Gefäße,** in ganz unterschiedlichen Formen aus feinem hellgelben Ton hergestellt, werden zunächst nur mit parallelen Linien verziert, dann aber auch mit Tierfriesen und Bildstreifen in einem präzisen Miniaturstil, bei dem häufig dunkle Figuren durch Umriß-Ritzung vom Hintergrund abgesetzt werden (protokorinthischer Stil). Das Verbreitungsgebiet umfaßt jetzt nicht nur das griechische Mutterland, sondern den gesamten Westen mit Etrurien, Süditalien, Sizilien und Karthago sowie den Osten (Rhodos, Kleinasien). Unbestreitbar nimmt die korinthische Vasenfabrikation im 7. Jahrhundert den ersten Rang in Griechenland ein.

Dieser Aufschwung der korinthischen Keramikindustrie fällt nicht zufällig in die Zeit der beginnenden griechischen Kolonisation. Kerkyra und Syrakus sind die ersten Kolonien, die noch im 8. Jahrhundert von Korinth aus gegründet werden, zahlreiche andere wie Epidamnos, Ambrakia im Nordwesten und Poteidaia im Nordosten Griechenlands folgen im 7. Jahrhundert. Als dann die Herrschaft der Bakchiaden, eines dorischen Geschlechts, das etwa seit 750 v. Chr. in der Stadt geherrscht hatte, durch eine Volkserhebung ein Ende findet und wie in den meisten anderen Städten am Isthmos ein „Tyrann" eingesetzt wird, beginnt für Korinth die Zeit seiner höchsten Blüte. Unter Kypselos (wohl etwa 620–590), von dem wir freilich nur wenig Gesichertes wissen, und vor allem unter dessen Sohn **Periandros** (etwa 590–550) entwickelt sich Korinth zu einer der führenden Handelsmächte Griechenlands. Sich von diesem bedeutenden Mann ein zutreffendes Bild zu machen ist angesichts der widerspüchlichen Quellen fast unmöglich. Einerseits zählt er zu den Sieben Weisen, was wegen seiner Leistungen in der Sozialpolitik (Maßnahmen gegen den Luxus des Adels und den Sklavenkauf, Aufwertung der Arbeit von Freien) und auf dem außenpolitischen Sektor (hervorragende Beziehungen zu Milet, Delphi, Olympia) sicher gerechtfertigt ist. Andererseits wird er mit den typischen Zügen des Tyrannen, als grausam und jähzornig geschildert, was den Sturz der Tyrannis kurz nach seinem Tod verständlich macht.

Nachdem Korinth in den Perserkriegen als Koordinierungszentrum der Abwehrmaßnahmen gegen Xerxes (Korinthischer Bund) noch einmal eine bedeutsame Rolle gespielt hatte, geriet es in den folgenden Jahrzehnten zunehmend in den Schatten Athens. Je mehr Handelspositionen Athen im Westen ausbaute und damit in die korinthische Domäne einbrach, desto stärker wurde es zur Erzrivalin der Stadt am Isthmos. Auch das Ende des Peloponnesischen Krieges, der Korinth natürlich auf Seiten der Spartaner sah, brachte trotz des für Athen verhängnisvollen Ausgangs nicht die erhoffte Befreiung. Der Wechsel in der Vorherrschaft über Griechenland bestätigte lediglich, daß für eine Handelsmacht das Gleichgewicht der Kräfte die entscheidende Voraussetzung ist. Diese Voraussetzung war jedoch nach wie vor nicht erfüllt. So nimmt es nicht wunder, daß sich Korinth schon wenig später einem Bündnis von Athen, Theben und Argos gegen Sparta anschloß und zum Zentrum des Widerstands gegen Sparta wurde (Korinthischer Krieg 395–387 v. Chr.). Erst als sich nach der Auflösung des Doppelstaates Argos-Korinth eine auf Neutralität ausgerichtete Politik in Korinth durchsetzte, nahm die Stadt wieder einen wirtschaftlichen Aufschwung. Er war eng verbunden mit einem erfolgreichen Eingreifen in Sizilien, wo es dem Korinther Timoleon gelang, Syrakus Dionysios II. und den Karthagern zu entreißen und nach der Befreiung auch der übrigen Griechenstädte die korinthische Hegemonie in Sizilien wiederherzustellen.

Auch unter makedonischer Herrschaft führte die Entwicklungskurve weiter nach oben. Philipp hatte in der heimlichen Hoffnung, Griechenland für einen neuen Perserkrieg gewinnen zu können, im Jahre 338 v. Chr. eine panhellenische Vereinigung geschaffen und einen allgemeinen Frieden ausrufen lassen; zum Sitz des Synedrions, des Bundesorgans, war Korinth ausgewählt worden. Nach wie vor aber zeigte sich die Stadt weniger an der Politik als an der Wirtschaft, vor allem an einem erfolgreichen Ausbau ihres Westhandels, interessiert. Und diese Entscheidung war ohne Zweifel richtig.

In den hundert Jahren zwischen 350 und 250 erlebte die Stadt ihre zweite Blüte. In dieser Zeit dürfte Korinth die volkreichste Stadt Griechenlands gewesen sein. Man schätzt die Zahl der Freien für diese Periode auf etwa 10 000, was einer Gesamtbevölkerung von 40 000 bis 50 000 entspricht.

Aber wieder wurde die wirtschaftliche Prosperität durch eine unkluge, zu einseitig an nationalen Interessen orientierte Politik gestoppt. Im Jahr 243 v. Chr. eroberte Aratos von Sikyon Korinth und zwang es, dem von ihm geleiteten Achäischen Bund, einem Zusammenschluß mehrerer peloponnesischer Städte, beizutreten. Bald rückte Korinth sogar zum Vorort dieses Bundes auf, dessen Ziel zunächst nur gewesen war, durch einen bundesstaatlichen Zusammenschluß mehr politisches Gewicht, vor allem gegenüber dem in Griechenland führenden Makedonien, zu bekommen. Als der Bund jedoch durch den Anschluß immer weiterer Städte, unter ihnen auch Sparta, zu einem beachtlichen Machtfaktor geworden war und nach dem Niedergang Makedoniens in der Schlacht von Pydna das politische Griechenland praktisch allein repräsentierte, war der Zusammenstoß mit den hegemonialen Bestrebungen Roms nur noch eine Frage der Zeit. Der Versuch Spartas, sich vom Bund zu lösen, führte zum Krieg und zum Untergang des Achäischen Bundes. Besonders hart wurde Korinth betroffen, dessen Beziehungen zu Rom sich schon bald nach 150 v. Chr. erheblich verschlechterten. Mehrfach hatten sich in diesen Jahren die von der herrschenden nationalen Partei eifrig geschürten antirömischen Affekte gegenüber römischen Gesandtschaften entladen. So hatte Rom einen Vorwand zur Vernichtung Korinths: Die beleidigten Gesandten mußten gerächt werden. In Wahrheit jedoch sollte Korinth, das den römischen Kapitalisten schon längst ein Dorn im Auge war, als Handelsmacht ausgelöscht werden. Die Stadt wurde weitgehend zerstört, die männlichen Einwohner getötet, Frauen und Kinder in die Sklaverei geschickt.

2. Wirtschaft und Politik

Der Überblick über die wichtigsten Phasen der griechischen Stadtgeschichte hat deutlich werden lassen, auf welchem Gebiet die besondere Stärke Korinths von Anfang an gelegen hat: auf dem wirtschaftlichen und nicht auf dem politischen. Daß Korinth damit von der üblichen Norm abwich, hat als erster Herodot formuliert. Entgegen der allgemeinen Geringschätzung der Handwerker bei den Griechen hätten sich die Korinther die übliche Wertung nicht zu eigen gemacht, daß nur als edel gelte, wer von körperlicher Arbeit frei sei: „Am wenigsten verachten die Korinther die Handwerker" (II 167).

Als Handelsmacht war Korinth natürlich nicht nur am Transport fremder Güter interessiert, sondern ebenso am Export der eigenen Erzeugnisse. Und deren gab es eine ganze Menge. Von den korinthischen **Vasen** war bereits die Rede. Bevor ihnen die athenische Töpferindustrie den Rang ablief, waren sie absolut führend in der ganzen westlichen Welt. Die Ausdehnung des im Westen der Stadt aufgedeckten Töpferviertels gestattet die Annahme einer Massenproduktion der verschiedensten Tonartikel, zu denen auch die in archaischer Zeit nur in Korinth hergestellten Großfiguren gehörten. Die seit dem ausgehenden 7. Jahrhundert immer mehr verbreitete Eindeckung von Dächern mit flachen Tonziegeln, deren seitliche Randleisten mit halbzylindrischen oder polygonalen Fugenziegeln abgedeckt wurden, hatte ihren Namen vom Ort ihrer Erfindung. Man sprach vom „korinthischen Dach". In ausgezeichnetem Ruf standen auch die korinthischen Steinschneider und noch mehr die **Bronzegießer**, deren Erzeugnisse, vor allem Gefäße, Spiegel und Waffen, in aller Welt gesucht waren. Ferner gehörten zu den bevorzugten Exportartikeln wollene Teppiche und bearbeitete Holzbretter zur Herstellung von Türflügeln. Vergessen sei auch nicht das **korinthische Kapitell,** das der Bildhauer Kallimachos in Korinth „erfunden" haben soll, was wohl bedeutet, daß er ihm die kanonische Form gegeben hat. Darüber hinaus war Korinth einer der wichtigsten Umschlagplätze für Waren aus dem Osten. Vor allem Öle und Parfüms wurden hier für den Weitertransport nach Westen in Gefäße eigener Produktion umgefüllt.

So ist es nur natürlich, wenn Korinth in der griechischen Literatur vorwiegend als die wegen ihres Reichtums berühmte Stadt erscheint. Schon bei der frühesten Erwähnung, im Schiffskatalog der Ilias, heißt die Stadt „reich" (2,570). Auch Pindar spricht vom „begüterten" oder „gesegneten" Korinth und gibt dabei, historisch durchaus zutreffend, zu verstehen, daß dieser Reichtum die Folge von einer guten Verfassung, von Recht und Frieden sei und nicht etwa das Ergebnis einer machtvollen Eroberungspolitik (Olympien 13,3 ff.). Und wenn ein Redner des 1. nachchristlichen Jahrhunderts Korinth die „Promenade Griechenlands" und die Korinther mit einer sprichwörtlichen Wendung „Bug und Heck Griechenlands“ nennt, beruft er sich dabei ebenfalls auf jene Prädikate, mit denen die alten Dichter die Stadt ausgezeichnet hatten.

Diesen besonderen Charakter Korinths, der die Stadt in gewissem Sinn als „ungriechisch“ erscheinen läßt, könnte man auch als „unpolitisch“ kennzeichnen. Es ist ja merkwürdig, daß die Stadt im Laufe ihrer wechselvollen Geschichte neben Periandros kaum einen bedeutenden Staatsmann hervorgebracht hat. Aus der Zeit nach den Perserkriegen wäre einzig Timoleon zu nennen. Und gerade in dem Jahrhundert, in dem viele Griechenstädte sich erst richtig zu profilieren beginnen, dem klassischen fünften, läßt in der historischen und literarischen Tradition das Interesse an Korinth spürbar nach, so daß man den Eindruck gewinnt, die Stadt habe den Anschluß an die allgemeine politische Entwicklung jetzt verloren.

Diese Vermutung findet in einem merkwürdigen archäologischen Befund eine Stütze. Trotz aller Bemühungen der Archäologen ist das Inschriftenmaterial der Stadt dürftig geblieben. Den größten Anteil machen Weihinschriften aus, die über die politische Verfassung der Stadt keine Auskunft geben. Und die wenigen Inschriften aus der griechischen Zeit, in denen Beschlüsse von Volk oder Rat festgehalten werden, nehmen sich gegenüber den über 1000, die man in Athen gefunden hat, geradezu kümmerlich aus. Das einzige, was man aus diesen Dekreten zur Ehrung verdienter Bürger oder zur Einladung zu bestimmten Feierlichkeiten über die politische Struktur des demokratischen Korinth schließen kann, ist dies, daß die Stadt wie viele andere Griechenstädte auch in Phylen, also in Bezirke mit begrenzter Selbstverwaltung, eingeteilt war. Außerdem ist die Existenz einer Volksversammlung inschriftlich bezeugt.

Dieses auffällige Defizit hat man auf verschiedene Weise zu erklären versucht, etwa mit dem Hinweis darauf, daß der für Inschriften geeignete Marmor in Korinth nicht vorhanden gewesen sei und erst hätte importiert werden müssen oder daß Bronze das den Korinthern sympathischere Material gewesen sei. Aber auch als seit dem Ende des 5. Jahrhunderts Marmor aus Attika eingeführt wurde, schrieb man die meisten Inschriften immer noch auf Kalkstein von Akrokorinth, und Bronzen standen gewöhnlich auf Steinbasen, die eine Inschrift hätten tragen können; aber auch davon hat man nichts gefunden. So bleibt nur der Schluß übrig, daß an öffentlichen Verlautbarungen und Dokumenten offenbar nur geringes Interesse bestand. Und das wiederum dürfte seinen Grund in der Geschichte Korinths haben, die lange Zeit durch Tyrannis und Adelsherrschaft bestimmt wurde. Demokratische Formen konnten sich erst relativ spät entwickeln, und es ist sicher kein Zufall, daß die meisten Inschriften aus der späteren, demokratischen Zeit der Stadt datieren. Aber auch jetzt noch standen die wirtschaftlichen Interessen an erster Stelle.

3. Die römische Stadt

Wie viel von der Stadt, von der bislang die Rede war, zur Zeit, als Paulus nach Korinth kam, noch zu sehen war, läßt sich nicht genau sagen. Die literarischen Quellen sprechen übereinstimmend von einer totalen Zerstörung Korinths durch die Soldaten des Mummius, die 146 v. Chr. die Stadt im Auftrag des römischen Senats verwüsteten. So lesen wir zum Beispiel in einem Brief des aus Kleinasien zurückkehrenden Sulpicius Rufus an Cicero: „Vor mir lag Ägina, hinter mir Megara, zur rechten der Piräus, zur linken Korinth, Städte, die einst in außerordentlicher Blüte standen, jetzt aber zerfallen und zerstört daliegen“ (Ad familiares IV 5,4). Jedoch sind derartige Äußerungen nicht wörtlich zu nehmen. In gebildeten Kreisen gehörte es damals zum guten Ton, den Untergang der klassischen Welt der Griechen zu beklagen. Daß die Soldaten des Mummius gründliche Arbeit geleistet haben, ist nicht zu bezweifeln, jedoch gibt es eine Reihe archäologischer Indizien, die zu einer totalen Zerstörung der Stadt nicht passen. So hat man zum Beispiel relativ wenig Brandspuren gefunden. Auch haben einige Bauwerke der griechisch-hellenistischen Zeit überlebt, so der Apollontempel und die Südstoa, wenn auch mit erheblichen Schäden. Erstaunlich ist ferner, daß einige Kulte, gerade auch kleinere lokalen Charakters, in dem dunklen Jahrhundert bis zur Neugründung weiterexistiert haben. Die Zahl der gefundenen Münzen aus dieser Zeit ist sicher nicht groß, aber sie beweisen doch, daß das Leben auch im zerstörten Korinth irgendwie weiterging. Ebenso tun das 42 gestempelte Amphoren, die in die Jahre zwischen 146 und 108 v. Chr. zu datieren sind. Auch der inschriftlich bezeugte Transport einer römischen Flotte über den Ithmus im Jahr 102 v. Chr. wäre ohne einheimische Hilfe kaum zu bewerkstelligen gewesen. Das alles ändert jedoch nichts daran, daß Korinth als griechische Polis nicht mehr bestand.

36 a und b, Korinth: zwei Fragmente aus Synagogen. a: Die Inschrift, wahrscheinlich von einem Türsturz, lautet: ΣΥΝΑ] ΓΩΓΗ ΗΕΒΡ[ΑΙΩΝ, also „Synagoge der Hebräer". Die ungewöhnliche Bezeichnung für die Juden läßt auf ein relativ hohes Alter schließen, jedoch wäre das 2. Jh. n. Chr. die frühstmögliche Datierung. Paulus hat diese Inschrift also nicht gesehen. b: Der sorgfältig skulpierte Stein (wohl 4. Jh. n. Chr.) zeigt in dreimaliger Wiederholung die Menora mit Palmzweigen, Zitrone und Strauß aus vier Pflanzen, die beim Laubhüttenfest Verwendung fanden.

Die Stadt, die Paulus zu Gesicht bekam, war eine römische, keine renovierte griechische Stadt. Nach der **Neugründung** Korinths durch Caesar im Jahr 44 v. Chr. entstand eine neue Stadt, zwar in den Grenzen der alten und deren Anlage in manchem beibehaltend, aber in römischen Formen und an römischen Bedürfnissen orientiert ohne allzu große Ehrfurcht vor dem, was von der griechischen Stadt noch übriggeblieben war. Der Gemeinplatz von der totalen Zerstörung Korinths könnte sich in Parallele zu Karthago entwickelt haben. Hier trifft er zu. Karthago wurde im selben Jahr wie Korinth erobert und zerstört (146 v. Chr.), und auch die Neugründung erfolgte im selben Jahr (44 v. Chr.) durch denselben Mann, Caesar.

Die neue Kolonie, wegen ihrer Lage im Schnittpunkt des Ost-West-Verkehrs für Rom von besonderer Bedeutung, wurde zunächst mit italischen Siedlern, zumeist Freigelassenen, bevölkert. Schon bald aber lockte der schnell wieder aufblühende Handel viele Griechen und Ausländer in die Stadt, unter ihnen zahlreiche Juden (*Abb. 36*) und Orientalen. Daß jedoch schon wenig später ein umfassender Hellenisierungsprozeß eingesetzt hat, ist wahrscheinlich. Als bei der Neuordnung der Provinzen unter Augustus Griechenland mit einigen Randgebieten zur Provinz Achaia zusammengefaßt wurde (27 v. Chr.), wurde Korinth Hauptstadt der neuen Provinz und Sitz des Statthalters.

Es könnte verlockend sein, sich bei einem Rundgang durch das weite Ausgrabungsgelände dem „Baedeker der Antike" Pausanias anzuschließen. Er ist unser zuverlässigster Gewährsmann und hat gut hundert Jahre nach Paulus Korinth besucht. Die meisten Angaben in seiner „Beschreibung Griechenlands" (II 1–5) sind von den Ausgräbern bestätigt worden. Allerdings erwähnt Pausanias manches von dem, was uns interessiert, nicht oder nur am Rand. So ist bei ihm auffallend wenig über die Agora zu lesen, den am sorgfältigsten erforschten Teil der Stadt, wo das öffentliche Leben am stärksten pulsierte und der Besucher Korinths am längsten verweilen wird. Da ist es wohl besser, sich selbständig zu machen.

Die griechische Bezeichnung Agora für den riesigen Platz mit den Ausmaßen von 255 × 127 Metern ist eigentlich irreführend, denn was heute zutage liegt, sind vorwiegend die Reste der römischen Marktanlage, also des **Forums**: ein rechteckiger Platz mit Säulenhallen, Ladenstraßen, Basiliken und kleineren Tempeln als seitlichen Begrenzungen (*Abb. 37*). Der Hauptzugang lag auf der Nordseite, wo die vom Lechaionhafen heraufführende, in ihrem Verlauf weitgehend festgestellte Straße einmündete (*Abb. 38*). Offenbar führte sie nicht in gleichmäßiger Steigung zu den Terrassen der Stadt, sondern überwand steilere Stellen mit Hilfe von Treppen. Der anzunehmende starke Güterverkehr kann also nur mit Tragtieren erfolgt sein, Wagenspuren hat man bislang nicht gefunden. Im 1. Jahrhundert n. Chr. wurde diese Straße im Stadtgebiet zu einem Prunkboulevard, der seinesgleichen in Griechenland suchte, ausgebaut:

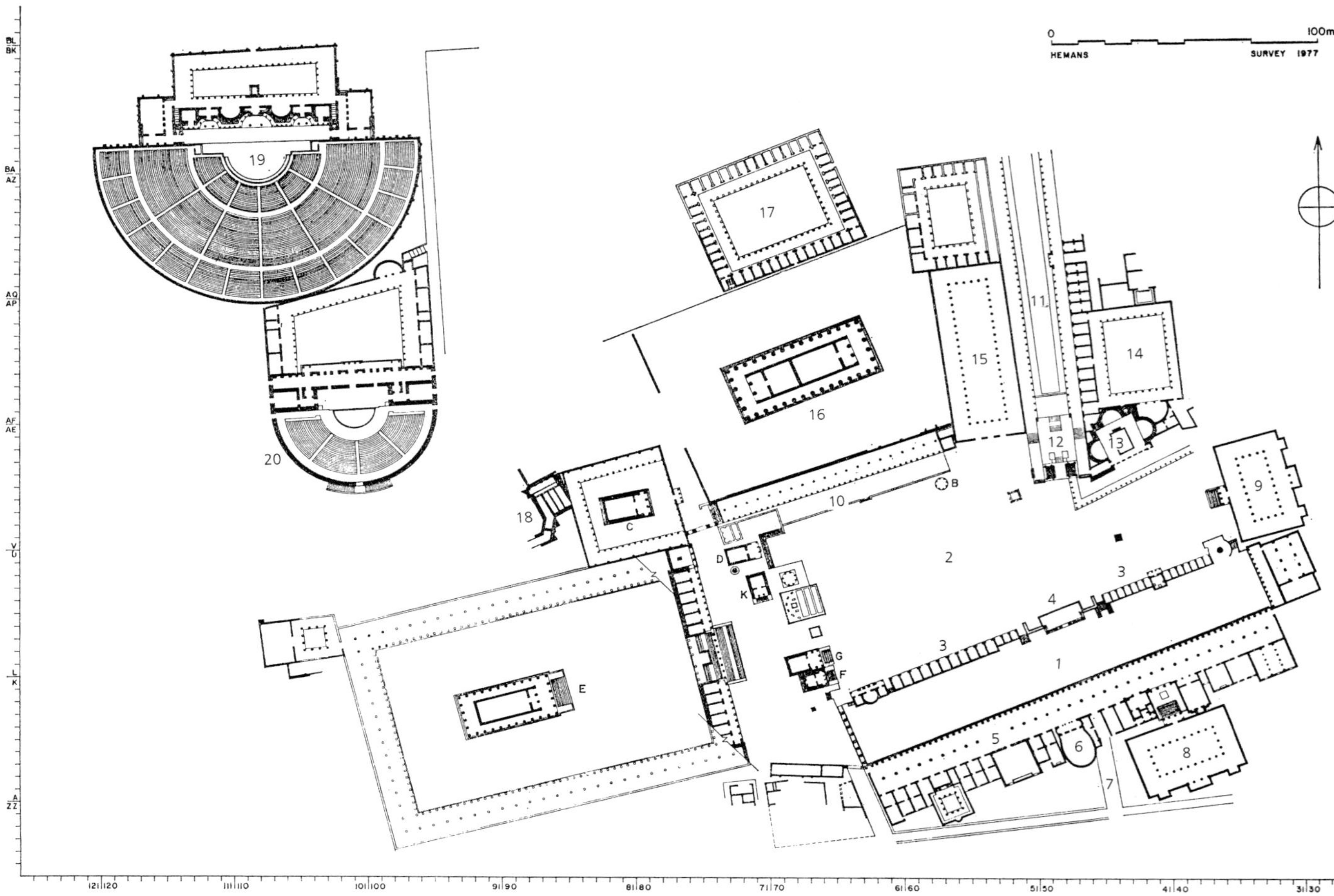

37 Korinth, Plan des römischen Forums um 175 n. Chr.
1 Forum civile 2 Forum vulgare 3 Zentralläden 4 Bema 5 Südstoa 6 Curie 7 Kenchreaistraße 8 Südbasilika 9 Basilika Iulia 10 Nordwestläden 11 Lechaionstraße 12 Propyläen 13 Peirenequelle 14 Peribolos des Apollon 15 Basilika 16 Archaischer (Apollon-)Tempel 17 Nordmarkt 18 Glaukequelle 19 Theater 20 Odeion E Tempel der Octavia(?)

insgesamt über 12 Meter breit, mit einer Pflasterung aus leichtgetönten Kalksteinplatten, Säulenhallen auf beiden Seiten und selbstverständlich mit einer aufwendigen Kanalisation. Am südlichen Ende führte die Straße auf ganzer Breite über Stufen und zwei Plattformen auf die **Propyläen** zu, die den Zugang zum Forum effektvoll markierten. Ursprünglich bestand diese Toranlage aus einem großen Zentralbogen und zwei kleineren Seitendurchgängen. Im 1. nachchristlichen Jahrhundert wurde der schlichte Porosbau aus der Gründungszeit zu einem monumentalen Triumphbogen aus Marmor umgestaltet. Pausanias sah auf ihm zwei vergoldete Wagen; einer trug Phaeton, den Sohn des Sonnengotts, der andere Helios selbst: ein Ehrenbogen für den Kaiser und Zeuge seiner Virtus. Zur Zeit des Paulus stand wahrscheinlich noch das alte Tor.

Während auf der westlichen Seite kleinere Läden in dichter Folge die Lechaionstraße säumten, lagen gegenüber drei bedeutende Baukomplexe. Zunächst im Nordosten des freigelegten Areals eine Badanlage mit den Resten von Hypokausten, Ziegelfußböden und Becken, vielleicht die von Pausanias an der Lechaionstraße erwähnten Bäder des Spartaners Eurykles aus dem 2. Jahrhundert n. Chr. Südlich schließt sich – nach einer öffentlichen Latrine mit mehreren Sitzen und Wasserrinne – der teilweise wiederhergestellte „Peribolos des Apollon“ an, ein 35 × 25 Meter messender Säulenhof ionischer Formation, wohl aus der zweiten Hälfte des 1. Jahrhunderts n. Chr., also wiederum „nachpaulinisch". Der alte Tempel aus dem 4. Jahrhundert, dessen Grundmauern auf der Westseite des Peribolos direkt an der Straße unter den späteren Überbauungen sichtbar sind, wurde wahrscheinlich schon in griechischer Zeit abgetragen und durch einen offenen Altar ersetzt.

Die Fläche zwischen dem Aufgang zum Propylon und der nordöstlichen Begrenzung des Forums nimmt eins der berühmtesten Bauwerke Altkorinths ein: die **Peirenequelle** (*Abb. 39*), eines von mehreren Quellhäusern, um die die Stadt in der Antike beneidet wurde, zeugten sie doch von einem sonst seltenen Wasserreichtum, der sich geologisch aus der Kombination von wasserdurchlässiger Nagelfluh über wasserundurchlässigem tonigem Mergelboden erklärt; letzterer lieferte zudem vorzügliches Material für die Töpfer. Pausanias erzählt die Geschichte von der Entstehung der Quelle. Peirene, eine Nymphe und Tochter eines Flußgottes, weinte um ihren von Artemis aus Versehen getöteten Sohn so heftig, daß sie sich in eine Quelle verwandelte. Von der frühen Antike bis ins späte 19. Jahrhundert war der Brunnen in Gebrauch, und die beiden nahe gelegenen Quellen, die ihn speisten, versiegen auch heute noch nicht selbst in der heißen Jahreszeit.

Die jetzt sichtbare Anlage, die zu den eindrucksvollsten Monumenten des alten Korinth zählt, geht auf Herodes Atticus zurück, den steinreichen römischen Redner und großen Mäzen Griechenlands. Er ließ den rechteckigen Vorplatz der Brunnenanlage auf drei Seiten durch mächtige Apsiden (Exedren) mit Sitzbänken und Nischen für Statuen versehen, das große Becken in der Mitte mit Marmorplatten auslegen und die vier breiten am Nordende zum Wasser hinabführenden Stufen bauen. Die Anlage des 6./5. Jahrhunderts war weit primitiver. Vier tunnelartig in den Fels gehauene langgestreckte Reservoirs versorgten drei durch einen Steinrost von ihnen getrennte Brunnenbecken mit Wasser. Später wurden sechs durch Antenwände abgeteilte Brunnenkammern davorgelegt und die Brüstung zwischen ihnen und den alten Becken mit ionischen Säulen versehen. Das Wasser floß jetzt aus zwei der Kammern in abgedeckte Kanäle, die das neuangelegte Bassin in der Mitte des Vorhofs auf drei Seiten umgaben und ihren Vorrat durch mehrere Öffnungen in das Becken sprudeln ließen. Aus den ersten Zeiten der Kolonie stammen die Brüstung vor den Brunnenkammern und die Arkadenbögen mit den dorischen Säulen, die heute den Fronteindruck der Peirenequelle bestimmen. Über dem Architrav folgte eine zweite, ionische Säulenstellung. Diese zweigeschossige Wandgliederung wurde später auf die drei restlichen Seiten des Vorplatzes ausgedehnt, so daß ein abgeschlossener Brunnenhof entstand. In dieser Form dürfte Paulus die Peirenequelle gesehen haben.

Das Wahrzeichen Korinths, der **Apollontempel** auf dem Hügel im Nordosten des Forums (*Abb. 40*), überragt allein schon durch seine Höhenlage das ganze Ausgrabungsgelände. (Wegen der nicht ganz gesicherten Zuordnung zu Apollon sprechen die Fachleute heute lieber vom „archaischen" Tempel.)

Er wurde wohl um die Mitte des 6. Jahrhunderts erbaut und ist damit einer der ältesten Tempel Griechenlands. Die Cellawände sind völlig abgetragen, aber die sieben Säulen, die von den ehemals 15 auf der Längsseite und 6 auf der Schmalseite stehengeblieben sind, vermitteln in ihrer gedrungenen Form ohne Entasis (Schwellung) bei einem unteren Durchmesser von annährend zwei Metern und mit den auffallend flachen, aber trotzdem kraftvollen Kapitellen (*Abb. 41*) eine gute Vorstellung vom Wesen früher dorischer Baukunst. Der wuchtige Gesamteindruck wird noch dadurch verstärkt, daß als Unterbau statt der früharchaischen ein oder zwei Stufen deren vier verwendet wurden. Dadurch war der Tempel vom Meer her besser sichtbar und seine Lage über der Agora noch beherrschender.

Der auffallend langgestreckte (21,60 × 53,80 m) Tempel markiert den Endpunkt einer Entwicklung, die bereits im 7. Jahrhundert beginnt und an deren Anfang der Holztempel, an deren Ende der Steintempel steht. Jetzt begnügte man sich nicht mehr mit der Umsetzung dünnleibiger Holzsäulen in Stein, sondern hatte nach der Entdeckung der ganz anders gearteten statischen Eigenschaften des neuen Baumaterials die Notwendigkeit einer anderen Gestaltung eingesehen. Erst jetzt hat der monumentale Steinbau in Griechenland seinen eigenen Stil gefunden. Der korinthische Apollontempel weist auch zum ersten Mal die sogenannte Kurvatur auf, das heißt die Anhebung der Horizontalen auf den Längsseiten um wenige Zentimeter (in diesem Fall 2 cm), die dorischen Tempeln trotz ihrer wuchtigen Größe den Eindruck des Starren und Geometrischen nimmt. Demselben Zweck dient die ebenfalls bereits am Apollontempel praktizierte Eckkontraktion: Die Säulen haben nicht den gleichen Abstand, sondern stehen zu den Ecken hin enger, so daß der Tempel noch

38 Korinth, Lechaionstraße. Die Prachtstraße des römischen Korinth führte vom Lechaionhafen ins Zentrum der Stadt. Über eine breite Treppenanlage (im Hintergrund) mit den Propyläen erreichte sie das Forum. Deutlich sind die breiten Bürgersteige zu erkennen. Auf der rechten Seite hinter Kolonnaden (Basen noch vorhanden) öffneten sich 16 Läden, darüber liegen die Reste einer Basilika aus der frühesten Zeit der Kolonie. Die Peirenequelle (Abb. 39) ist links neben der Freitreppe zu denken.

39 Korinth, Peirenequelle. Die bekannteste Quelle Korinths präsentiert sich heute in ihrer letzten Ausgestaltung durch Herodes Atticus (2. Jh. n. Chr.) mit einem fast quadratischen Mittelhof und großem Wasserbecken. Schon unter Augustus war dem älteren Bau eine zweigeschossige Fassade mit je sechs Rundbögen (nur die unteren sind erhalten) vorgeblendet worden. Die beiden frei stehenden Säulen stammen aus byzantinischer Zeit.

40 Korinth, Archaischer (Apollon-)Tempel. Der Tempel aus der Mitte des 6. Jh. erhebt sich in beherrschender Lage über dem Markt. Mit seinen monolithenen Säulen ist er ein markantes Beispiel für den wuchtigen früharchaischen Baustil. Mit Kurvatur und Eckkontraktion weist er bereits zwei wichtige Merkmale der klassischen dorischen Tempelarchitektur auf, aber noch fehlt die Entasis (Schwellung) der Säulen. ▶

41 Korinth, Archaischer Tempel: Kapitell. Das Kapitell mit dem wulstigen, flachgequetschten Echinus bezeichnet beim dorischen Tempel jene Zone, in der die stützenden Kräfte der Säule und die lastenden Kräfte des die Dachkonstruktion tragenden Architravs zusammenstoßen.

stärker als plastische, in sich geschlossene Einheit wirkt.

Der Grundriß der Cella zeichnet sich in den in den Fels gehauenen Fundamentgräben deutlich ab. Sie war durch eine Querwand in zwei ungleiche Räume geteilt, von denen der eine 2 × 4, der andere 2 × 2 Innensäulen aufwies. Die Fronten waren in Pronaos und Opisthodom (vorderer und hinterer Vorraum) mit je zwei Säulen in antis symmetrisch gebildet. Möglicherweise wurden in dem Tempel zwei Gottheiten verehrt. Eine kleine Merkwürdigkeit ist die in den Boden an der Südwestecke des Prodomos eingelassene, wasserdicht verkleidete rechteckige Grube, vielleicht eine winzige Schatzkammer. Da der Tempel aus Kalkstein (Poros) von Akrokorinth gebaut war, haben ihn die Baumeister mit feinem hellem Stuck überzogen. Dieser wurde, wenn auch in weit gröberer Manier, erneuert, als der bei der Eroberung der Stadt durch Mummius ausgebrannte Tempel bei der Gründung der Kolonie restauriert wurde.

Gegenüber dem Apollontempel auf der anderen Seite der antiken Straße liegt das **Quellhaus der Glauke,** heute ein isolierter kubischer Klotz, nachdem infolge des Erdbebens von 1928 nur noch Teile aufrecht stehen und das Gestein der Umgebung abgetragen worden ist. Ursprünglich war die Brunnenanlage in den natürlichen Fels gehauen. Ähnlich wie bei der Peirene waren vier langgestreckten Reservoirs drei Schöpfbecken vorgelagert. Die Fassade bildeten drei Pfeiler, die ein schweres gewölbtes Dach aus Stein trugen. Den Namen hat die Quelle, wie Pausanias berichtet, von Glauke, der Tochter des Königs Kreon, die Iason nach der Verstoßung seiner ersten Frau Medea geheiratet hatte. Glauke soll sich hier voll Verzweiflung ins Wasser gestürzt haben, um nicht von dem Gewand, das Medea ihr aus Rache für Iasons Treulosigkeit als Hochzeitsgabe hatte bringen lassen, verbrannt zu werden. Nach einer Version, die nur bei Pausanias überliefert ist, steinigten die Korinther wutentbrannt die beiden Kinder Medeas, die das Kleid überbracht hatten.

Wenigstens erwähnt seien die drei in verstümmelter Form wieder aufgerichteten Säulen mit den auffallend schön gearbeiteten korinthischen Kapitellen, die dem Besucher beim Betreten des Ausgrabungsgeländes als erstes ins Auge fallen (*Abb. 42*). Sie gehören zu einem großen Tempel, der in der frühen Kaiserzeit errichtet wurde, für wen, ist unbekannt (deshalb **„Tempel E"** in den Plänen). Vielleicht war er der Octavia geweiht, der älteren Schwester des Augustus, die nach ihrer Scheidung von Antonius zurückgezogen in Rom lebte und nach ihrem Tod im Mausoleum des Augustus beigesetzt wurde.

Wenden wir uns nun dem eigentlichen **Forum** zu! Es erfordert eine Menge Vorstellungskraft, aus den Fundamenten und wenigen Steinschichten das alte Zentrum

42 Korinth, Tempel E. Westlich des Forums erhob sich an der Stelle eines Vorgängers aus claudianischer Zeit ein großer Marmortempel korinthischer Ordnung. Der riesige, durch zwei Säulenreihen geschlossene Temenos war über eine breite Freitreppe von der Westterrasse des Forums zugänglich. Drei Kapitelle des unter Domitian errichteten und wahrscheinlich der Augustusschwester Octavia geweihten Tempels sind auf Säulenstümpfen mehr schlecht als recht wieder aufmontiert.

der Stadt wiedererstehen zu lassen, denn so gut wie nichts steht mehr aufrecht. Das imposanteste Bauwerk war ohne Zweifel die 165 Meter lange Säulenhalle, die das Forum auf seiner ganzen Südseite abschloß. Mit ihren 71 dorischen Frontsäulen und 34 ionischen Säulen im Innern war die im 4. Jahrhundert v. Chr. errichtete und kurz vor der Zerstörung der Stadt noch renovierte **Südstoa** eins der größten und prächtigsten Bauwerke des alten Griechenland. Im Hintergrund der Halle öffneten sich 33 längliche Räume, die durch eine Querwand mit Durchgang in zwei etwa quadratische (3 × 3,30 m) Zimmer geteilt wurden. Die hinteren Zimmer, ursprünglich ohne Hinterausgang, dienten wohl als Vorratsräume. Die vorderen, zur Stoa hin gelegenen hatten mit zwei Ausnahmen jeweils einen 12 Meter tiefen Brunnen. Diese Schächte waren durch eine Leitung mit einer der beiden Peirenequellen verbunden, von der sie ihr Wasser bezogen. Der Zweck dieser originellen Einrichtung läßt sich leicht erraten. Es handelt sich um eine Folge von Tavernen; in den Brunnenschächten konnten Getränke und verderbliche Speisen gekühlt werden. Auf dem Boden der Brunnen fand man eine Menge Scherben von Trinkgefäßen. Viele von ihnen waren mit Aufschriften versehen wie „Prost", „Gesundheit", „Dionysos", „Gegen den Schluckauf". Treppenfragmente in den beiden Ecktavernen weisen darauf hin, daß über den Läden ein zweites Stockwerk lag. Das Dach muß außerordentlich sorgfältig gearbeitet gewesen sein, wie die erhaltenen Traufleisten mit Palmetten und Wasserspeiern in Form von Löwenköpfen zeigen. Die plausibelste Erklärung für ein derart aufwendiges Bauwerk im Stadtzentrum: Nachdem Philipp Korinth zum Sitz des panhellenischen Bundes gemacht hatte, brauchte er eine Unterkunft für die Delegierten der griechischen Städte. Im Obergeschoß lagen deren Schlafzimmer, darunter befand sich das Kauf- und Vergnügungscenter.

Nachdem dieses Prunkstück griechischer Architektur bei der Anlage der Kolonie zunächst – wie es scheint, in der alten Form – wiederhergestellt worden war, erfuhr es im 1. Jahrhundert n. Chr. eine tiefgreifende Umgestaltung im südlichen Bereich, und Paulus könnte sehr wohl Zeuge dieses Umbaus gewesen sein. Die meisten der kleinen Räume wurden abgerissen (nur zwei der Tavernen blieben etwa in der Mitte der Stoa erhalten) oder zu größeren Einheiten zusammengefaßt, wahrscheinlich, um Platz zu schaffen für Verwaltung und Behörden. So schließt man aus einem Bodenmosaik, das einen nackten Athleten mit Siegespalme und Kranz vor der sitzenden Göttin Eutychia (Fortuna) zeigt, daß dieser Raum (der dritte, überdachte von Osten) als Büro des Agonothetes, des Oberspielleiters der Isthmischen Spiele, gedient hat. In dem größten, beinahe quadratischen Raum in der östlichen Hälfte der Stoa vermutet man den Amtssitz der Duumvirn, jedoch läßt die Größe des Saales eher auf einen Versammlungsraum schließen. Am interessantesten ist der Bau mit den elliptisch gekrümmten Wänden etwa in der Mitte der Südstoa. Von einem Vorraum mit halbkreisförmigen seitlichen Apsiden führten drei Durchlässe in den Hauptraum, an dessen halbkreisförmiger Rückwand eine Steinbank entlanglief. In dieser Form kann das Gebäude nur öffentlichen Zwecken gedient haben. Es war wohl das Rathaus **(curia)** der römischen Kolonie. Links an ihm vorbei verläßt die Kenchreaistraße das Forum. Auf dieser Straße könnte Paulus Korinth verlassen haben, als er am Ende seines Aufenthalts nach Kenchreai aufbrach, um sich dort nach Syrien einzuschiffen.

Hinter der Südstoa, über eine breite Treppenflucht zugänglich, liegt die **Südbasilika** mit einem von Säulen umstandenen Innenhof und drei rechteckigen Nischen in der Rückwand. In Anlage und Ausmaßen entspricht sie etwa der **Basilika Iulia** am Ostrand des Forums, die ihren Namen von den dort gefundenen Statuen des Augustus und anderer Mitglieder der julischen Familie bekommen hat und wohl in augusteischer Zeit entstanden ist. Solche Basiliken konnten unterschiedlichen Zwecken dienen. Der Architekturhistoriker Vitruv nennt in diesem Zusammenhang besonders die Händler und Beamten. Ob die Basiliken an der Agora von Korinth Gerichts- oder Marktgebäude waren und welche Aufgaben sie sonst erfüllt haben könnten, läßt sich nur vermuten. Der Brunnen im Winkel zwischen Südbasilika und Curie jedenfalls mit seinem guterhaltenen Marmorbecken, in das das Wasser über eine Brüstung herabfloß, dürfte weniger für die Öffentlichkeit als für den rituellen Gebrauch bei administrativen Vorgängen bestimmt gewesen sein.

Eine weitere markante Linie des Forums bilden die **„Zentralläden".** Sie teilten das Marktareal in eine tiefergelegene nördliche und eine höhere südliche Sektion ein. Der obere Teil, das forum civile, beherbergte die Verwaltung, der untere, das *forum vulgare,* diente als Markt im engeren Sinn. Die Läden liegen, ähnlich wie die „West-" und „Nordwestläden", Wand an Wand in einer durchgehenden Reihe und werden lediglich durch drei größere Bauten unterbrochen: einen Kult- oder Versammlungsraum in der östlichen Hälfte, einen dreifach gegliederten Bau mit halbkreisförmigem Mittelraum (Dionysosheiligtum?) am westlichen Ende sowie in der Mitte das sogenannte Bema (s. u. S. 102f.).

Die Westgrenze des Forums bildeten sechs kleine Tempel in der typisch römischen Podiumform, das heißt, sie lagen erhöht auf einem rechteckigen Unterbau. Von ihnen ist so gut wie nichts erhalten. Pausanias erwähnt einen Tempel der Tyche (Fortuna), einen des Apollon Klarios, einen des Hermes, eine Statue der Aphrodite und ein Heiligtum für alle Götter (Pantheon).

Mit der **„Fassade der Gefangenen"** ist unser Überblick über das römische Forum beendet. Sie diente als Abschluß einer aus parischem Marmor oberhalb der Lechaionstraße errichteten Basilika und setzte die Thematik des östlich angrenzenden Triumphbogens fort. Im oberen Geschoß der Fassade standen mindestens vier Kolossalstatuen von gefangenen Barbaren (zwei von ihnen befinden sich jetzt im Museum).

Von der **griechischen Agora** läßt sich trotz der energischen Bemühungen der Ausgräber nur ein unvollkommenes Bild gewinnen, weil sie, teilweise über massiven Zuschüttungen, von den Bauten der Römer überlagert wurde, soweit man es nicht vorzog, die nach der Zerstörung noch gebliebenen Reste gänzlich abzutragen. Zwei besonders gründlich erforschte Komplexe sind geeignet, sich von den ganz anders gearteten Aufgaben der griechischen Agora wenigstens eine schwache Vorstellung zu machen.

Da ist zum einen am Ostende der Agora unmittelbar vor der Basilika Iulia die **Startleiste** aus dem 5. Jahrhundert. Die 17 Startplätze sind mit griechischen Buchstaben von Α bis Π „durchnumeriert" und weisen nicht wie sonst üblich zwei durchgehende Rillen auf, sondern nur in zwei Reihen hintereinander angeordnete Löcher für die Zehen. Die Terrasse, die südlich davon halbkreisförmig vorspringt, könnte nach der allgemeinen Annahme für Schiedsrichter und Ehrengäste bestimmt gewesen sein. Jedoch hat man neuerdings vermutet, daß an dieser Stelle Wettkämpfe wie Boxen und Ringen ausgetragen wurden, so daß die auch aus anderen Griechenstädten bekannte sportliche Nutzung der Agora sich nicht auf den Wettlauf beschränkt hätte. Die Rennbahn war bis zum Untergang der Stadt, also bis 146 v. Chr., in Betrieb.

Noch interessanter ist der Kultbezirk, der am östlichen Ende der Nordwestläden nahe bei den Propyläen freigelegt wurde, teilweise auf einem sehr viel tieferen Niveau. Zunächst erregt unsere Aufmerksamkeit eine scheinbar unmotiviert in der Gegend stehende niedrige Mauer, die einen flachen Winkel beschreibt und abwechselnd Triglyphen und leere Metopenfelder aufweist. Die östliche Wand wird von einer Treppe unterbrochen, die zu einer unterirdischen Quellkammer, der **Heiligen Quelle,** führte. An der dem Eingang gegenüberliegenden Seite fand man in situ zwei unversehrte bronzene Löwenköpfe mit Zuleitung. Da es keinerlei Becken gegeben zu haben scheint, muß das offenbar nur spärlich tröpfelnde Wasser in untergestellten Krügen aufgefangen worden sein. Diese Anlage des 5. Jahrhunderts ist jedoch nicht die ursprüngliche. Wie das östlich der Quelle gelegene tief eingeschnittene Bassin mit dem dreieckigen Platz davor zeigt, lag der Brunnen früher im Freien und war für jedermann zugänglich. Als dann, wahrscheinlich im 4. Jahrhundert, das Wasser allmählich versiegte, wurde die Brunnenanlage nicht aufgelassen, sondern, wie es ihrem geweihten Charakter entsprach, sorgfältig mit Erde zugeschüttet. Daher hat kein Römer sie je zu Gesicht bekommen. Zwischen der Quelle und den auf der Agora ausgetragenen Wettkämpfen bestand offenbar ein Zusammenhang. Auf der Metopen-Triglyphen-Mauer waren nämlich Dreifüße und Statuen von Siegern aufgestellt. Eine Basis trägt sogar den Namen Lysipps, des bedeutendsten griechischen Bronzeplastikers der Alexanderzeit.

Etwa 10 Meter weiter nördlich, nicht ganz leicht zu erkennen wegen der darüberliegenden Reste einer römischen Ladenstraße, liegt das vorzüglich gearbeitete hufeisenförmige **Fundament eines kleinen Heiligtums,** das wie die Quellkammer dem 5. Jahrhundert angehört und mit ihm in enger Verbindung stand. In der Mitte des Tempelchens befand sich ein kleiner Rundaltar mit einer steinernen Einfriedung, von der ein Kanal ostwärts zur Triglyphenmauer führte. Durch eine Öffnung in einer der Metopen konnte die am Altar ausgegossene Flüssigkeit in einem Krug aufgefangen werden. Doch nun wird die Sache etwas verdächtig. Denn parallel zum Kanal läuft ein schmaler Tunnel, gerade so hoch, daß ein Mensch auf allen Vieren hindurchkriechen kann. Am unteren Ende stieß er direkt neben der Ausgußmetope auf eine um eine Achse drehbare Metope, so daß man von außen, wenn auch erst durch eine zusätzliche Tür am Anfang des Tunnels, in diesen einsteigen konnte. Um allzu Neugierige, die hier vielleicht ein

Geheimnis hätten lüften können, abzuhalten, war an der Straße eine Säule aufgestellt, die in alten Lettern den Vorübergehenden darauf aufmerksam machte, daß dieser Platz geweiht war und unter Androhung einer erheblichen Geldstrafe nicht betreten werden durfte. Über den Zweck des Gangs dürfte ein trichterförmiges Loch an der Stelle, wo er den Boden des Heiligtums erreicht, Auskunft geben. Hier könnte der Priester gekauert haben, der dem Fragesteller oben am Altar eine Antwort zu geben hatte. Auch eine andere Lösung hat man in Erwägung gezogen: daß von dem Gang aus das oben am Altar gespendete Wasser gegen Wein ausgetauscht wurde, so daß das dionysische Weinwunder hier jederzeit reproduzierbar war. Jedoch ist die Annahme, daß es sich bei dieser komplizierten Anlage um ein gut funktionierendes Orakelheiligtum gehandelt hat, immer noch die wahrscheinlichere.

Auch wenn weder das griechische noch das römische Korinth eine kunstbegeisterte Stadt genannt werden kann – ein **Theater** durfte selbstverständlich nicht fehlen. Es liegt am Nordhang außerhalb des eingezäunten Ausgrabungsgeländes. Seine bescheidenen, heute wieder völlig überwachsenen Reste lohnen kaum einen Besuch. Jedoch ist die Baugeschichte des Theaters nicht uninteressant: von der griechischen Anlage des ausgehenden 5. Jahrhunderts mit in den Fels gehauenen Sitzreihen ohne festem Bühnengebäude bis zur Umrüstung zur Arena im 3. nachchristlichen Jahrhundert mit steil ansteigendem Zuschauerraum sowie einer Vorrichtung für Seeschlachten. Dazwischen liegen weitere Umbauten, unter anderem die Errichtung eines Bühnengebäudes im frühen 1. Jahrhundert n. Chr., in welcher Gestalt Paulus das Theater gesehen haben dürfte. Überhaupt herrschte um diese Zeit eine rege Bautätigkeit gerade auch in der Theatergegend. Zum Beispiel wurde eine 5 Meter breite Ost-West-Achse angelegt, die vor dem Theater vorbeiführte.

Oberhalb schließt sich das besser erhaltene **Odeion** an, ein typisch römischer Bau mit halbkreisförmiger, durch Bühne und Bühnenbau abgeschlossener Orchestra und einem Auditorium für etwa 3000 Besucher. Diese kleinen Theater waren vorwiegend für Musikdarbietungen oder Vorträge gedacht. Durch die Initiative des Herodes Atticus erfuhr das Odeion eine umfassende Neugestaltung und wurde schließlich ein weiteres Mal umgebaut, jetzt für Gladiatoren- und Tierkämpfe.

Es kann also keinen Zweifel daran geben, daß Korinth in seinem architektonischen Erscheinungsbild zur Zeit des Paulus eine ganz und gar römische Stadt war, nach einem weitgehend neuen Straßennetz geplant und durch spezifisch römische Gebäudetypen geprägt. Basilika, Podiumtempel, Triumphbogen, Theater mit festem Bühnengebäude, luxuriöse Badanlagen mit Caldarium, Tepidarium und Frigidarium (Heiß-, Warm- und Kaltbad) sind Bauformen, die im alten Korinth unbekannt waren. Und das alles in einem repräsentativen, auf Fassadenwirkung abzielenden Stil unter reicher Verwendung des aus Attika oder noch weiter her importierten Marmors statt des schlichten, höchstens mit Stuck überzogenen heimischen Kalksteins.

4. Paulus und Gallio (Apg 18,12–17)

Seit Augustus im Jahr 27 v. Chr. bei der Neuregelung der Provinzialverwaltung Korinth zur Hauptstadt der Provinz Achaia gemacht hatte, war die Stadt Sitz des römischen Statthalters. Da Achaia seit 44 n. Chr. als senatorische Provinz wieder dem Senat, nicht mehr dem Kaiser direkt unterstand, wurde es von einem Prokonsul verwaltet. Nun berichtet die Apostelgeschichte von einer Vorladung des Paulus vor den Prokonsul Gallio auf Betreiben der Juden. Die tumultuarische Szene mit der Anklage der Juden und ihrer Zurückweisung durch Gallio bildet den Höhepunkt der in der Apostelgeschichte berichteten Ereignisse in Korinth.

Der bereits mehrfach beobachtete Episodenstil in der Berichterstattung des Lukas ist auch für den Korinth-Abschnitt kennzeichnend, nur daß die Mitteilungen allgemeinen Charakters noch spärlicher sind als sonst. So erfährt der Leser zum Beispiel über die Gemeinde von Korinth nichts außer der knappen Notiz in V. 8, daß viele, die Paulus hörten, glaubten und sich taufen ließen. Statt dessen konzentriert sich der Bericht auf zwei Ereignisse, die er mit großem Nachdruck herausarbeitet: auf den Bruch mit den Juden und die Gallio-Szene. Beide Male klingen Leitmotive der lukanischen Darstellung von Paulus' Missionstätigkeit an. Ist die Motivierung der Heidenmission durch die ablehnende und feindselige Haltung der Juden fast schon als konventionell zu bezeichnen, so erstaunt doch in diesem Fall die Drastik in der Wahl der darstellerischen Mittel. Gilt die Predigt zunächst Juden *und* Griechen (V. 4), so wird im folgenden Vers die Judenschaft isoliert und zugleich der Inhalt der Predigt präzisiert: Der von den Juden erwartete Messias ist Jesus. Der Bruch mit den

Juden wird diesmal mit der Geste des Abschüttelns der Kleider und der Verfluchung besonders effektvoll dargestellt. Auch der in wörtlicher Rede mitgeteilte Entschluß des Apostels, sich fortan den Heiden zuzuwenden (V. 6), verdient Beachtung. Der veränderten Zielrichtung entspricht der Wechsel des Lokals. Nicht mehr die Synagoge, sondern das gleich nebenan gelegene Haus des Proselyten Titius Iustus, also eines römischen Bürgers der gehobenen Schicht, dient nunmehr als Versammlungsort. Mit einer kleinen Sensation schließt Lukas diesen Teil seines Berichts ab: Ausgerechnet der Synagogenvorsteher bekehrt sich zum Glauben an den Herrn (V. 8).

Wenn Lukas die Gallio-Szene nicht direkt folgen läßt, sondern die Vision des Paulus und eine Angabe über die Dauer seines Aufenthalts in Korinth einschiebt, hält er sich damit an ein in der Apostelgeschichte mehrfach (Philippi, Thessaloniki, Ephesos) befolgtes Kompositionsschema: Anfang und Ende des Aufenthalts in einer Stadt werden durch zwei herausragende Ereignisse markiert; dazwischen liegt ein meist unbestimmter und nicht durch Handlung ausgefüllter Zeitraum. Die Verknüpfung der einzelnen Episoden im Korinth-Bericht ist so locker und auf den ersten Blick so wenig folgerichtig, daß man immer wieder versucht hat, durch Umstellungen von Versen mehr Konsequenz und innere Wahrscheinlichkeit in den Abschnitt zu bringen. Natürlich wäre die Vision, wenn man sie hinter die Gallio-Szene, also hinter den Höhepunkt der Bedrohung durch die Juden setzt, in ihrer paränetischen Funktion psychologisch besser motiviert als an ihrer jetzigen Stelle, wo gerade von beträchtlichen Missionserfolgen die Rede war. Die Frage ist nur, ob es Lukas um eine solche psychologische Motivierung zu tun war. Ob nicht vielmehr die Vision das in der Tat auffällig lange Verweilen des Apostels in Korinth erklären und die Gallio-Szene als die Erfüllung einer göttlichen Verheißung verstehen lassen soll. Dann würde die Abweisung der Juden durch Gallio nicht so sehr dessen eigenem Entschluß als vielmehr göttlichem Willen entspringen, würde die Anerkennung des Christentums als einer legitimen Form des Judentums durch einen Vertreter des römischen Staates, wie sie in der Gleichgültigkeit des Gallio indirekt zum Ausdruck kommt, in einen heilsgeschichtlichen Horizont gerückt. Diese apologetische Tendenz der Apostelgeschichte hat nach der allgemeinen Auffassung in der Gallio-Szene ihre stärkste Ausprägung erfahren.

Wie paßt nun das Bild, das Lukas von dem römischen Statthalter zeichnet, zu dem, was wir über den historischen Gallio wissen?

Marcus Annaeus Novatus, wie Iunius Annaeus Gallio bis zu seiner Adoption durch den väterlichen Freund und Rhetor L. Iunius Gallio hieß, war ein Sohn des älteren Seneca, eines Redners, der als Anwalt oder im politischen Dienst tätig war. Im spanischen Cordoba geboren, kam er unter Tiberius mit seinem Vater nach Rom und schlug dort die Ämterlaufbahn ein. Im einzelnen wissen wir nur, daß Gallio nach seinem Prokonsulat in Achaia auch noch Konsul war. Er scheint zum engeren Freundeskreis des Claudius gehört zu haben, und auch zu Nero, dessen Nachfolger, stand er in näher nicht definierbarer Beziehung. Wie seine beiden jüngeren Brüder, der berühmte Philosoph und Erzieher Neros, Seneca, und M. Annaeus Mela, der Vater des Dichters Lucan, wurde auch Gallio durch Nero zum Freitod gezwungen.

Nach dem Zeugnis des jüngeren Seneca muß Gallio ein außerordentlich liebenswürdiger Mensch gewesen sein. In warmen Tönen, die von einer besonders innigen Zuneigung zeugen, spricht er von seinem Bruder, „den niemand hinreichend liebt, selbst wenn er mehr zu lieben nicht fähig wäre, der andere Laster nicht kennt und die Schmeichelei haßt“. Gallios Intelligenz wird gepriesen, seine Enthaltsamkeit und vor allem die heitere Liebenswürdigkeit, der sich keiner zu entziehen vermochte. Schließlich hebt Seneca noch die Widerstandsfähigkeit des Bruders gegen alle Schmeicheleien hervor.

Freilich erfährt dieses von Bruderhand entworfene Charakterbild durch andere Quellen eine nicht unerhebliche Korrektur. Die Freundlichkeit Gallios scheint so weit gegangen zu sein, daß er niemandem nein sagen konnte, auch nicht Nero, unter dessen Hofstaat wir ihn in einer von Dio Cassius berichteten Szene wiederfinden, in der Gallio als Herold bei einem Gesangsauftritt des Kaisers im Theater fungiert (LXII 20,1). Und der Bericht, den Tacitus (Annalen XV 73) von Gallios Verhalten in einer Senatssitzung unter Nero gibt, ist nicht dazu angetan, Gallios Charakerstärke unter Beweis zu stellen. Nicht ohne Verachtung spricht der Historiker von der Unterwürfigkeit, die sich im Senat verbreitete, als es um die Verurteilung der Teilnehmer an einer Verschwörung gegen den Kaiser ging. Gallio, „in Angst wegen des Todes seines Bruders Seneca und um das eigene Leben flehend“, muß es sich gefallen lassen, von einem anderen Senator „Staatsfeind“ und „Hochverräter“ genannt zu werden.

Dieser mangelnden Standfestigkeit entsprach eine offenbar recht schwächliche körperliche Konstitution. In einem Brief an seinen Freund Lucilius schreibt Seneca, er sei vor einem heranschleichenden Fieber auf sein Landgut geflohen und habe sich dabei an einen Ausspruch des Gallio erinnert. Als der in Achaia Fieber bekam, habe er sofort ein Schiff bestiegen und gerufen, das sei keine Krankheit des Körpers, sondern der Gegend (Briefe XVIII 1,1). Im gleichen Sinn spricht Plinius von der heilsamen Anwendung von Meerwasser bei Lungentuberkulose und Blutspucken. Als Beispiel nennt er Annaeus Gallio, der nach seinem Konsulat eine Reise nach Ägypten unternommen habe, nicht weil ihn das Land interessiert hätte, sondern „wegen der Länge der Seereise“ (Naturalis historia XXXI 62f.). Die erste Notiz könnte sogar die Vermutung rechtfertigen, daß Gallio sein Prokonsulat, wenn nicht vorzeitig abgebrochen, so doch wenigstens unterbrochen habe.

Vor diesem Hintergrund, der sich aus den säkularen Quellen ergibt, beginnt nun das Gallio-Bild der Apostelgeschichte merkwürdig zu schillern. Verkörpert dieser hohe römische Beamte in den Augen des Lukas tatsächlich das richtige Verhalten römischer Magistrate gegenüber dem Christentum, eben als einer Variante des Judentums, der man dasselbe Existenzrecht einzuräumen habe? Indem Gallio die Auseinandersetzung zwischen Paulus und Juden als innerjüdische Streitigkeit abqualifiziert, scheint der Bericht eine solche Deutung zuzulassen und damit ein wichtiges Beweisstück für die apologetische Tendenz der Apostelgeschichte zu liefern. Gallio stünde dann auf der Linie eines Festus und anderer hoher römischer Beamter, die sich nicht veranlaßt sehen, gegen die Christen vorzugehen (Apg 23,29; 24,22ff.; 25,18; 26,31f.).

Ganz so eindeutig scheint nun aber der lukanische Gallio nicht zu sein. Wenn er Paulus nach der Anklage der Juden gar nicht erst zu Wort kommen läßt (V. 14), könnte man darin die zuvorkommende Geste dessen, der bereits Bescheid weiß, sehen. Und der Freispruch des Paulus von Verbrechen und Frevel wirkt leicht wie eine Auszeichnung des Apostels und damit der von ihm vertretenen Sache. Aber das lag wohl schwerlich in der schriftstellerischen Absicht des Lukas. Im Gegenteil, daß der Beklagte keine Gelegenheit bekommt, sich zu äußern, ist höchst befremdlich und nur bei der Annahme verständlich, daß sich Gallio von vornherein die Juden mit ihren Querelen vom Leibe halten will. Deswegen interpretiert er die Anklage der Juden möglicherweise auch in einem anderen Sinn, als sie wahrscheinlich gedacht war. Mit dem „Gesetz“ *(nómos)*, gegen das Paulus angeblich verstößt, ist wohl, wie auch sonst, das römische Recht, nicht das jüdische Gesetz gemeint. Gallio jedoch versteht darunter das letztere, sonst könnte er nicht von vornherein den Streit als eine innerjüdische Angelegenheit abtun. So aber darf er die Sache guten Gewissens auf sich beruhen lassen. Denn sie fällt nicht in sein Ressort, da keine Gefahr für die öffentliche Sicherheit besteht. Das heißt, Gallio handelt vielleicht untadelig als Staatsmann, aber die Rückweisung der Ankalge bedeutet keineswegs eine Stellungnahme für Paulus. Der wird mit den übrigen Juden vom Bema weggetrieben (V. 16) und bleibt auch weiterhin den Anfeindungen seiner Landsleute überlassen. Man kann den Verdacht nicht beiseite schieben, daß die antisemitischen Regungen der umstehenden Volksmenge, die sich nach Gallios Bescheid freie Bahn brechen – der Synagogenvorsteher Sosthenes wird verprügelt –, auch Gallio selbst nicht fremd waren: In Rom war er Zeuge der jüdischen Unruhen unter Claudius geworden, sein Bruder Seneca hatte vom „verruchtesten Volk“ gesprochen. Auch für Gallio war Paulus nur ein Jude.

Der Ort dieser dramatischen Ereignisse läßt sich mit einer gewissen Wahrscheinlichkeit festmachen. Lukas spricht von einem *bema*, „zu dem“ oder „vor das“ die Juden den Apostel führten (V. 12). Das Wort bezeichnet zunächst ganz allgemein den erhöhten Ort für einen Redner in einer Versammlung, kann aber auch, wie oft im Neuen Testament, speziell den erhöhten Richterplatz im Gerichtsgebäude meinen. Nun verfügte Korinth sicher wie jede größere Stadt über ein oder mehrere Gerichtsgebäude. In Frage käme vor allem die über den Läden der Lechaionstraße errichtete „Nordbasilika“, eins der frühesten Gebäude der neuen Stadt. Jedoch läßt die Schilderung der turbulenten Szene bei Lukas eher an eine Lokalisierung im Freien, nicht in einem geschlossenen Raum denken. Und da böte sich das **Bema** in der Mitte der Zentralläden, also wirklich im Zentrum des Forums, an: ein rechteckiges Fundament von etwa 15 × 17 Metern, das sich 2 Meter über den tiefergelegenen nördlichen Teil des Forums erhebt (*Abb. 43*). Daß es sich dabei um eine Rednertribüne unter freiem Himmel ähnlich der Rostra auf dem Forum in Rom handelt, bekräftigen die beiden Eckbänke für Würdenträger oder Aufseher im Hauptraum sowie die beiden kleineren Seitenräume mit umlaufenden Bänken, wohl für Wartende. Die auffallend reich dekorierten Marmorfragmente, die den Porosbau ursprünglich verkleideten, heben den besonderen Rang des Bauwerks hervor. Schwerlich konnte Lukas eine geeignetere Kulisse finden, um den Höhepunkt von Paulus' Aufenthalt in Korinth wirkungsvoll in Szene zu setzen. Die Erinnerung an Paulus blieb offenbar bis ins 10. Jahrhundert wach. Um diese Zeit errichtete man auf dem Podium eine kleine dreischiffige Kirche, von deren Altarschranken eine schön verzierte Platte noch am Ort ist.

Ein Kapitel über Gallio wäre unvollständig ohne eine Erwähnung der vieldiskutierten **„Gallio-Inschrift"**, auch wenn die Materie äußerst verzwickt ist. Die Inschrift ist insofern von besonderer Bedeutung, als sie das einzige wenigstens einigermaßen präzise Datum der paulinischen Biographie liefert. Es handelt sich um insgesamt neun in Delphi gefundene Fragmente eines Antwortschreibens, mit dem Kaiser Claudius auf einen Bericht des Gallio über Streitigkeiten in der Stadt reagiert. An wen das Schreiben, das Gallio als Freund des Kaisers und Prokonsul bezeichnet, gerichtet ist, an die Stadt Delphi oder an Gallios Nachfolger, ist umstritten. Aber unabhängig davon läßt sich das Amtsjahr des Gallio in Korinth mit Hilfe etwas komplizierter Berechnungen für die Zeit vom Sommer 51 bis zum Sommer 52 wahrscheinlich machen. Nimmt man ferner an, daß der Prozeß vor Gallio kurz nach dessen Amtantritt (die Juden konnten sich beim neuen Prokonsul vielleicht bessere Chancen ausrechnen als beim Vorgänger) und gegen Ende von Paulus' Aufenthalt in Korinth (was lukanischer Kompositionstechnik entspricht: Abreise jeweils nach dem großen Zusammenstoß mit den Juden) stattgefunden hat, ergibt sich als Datum für die Ankunft des Apostels in Korinth das Frühjahr 50 (im Winter ruhte die Schiffahrt), für die Abreise der Herbst 51 (die Richtigkeit der 18 Monate, die die Apostelgeschichte V. 11 für den Aufenthalt des Paulus in Korinth angibt, vorausgesetzt). Dazu paßt die weitere Angabe, daß Aquila und Priscilla „vor kurzem" aus Rom in Korinth eingetroffen waren (V. 2). Die Vertreibung der Juden aus Rom unter Claudius, die Lukas als Grund anführt, fällt wahrscheinlich in das Jahr 49. Aber so sicher ist das alles nicht, ein um ein Jahr späterer Ansatz ist auch denkbar, allerdings weniger wahrscheinlich.

5. Götter und Kulte

Mehr als Architektur und Politik dürften Paulus die religiösen Vorstellungen der Korinther interessiert haben. Denn damit hatte er sich in erster Linie bei seiner Missionsarbeit auseinanderzusetzen. Der 1. Korintherbrief weiß von etlichen Problemfällen in der Gemeinde zu berichten, aber gerne erführen wir noch mehr über die korinthischen Verhältnisse. Jedoch sind die literarischen Quellen nicht gerade ergiebig. Weder die paulinischen Briefe noch das urchristliche Schrifttum überhaupt gehen auf die Glaubensvorstellungen des bekämpften Heidentums ausführlicher ein, wie man eigentlich erwarten sollte. Natürlich wird die Vielzahl von Göttern kritisiert, ihre Darstellung in Menschengestalt, ihre Abhängigkeit von Opfern, aber das bleibt alles sehr allgemein, und gerade die synkretistischen Erscheinungsformen von Kult und Religion werden so gut wie nicht beachtet. Die einzigen Götter, die im Neuen Testament namentlich genannt werden, sind Zeus, Hermes und Artemis, bezeichnenderweise alle in der geschichtlich am meisten interessierten Apostelgeschichte.

Auch in Korinth ist, wie in anderen Städten Griechenlands auch, eine erstaunliche Kontinuität der griechischen Gottheiten zu beobachten. **Aphrodite** und **Poseidon** blieben auch in der römischen Stadt die wichtigsten Götter, wohl nicht zuletzt wegen des starken griechischen Bevölkerungsanteils. Viele Heiligtümer wie das des Asklepios, der Demeter und Kore oder der Aphroditetempel auf Akrokorinth wurden wiederhergestellt und denselben Gottheiten neu geweiht. Zudem war seit dem 1. nachchristlichen Jahrhundert die Gleichstellung griechischer und römischer Götter weit vorangeschritten. Zeus, Poseidon, Aphrodite unterschieden sich praktisch nicht mehr von Jupiter, Neptun und Venus. Lediglich der Kaiserkult war eine römische Besonderheit. Und wenn Athene, Hermes und Tyche-Fortuna am Forum ihre eigenen Tempel hatten, hängt das sicher mit ihren speziellen Funktionen zusammen. Athene war die Göttin der Handwerker, auf deren Arbeit nicht zuletzt der Reichtum der Stadt beruhte. Hermes war für Händler und Kaufleute zuständig, und Fortuna mit dem Füllhorn sollte nach Möglichkeit die Risiken abdecken, die nun einmal mit jedem Geschäft verbunden sind. Dazu kamen zwei einflußreiche orientalische Kulte. Die Göttermutter Kybele hatte ihren Tempel auf Akrokorinth. Das ägyptische

43 Korinth, Bema. Das sogenannte Bema (Podest, Tribüne) im Zentrum des Forums, die rostra anderer römischer Foren, ist eine Rednertribüne, die wohl auch zu öffentlichen Proklamationen diente. Der Eingang des ursprünglich reich mit Marmor geschmückten Podiums lag auf der oberen Terrasse, auf der unteren war es von zwei Räumen mit Bänken flankiert. Die Gallioszene der Apostelgeschichte (18,12–17) könnte sich hier sehr wohl abgespielt haben.

Götterpaar **Isis** und **Serapis,** in seinem Aufgabenbereich immer mehr dem Asklepios und seiner Gemahlin Hygieia angeglichen, besaß sogar zwei Heiligtümer, eins in Korinth und eins in Kenchreai. Apuleius, um 125 n. Chr. im nordafrikanischen Madaurus geboren, erzählt in seinem Roman „Metamorphosen" oder „Der goldene Esel" die Geschichte vom jungen Lucius, der infolge seiner Neugierde in einen Esel mit menschlichem Bewußtsein verwandelt wird und nach tollen Abenteuern seine Menschengestalt wiedererlangt und sogar in die Isismysterien eingeweiht wird. In Kenchreai hat er sich am Strand niedergelegt, als ihm im Schlaf die Göttin erscheint und ihm die Einweihung verheißt. Es folgt eine an Pracht kaum zu überbietende Darstellung des Festzugs zu Ehren der Göttin von Korinth zum Meeresufer, die ausführlichste Quelle, die wir zu den Mysterien überhaupt besitzen. Das an einer römischen Hafenmole des Kenchreai-Hafens gelegene Heiligtum der Isis ist nach einem Erdbeben im letzten Drittel des 4. Jahrhunderts n. Chr. fast ganz im Meer verschwunden. Nur ein Hof mit halbkreisförmigem Abschluß ist im Wasser noch erkennbar, dazu zwei Säulenhallen, die später in den Bau einer frühchristlichen Basilika einbezogen wurden (*Abb. 44*). Unterwasserarchäologen konnten mehrere Fragmente von Glaspaneelen in opus sectile, einer Art grobem Mosaik, sicherstellen. Sie sind heute im Museum von Isthmia ausgestellt und überraschen durch ihre kräftigen Farben und die detaillierte, perspektivisch gut erfaßte Darstellung einer Hafenstadt, aber auch von Abschnitten, die an Nillandschaften erinnern. Die noch in ihrer Verpackung im Hof des Isisheiligtums gefundenen Bilder, über deren Herstellungsort nichts bekannt ist, waren dazu bestimmt, die Wände der beiden Säulenhallen zu schmücken. Aber das Erdbeben kam dem zuvor.

6. Der „Heiland" Asklepios

Zu den Heiligtümern, die im religiösen Leben Korinths eine besondere Rolle spielten, gehört das **Asklepieion** am Nordrand der Stadt unmittelbar vor der Stadtmauer. Die Lage abseits von der Betriebsamkeit der Stadt mit beruhigendem Blick auf den Golf und die Berge des griechischen Festlands schuf im Verbund mit der angrenzenden Lernaquelle gute Voraussetzungen für ein heilsames Ambiente, das fast alle Kultstätten des Heilgottes auszeichnete. Ein kleiner Tempel mit einem Altar vor der Eingangsfront im Osten stand in einem etwa quadratischen Hof, dessen Säulengänge vor Sonne und Regen schützten. Hinter dem Tempel lag das Abaton, eine langgestreckte Halle, in der die Kranken sich zum Heilschlaf niederlegten, nachdem sie die notwendigen Opfer und rituellen Waschungen vorgenommen hatten. Hangabwärts folgte ein weiterer Säulenhof mit dem **Lernabrunnen.** Aus drei Becken, die durch lange Reservoirs versorgt wurden, schöpfte man das für die Heilung unentbehrliche Wasser. Hinter dem östlichen Flügel, sozusagen im Untergeschoß des Abatons, waren drei **Bankettträume** mit Tischen und Bänken an den Wänden sowie einer Feuerstelle in der Mitte eingerich-

44 Kenchreai, Isisheiligtum. Die fast ganz im Wasser versunkenen Konstruktionen an der Südmole des Hafens sind mit großer Wahrscheinlichkeit die Reste eines Isisheiligtums: zunächst nur ein Hof mit Apsis (im Hintergrund), aber noch im 1. Jh. n. Chr. erweitert durch einen Tempel und rechteckigen Säulenhof. Hier ist wohl der Schauplatz zu denken, an dem Apuleius seinen in einen Esel verwandelten Romanhelden wieder Menschengestalt annehmen läßt. Links neben diesem Komplex ist die Apsis einer frühchristlichen Kirche sichtbar.

tet, Orte der Geselligkeit für Heilungsuchende und Besucher des Heiligtums.

Eine Besonderheit des korinthischen Asklepieions ist das Nichtvorhandensein von Dankinschriften der Geheilten, wie sie aus anderen Heiligtümern des Gottes bekannt sind. Auch Reliefbilder mit Darstellungen des Geheilten oder von Begegnungen mit Asklepios sind nicht gefunden worden. Das ist um so auffälliger, als die Römer nach der Neugründung der Stadt alle Schäden der vergangenen hundert Jahre sorgfältig behoben hatten und das Heiligtum seit dem späten 4. Jahrhundert v. Chr., als Asklepios es von seinem Vater Apollon übernahm, bis in das späte 4. Jahrhundert n. Chr., als auf dem Gelände ein christlicher Friedhof angelegt wurde, in Betrieb war. Andererseits ist die Menge der aus Ton nachgebildeten lebensgroßen Gliedmaßen und Organe, die die Geheilten als Votivgaben dem Gott darbrachten, geradezu überwältigend. Die Ausgräber schätzen die Gesamtmasse auf etwa 10 Kubikmeter. Allein aus den Bruchstücken lassen sich mindestens 125 Hände rekonstruieren, 65 weibliche Brüste und 35 männliche Genitalien.

Es wäre interessant, zu erfahren, ob die Korinther die Christusbotschaft, die ihnen Paulus verkündete, nicht unwillkürlich mit der ihnen vertrauten Gestalt des Asklepios verknüpft haben. Die paulinischen Briefe lassen davon nichts erkennen. Jedoch standen sich beide „Heilsgestalten" viel zu nahe, als daß wechselseitige Assoziationen hätten ausbleiben können. Schon die Geburtsgeschichten zeigen verblüffende Parallelen. Die schwangere Mutter, die sich auf Wanderschaft begeben muß; die Geburt des Kindes in der Fremde und die Schutzlosigkeit des Neugeborenen; das Kind zwischen den Tieren, die ihm gleichsam Schutz gewähren; das Licht, das den Ort der Geburt überstrahlt, und die schnell sich verbreitende Kunde vom „Retter", der den Menschen Heil verspricht – das sind Motive, die wir aus dem Weihnachtsevangelium des Lukas kennen. Ebenso sind sie aber auch wichtige Handlungsträger in der Geburtsgeschichte des Asklepios, wie sie Pausanias II 26,3–5 überliefert. Jesus, der Sohn Gottes, aber von einer Sterblichen geboren – Asklepios, ebenfalls der Sohn eines Gottes (Apollon) und einer Sterblichen (Koronis), also ursprünglich kein Gott, sondern ein Heilsheros, wie ihn Homer beschreibt. Erst als der Glaube an die olympischen Götter durch die allmähliche Auflösung der alten Polisgemeinschaften unter kräftiger Mitwirkung der sophistischen Aufklärungsbewegung Risse bekam, trat Asklepios ins erste Glied und wurde zum neuen Hoffnungsträger. Gefragt war jetzt ein milder, wohltätiger Gott, der mit dem Menschen fühlte und ihm in seinem Leiden half. Die Nähe des Asklepios ließ sich in seinen Heiligtümern unmittelbar erfahren, *epékoos*, „erhörend", war ein häufiges Beiwort von ihm, und die beliebten Darstellungen des Gottes im Kreis seiner Familie schufen zusätzlich eine Atmosphäre der Vertrautheit. Aber nicht nur von den Wundern, die der Gott tat, wird erzählt, sondern auch von seinen Versuchen, Tote zu erwecken.

Für diesen Übergriff in die Machtsphäre der Götter

wurde er vom Blitzstrahl des Zeus getroffen. Jedoch war dieser Tod kein endgültiger. Nach einigen Berichten, vor allem aus späterer Zeit, sieht es so aus, als sei Asklepios erst durch sein Sterben zur Unsterblichkeit durchgedrungen – ein weiteres Bindeglied zwischen Asklepios und Jesus Christus. Das mag dogmatisch anfechtbar sein, aber um solche Festlegungen kümmerte man sich zur Zeit des Paulus noch nicht. Das haben jene Apologeten der frühen Kirche scharfsichtig erkannt, die gegen den immer noch weitverbreiteten Asklepiosglauben ihrer Zeit nicht einen Konfrontationskurs steuerten, sondern wie etwa Justinus zu harmonisieren versuchten: „Wir bringen euch nichts, was gegenüber dem, was man von euren sogenannten Zeussöhnen erzählt, neu und fremd wäre" (Apologeticum 1,21). Aber natürlich bleibt auch bei ihnen Christus der „bessere Heiland" *(sotér)*, dessen göttliche Weise der menschlichen des Asklepios überlegen sei. Aber die Verbindung zu Asklepios war da, bewußt oder unbewußt. Denn, wie Adolf von Harnack treffend formuliert hat, es war eine „heilungssüchtige Welt", in die das junge Christentum eintrat.

7. Demeter und Kore

Eine weitere zur Zeit des Paulus vielbesuchte Kultstätte lag am Fuß des Burgbergs an einem Seitenweg der nach Akrokorinth hinaufführenden Straße: das Heiligtum der Demeter und ihrer Tochter Kore. Auf drei Terrassen übereinander breitete sich die durch eine Mitteltreppe erschlossene Anlage aus. Die ältesten Spuren führen in das 6. Jahrhundert zurück, eine Benutzung läßt sich fast durchgängig bis zum Ende des 4. Jahrhunderts n. Chr. nachweisen. Um diese Zeit wurde das Heiligtum, etwa gleichzeitig mit dem Asklepieion, vielleicht von den Westgoten, vielleicht von den Christen zerstört. (In unmittelbarer Nachbarschaft fand man viele frühchristliche Gräber.) Immer wieder hat man die Anlage erneuert, verändert, erweitert und verschönert. So auch in der ersten Hälfte des 1. nachchristlichen Jahrhunderts, also nicht lange vor der Ankunft des Paulus in Korinth, als auf der obersten Terrasse ein neuer Zentralraum und darunter eine Säulenhalle angelegt wurden; die Stifterinschrift in Mosaik blieb erhalten. Unter den verschiedenen Räumlichkeiten konnte man kleine Tempel und Einrichtungen für kultische Spiele mit in den Fels gehauenen Sitzreihen ausmachen. Am meisten erstaunen jedoch die zahlreichen Speiseräume, die über alle Terrassen verteilt waren; aus der vorrömischen Zeit lassen sich in den verschiedenen Bauphasen über fünfzig nachweisen. Diese Räume sind leicht erkennbar an den an den Wänden entlang aufgemauerten Klinen, den Liegebetten, auf denen man sich zum Essen niederließ. Der Kopfteil war jeweils etwas erhöht, leichte Aushöhlungen sorgten für einen besseren Sitz der Polsterkissen. Davor standen niedrige Tische, und meherere Raumeinheiten besaßen jeweils eine gemeinsame Küche. Auch wenn die Zahl dieser „Bankettsäle" in römischer Zeit zurückging, wahrscheinlich, weil die Mahlzeiten zunehmend im Freien eingenommen wurden, so ist die Kultkontinuität des Heiligtums doch äußerst erstaunlich. Im Mittelpunkt der Feiern stand die Göttin als Spenderin der Fruchtbarkeit von Acker und Flur, vor allem das Korn galt als ihre Gabe. Der **Mysterienglaube** band die Göttin in den regelmäßigen Wechsel der Jahreszeiten und damit in den Rhythmus von Leben und Sterben ein. Die bescheidenen Weihegaben, die in großen Mengen in den Depositorien der Römerzeit gefunden wurden, lassen darauf schließen, daß die Göttin vor allem unter den ärmeren Schichten der Bevölkerung und hier besonders unter den Frauen ihre Anhänger hatte.

Eine Weihinschrift auf Isis und Serapis, die 400 Meter unterhalb des Heiligtums gefunden wurde – in der Nähe jener Stelle, die Pausanias für die Lage ihrer beiden Tempel angibt –, mag daran erinnern, daß auch der Isiskult mit Mysterien verbunden war, die auf ähnliche Weise gefeiert wurden wie die der Demeter. Eine gewisse Mysterienfrömmigkeit ist also bei den Korinthern vorauszusetzen. Wenn Paulus von den „heimlichen Dingen" spricht, denen die Christen abgesagt hätten, davon, daß sie die Wahrheit selbst enthüllten (und nicht irgendeine Mysteriengottheit, 2 Kor 4,2), will er sich offenbar von vertrauten Vorstellungen der korinthischen Gemeinde distanzieren. Mehrfach spricht er im 1. Korintherbrief von *mystérion* (im Singular oder Plural) in unterschiedlicher Bedeutung, aber immer in einem eschatologischen Zusammenhang. Daß seine Korinther ihre eigenen Assoziationen mit dem Begriff verbanden, ist fast selbstverständlich. Um so dringlicher stellte sich für Paulus die Aufgabe, Mißverständnissen vorzubeugen. So geschieht es etwa 1 Kor 4,1, wo sich der Apostel als „Verwalter der Geheimnisse Gottes" begreift. Diese hat er zu „verkündigen" und nicht, wie der Mystagoge der Mysterien, zu verbergen.

Ein ganz konkretes Problem, das sich für die korinthische Gemeinde ergab, ist durch das Stichwort „Götzenopferfleisch" definiert. Auf die Bedeutung des Mahles in den Mysterienkulten war schon hingewiesen worden. Aber auch Opfer- und Totenkult waren ohne gemeinsame Mahlzeiten nicht denkbar, und auch das Essen in den zahllosen Vereinen hatte eine religiöse Komponente. Das Problem verschärfte sich noch dadurch, daß das auf dem Markt erhältliche Fleisch teilweise von geopferten Tieren stammte, also „Opferfleisch" war. Und weiter: Wie war einem Korinther der Unterschied zwischen Herrenmahl und heidnischem Kultmahl zu vermitteln?

Ausführlich nimmt Paulus im 8. und 10. Kapitel des 1. Korintherbriefs zu diesen Fragen Stellung, freilich ohne sich genau festzulegen. Zunächst steht er auf der Seite der „Starken". Sie haben eine „Erkenntnis", sie wissen, daß es keinerlei Götzen *(eídola)* auf der Welt gibt, sondern nur den einen Gott. Also kann man auch alles essen, was auf den Fleischmarkt kommt, und braucht eine Einladung zum Essen in das Haus eines Nichtchristen nicht aus Gewissensgründen auszuschlagen (8,4; 10,25–27). Andererseits argumentiert Paulus aber auch im Sinn der „Schwachen", die über die „Erkenntnis", die sie frei machen könnte, nicht verfügen: „Seht zu, daß eure Freiheit den Schwachen nicht zum Anstoß wird" (8,9). Sie könnten in Gewissenskonflikte geraten und dabei Schaden nehmen.

Grundsätzlich läßt Paulus keinen Zweifel daran, daß es unmöglich ist, „den Kelch des Herrn zu trinken und den Kelch der Dämonen" (also der heidnischen Götter); „ihr könnt nicht zugleich am Tisch des Herrn und am Tisch der Dämonen teilhaben" (10,21). Das ist die letztlich dann doch klare Antwort des Paulus auf Schlagwörter, mit denen Mitglieder der korinthischen Gemeinde im Sinn der griechischen Aufklärungsphilosophie offenbar operierten: Wir haben das Wissen über Gott und Natur, und dieses Wissen macht uns frei, gestattet also auch den Genuß von Opferfleisch. Diese großzügige Einstellung zu traditionellen Sitten und Vorstellungen wird es auch in anderen Städten, in die Paulus kam, gegeben haben. Im „libertinistischen" Korinth jedoch stellten sich diese Fragen nach Auskunft des 1. Korintherbriefs in besonderer Schärfe.

Noch stärker treten soziale Probleme innerhalb der korinthischen Gemeinde beim **Gemeinschaftsmahl** im Rahmen der Gottesdienste hervor. Auch wenn die Angaben im 1. Korintherbrief (besonders 11,17–33) nicht eindeutig sind, kann man doch annehmen, daß zumindest in der Frühzeit Sättigungsmahl und die Einnahme von Brot und Wein, also – in der späteren Terminologie – Agape und Eucharistie, noch eine zeitliche und räumliche Einheit bildeten. Paulus tadelt, daß die einen (wohl die, die es sich finanziell und zeitlich leisten konnten) schon gegessen und getrunken haben, während die anderen (wohl diejenigen, die noch arbeiten mußten oder von ihrem Herren nicht eher frei bekamen), noch hungern; dann wäre es wohl besser, die Wohlhabenden verlegten ihre Mahlzeiten in Privathäuser (V. 21f.). Die weitere Frage, an welcher Stelle der Gesamtfeier der Wortgottesdienst unterzubringen sei, ist seit je umstritten: am Anfang (dann hätten die später Eintreffenden von ihm nichts mitbekommen), zwischen den beiden Mahlen (deren Reihenfolge auch nicht feststeht) oder am Ende. Die erste Möglichkeit hat viele Verfechter. H.-W. Klauck jedoch möchte den Wortgottesdienst an den Schluß setzen und stellt auf diese Weise eine überraschende Analogie zum antiken Mahlbrauch her (Der Gottesdienst in der Gemeinde von Korinth). Das antike Symposion begann, übrigens ebenfalls am Spätnachmittag oder frühen Abend, mit einem Gastmahl, danach leitete eine Trankspende für die Götter über zum Trinkgelage, an dem auch weitere, nicht geladenen Personen teilnehmen konnten, mit Gesprächen, Diskussionen und dergleichen. Analog dazu stünde in der Gemeindeversammlung am Anfang das Sättigungsmahl, dann würde die eucharistische Doppelhandlung mit Brot und Wein folgen und den Beschluß der Wortgottesdienst mit Ansprache(n), Gesängen und dergleichen machen. Das ist ein einleuchtender, wenn auch nicht beweisbarer Vorschlag. Aber wie dem auch sei, das religiöse Element bei derartigen Mahlzeiten war den Korinthern nicht fremd. Heiden wie Christen bedeuteten sie weit mehr als die Befriedigung eines elementaren Bedürfnisses. Sie stifteten Gemeinschaft nicht nur zwischen Mensch und Mensch, sondern auch zwischen Mensch und Gott, hatten also eine soziale und religiöse, das heißt bei den Christen: heilsgeschichtliche Funktion.

8. Der Aphroditekult

Wofür Korinth jedoch in aller Welt bekannt war, war sein Aphroditekult. Auch im 1. Brief des Paulus an die Korinther spielt das in der Stadt üppiger als anderswo blühende Dirnenwesen eine auffallend große Rolle. So durchzieht die Kapitel 5 und 6 als Leitmotiv das Stichwort *porneía,* das mit „Unzucht" oder „Hurerei" nur unvollkommen wiedergegeben ist. Gerade in diesen Übersetzungsversuchen wird der Unterschied zwischen heidnisch-griechischer und christlicher Auffassung offenbar. *porneía* (von *pérnemi* = verkaufe) bezeichnet die käufliche Liebe in ihren verschiedenen Erscheinungsformen. Was die Etymologie des Wortes bereits zu erkennen gibt, nämlich die Betonung des Kommerziellen und nicht eine moralische Wertung, wird durch die Praxis bestätigt. Auch wenn sich die Monogamie in Griechenland im 7. Jahrhundert bereits allgemein durchgesetzt haben dürfte, so scheinen sich doch keine Proteste erhoben zu haben, als etwa um die gleiche Zeit die Prostitution in Griechenland ihren Einzug hielt: die Folge steigenden Wohlstands und sich ausdehnender Handelsbeziehungen sowie der allmählich einsetzenden Verstädterung. Das natürliche und unbefangene Verhältnis des Griechen zur Sexualität verbot es, im Umgang mit Prostituierten etwas Anstößiges zu sehen, zumal Geschlechtsverkehr mit Nebenfrauen oder Sklavinnen in der frühen Zeit durchaus üblich war. Und wenn die Hetären in einem zweifelhaften Ruf standen, dann in erster Linie wegen ihrer Habgier und ihrer niederen Herkunft, nicht wegen ihres Gewerbes. Nur vor diesem Hintergrund ist zum Beispiel die gut verbürgte Nachricht zu verstehen, Solon habe in Athen ein Bordell einrichten lassen und aus dem Gewinn der Aphrodite Pandemos einen Tempel errichtet. In der Tat unterlag Prostitution kaum einer staatlichen Einschränkung, und nur der Ehebruch, der von der *porneía* streng geschieden wurde, wurde juristisch geahndet.

Kritische Stimmen werden nur selten laut. Wenn Dion Chrysostomos in seiner berühmten „Euboiischen Idylle" (7,133 ff.) eine erstaunlich modern anmutende Analyse der Prostitution gibt und die käufliche Liebe als mit der Menschenwürde und der Gleichberechtigung aller Menschen unvereinbar ablehnt, so ist das ein Nachhall jener philosophischen Reflexion, unter deren Einfluß sich im Hellenismus und in der Kaiserzeit die Einstellung zum Prostituiertenwesen von Grund auf geändert hatte. Wie sehr die Römer – in Rom tauchen Dirnen in größerer Zahl erst nach dem 2. Punischen Krieg, also erst zu Beginn des 2. vorchristlichen Jahrhunderts auf – in der Prostitution etwas Artfremdes und Verwerfliches sahen, eben eine typisch griechische Ausschweifung, geht aus den beim römischen Komödiendichter Plautus mehrfach belegten Bezeichnungen für den Verkehr mit Dirnen hervor: *pergraecari* oder *congraecare*.

Das Dirnenwesen blühte natürlich in den Verkehrszentren und damit auch in den Hafenstädten besonders schnell empor. In Griechenland galten Piräus, Epidauros und Korinth als die bekanntesten Sammelpunkte. Korinth muß auf diesem Gebiet absolut führend gewesen sein. Nach einer Notiz des Eusthatios (zu Ilias 2,570) war „sich wie ein Korinther benehmen" ein Fachausdruck für „kuppeln" und dergleichen. Die Bordelle und entsprechenden Etablissements dürften sich in Korinth wie in anderen Städten auch vorwiegend in den mehr oder weniger anrüchigen Stadtvierteln, also am Hafen vor den Toren, befunden haben. Jedoch hört man von derartigen Einrichtungen auch in besseren Gegenden, etwa auf dem Forum, neben Regierungsgebäuden oder Tempeln. Die Spezialität Korinths war indes das berühmte Aphroditeheiligtum auf dem höchsten Gipfel des Burgbergs. Das Erstaunliche daran ist nicht so sehr der für den Händlergeist der Korinther bezeichnende Pragmatismus, mit dem man hier von Staats wegen die Freudenmädchen zur Kasse bat – Strabon nennt neben dem Handel und den Isthmischen Spielen die Hetären als die wichtigste Einnahmequelle der Stadt (VIII 6,20). Noch merkwürdiger ist die nach allgemeiner Auffassung im Heiligtum praktizierte sakrale Form der Prostitution, die Hierodulie, die sich sonst in Griechenland – außer gelegentlich in Randgebieten wie Zypern und Sizilien (Eryx), aber auch da nicht mit Sicherheit – nicht nachweisen läßt. Die enge Verknüpfung von Kult und Sexualität in Form der Hierodulie ist eher ein Kennzeichen orientalischer Religionen. Zugrunde liegt ihr die Vorstellung einer kosmischen Vereinigung von Himmel und Erde, weshalb die Hierodulie auch mit den Fruchbarkeitskulten der Erdgöttin in Zusammenhang stehen konnte. Die Preisgabe der Jungfräulichkeit war als Opfer an die Göttin gedacht, sollte zugleich aber auch Fruchtbarkeit im menschlichen Bereich bewirken.

Von diesen urtümlichen Vorstellungen ist die kommerzialisierte Prostitution im Aphroditeheiligtum von Korinth natürlich weit entfernt. Man hat sogar bezweifelt, daß es sie in der Form der Tempelprostitution überhaupt gegeben hat. Für das römische Korinth sind diese Zweifel berechtigt, für das griechische nicht. Natürlich war nicht jedes in der Literatur erwähnte korinthische Straßenmädchen eine Hierodule (Strabon VIII 6,20 spricht von tausend Hetären am Aphroditeheiligtum der griechischen Zeit). Und wenn Athenaios berichtet, in Korinth sei es üblich gewesen, bei wichtigen Angelegenheiten möglichst viele Hetären zu den Bittgebeten an

Aphrodite einzuladen und sie an Gebet und Opfer zu beteiligen, so zum Beispiel vor dem Angriff der Perser auf Griechenland, als sich viele Hetären im Aphroditeheiligtum versammelten, um für die Rettung des Vaterlands zu beten (XIII 573), so beweist das lediglich die besondere Rolle der Hetären in Korinth, läßt aber keinen Schluß auf die Institution der Hierodulie zu.

Andererseits darf man das wichtigste Zeugnis aus klassischer Zeit nicht bagatellisieren. In einem Preislied (frg. 122 Snell) preist Pindar einen korinthischen Athleten namens Xenophon, der für den Fall eines Sieges im Wettkampf gelobt hatte, Aphrodite hundert Mädchen zuzuführen. In den ersten Zeilen des Gedichts redet Pindar die Mädchen der Aphrodite in stark metaphorischer, aber deren eigentliche Funktion kaum verschleiernder Sprache an: „gastfreundliche Mädchen, Dienerinnen der Überredung". Und Xenophon hat dem Heiligtum der Göttin eine „Schar weidender Mädchen" zugeführt. Wenn Xenophon die Mädchen nur zu den Siegesfeierlichkeiten engagiert hätte, wäre „zuführen" kaum der sachlich richtige Ausdruck. Auch bestünde kein Zusammenhang zwischen der Siegesfeier und der für sie gewählten Szenerie, dem Aphroditeheiligtum. Zielten die Verse Pindars auf das korinthische Dirnenwesen allgemein, streiften sie das Lächerliche. Dem Dichter war es offensichtlich darum zu tun, die sakrale Form der Liebe über die vulgäre hinauszuheben.

An der für das griechische Korinth allgemein angenommenen Tempelprostitution zu zweifeln besteht also kein Anlaß. Im römischen Korinth jedoch war dergleichen unbekannt, weshalb Paulus auch das Dirnenwesen grundsätzlich, nicht eine spezielle Form angreift.

9. Gemeinde und Prostitution (1 Kor 6)

Der erste Fall, den Paulus in diesem Zusammenhang aufgreift, die – auch im römischen Recht verbotene – Ehe mit der zweiten Frau des Vaters, war offensichtlich eine spektakuläre Ausnahme. Aber was die Prostitution betrifft, so scheint es in der korinthischen Gemeinde tatsächlich Leute gegeben zu haben, die sie mit der christlichen Lehre für vereinbar hielten, und gegen diese Einstellung geht Paulus mit aller Schärfe vor. Zwar ist die *porneía* keineswegs das einzige Laster, das der Apostel zu kritisieren hat; der Katalog 5,11 zählt neben ihr Habgier, Götzendienst, Lästerung, Trunkenheit und Raub auf. Jedoch ist die *porneía* an erster Stelle genannt, und das ist um so auffälliger, als sie in anderen Lasterkatalogen der paulinischen Briefe nur eine untergeordnete oder überhaupt keine Rolle spielt. Im 1. Korintherbrief jedoch ist dieses Thema für den Apostel so wichtig, daß er nach der scheinbaren Erledigung dieser Frage in 5,11 im folgenden noch zweimal darauf zurückkommt. Zunächst in den Ausführungen über das Prozessieren von Christen vor heidnischen Gerichten (6,1–11), einem Abschnitt, der auf den ersten Blick aus dem Zusammenhang herauszufallen scheint, dann in der theologischen Widerlegung der These, käufliche Liebe und Christentum schlössen einander nicht aus (V. 12–20). Der Text artikuliert Gedanken, die von Stoikern und Kynikern vielfach vertreten wurden und sicher auch in Korinth, dem Lieblingsaufenthalt des Diogenes, Anklang gefunden haben.

Das Ziel des paulinischen Gedankengangs ist klar: Für den Christen kommt der Verkehr mit einer Prostituierten nicht in Betracht, da sein Körper zugleich Leib des erhöhten Herrn und damit zur Auferstehung bestimmt ist. Durch die körperliche Vereinigung mit einer Dirne würden also die „Glieder Christi" zu „Hurengliedern" (V. 15). Zu einem solch kühnen Oxymoron läßt sich Paulus hinreißen, um der Gemeinde die Unmöglichkeit dieses von ihr offenbar akzeptierten Standpunkts drastisch vor Augen zu führen. Dabei knüpft er an Gedanken der zeitgenössischen Philosophie an. Aber gerade bei dieser Gelegenheit zeigt sich, wie schwer sich das junge Christentum tat, in einer griechisch geprägten Umwelt verstanden zu werden, und wie die möglicherweise vorhandenen Parallelen eher Unsicherheit stifteten als Verständnishilfen gaben.

Daß die Speise für den Magen und der Magen für die Speise bestimmt sei (V. 13), ist ein in der kynisch-stoischen Diatribenliteratur, die gerne mit derartigen Analogien aus dem körperlichen Bereich arbeitet, ein beliebter Gemeinplatz. Der Zusammenhang, in den Paulus ihn rückt, weist darauf hin, daß er in der Gemeinde von Korinth offenbar dazu diente, die außereheliche Befriedigung des Geschlechtstriebes als etwas Natürliches und damit nicht Unsittliches hinzustellen. Aber diese Analogie, so sehr sie griechischem Empfinden entsprechen mochte, war für Paulus unannehmbar.

Wird hier ein heidnischer Gedanke durch die paulinische Gegenthese einfach außer Kraft gesetzt, so biegt der vorhergehende Vers 12, mit dem Paulus seine Argumentation gegen die *porneía* einleitet, einen solchen Gedanken an der entscheidenden Stelle um. „Alles ist mir möglich" mag man als Wahlspruch besonders frei gesonnener korinthischer Gemeindeglieder verstehen. Derartige Formulierungen für die innere Freiheit des Menschen sind bei Kynikern und Stoikern keine Seltenheit. So kann der Satz durchaus zur Rechtfertigung der freien Befriedigung des Geschlechtstriebes dienen; die Befriedigung wäre dann den sittlich neutralen Werten zuzurechnen, die man ohne Schaden für die eigene Freiheit genießen darf. Allerdings gibt die zeitgenössische Philosophie in dieser Frage keine einhellige Antwort. Für andere war die Betätigung des Geschlechtstriebes gleichbedeutend mit der Unterjochung unter die sinnlichen Leidenschaften und deshalb abzulehnen. Paulus neigt natürlich der zweiten Position zu, wenn er sie auch anders begründet. Bei ihm steht die schon von der griechischen Philosophie artikulierte Erfahrung, daß bereits der erste Versuch, seine Freiheit zu realisieren, ins Gegenteil umschlagen kann.

Entscheidend ist für Paulus jedoch der zweite Gedankengang, die Ablehnung der Speise-Magen-Analogie unter Berufung auf die Heiligung des Leibes, der als „Tempel des heiligen Geistes" apostrophiert wird (V. 19). Eine solche religiöse Begründung für die Ablehnung der Prostitution erfolgt hier zum ersten Mal in der abendländischen Geschichte. Wie schwierig dieses Unterfangen war, glaubt man noch zu spüren am Springen der Gedanken und Vorstellungen, an der mangelnden begrifflichen Schärfe und nicht zuletzt an dem Versuch, die griechischen Theoretiker mit ihren eigenen Waffen zu schlagen.

10. Die sozialen Verhältnisse

Korinth, der Sündenpfuhl Griechenlands – diesen Eindruck muß der Leser aus den paulinischen Briefen gewinnen, und er deckt sich durchaus mit Zeugnissen antiker Schriftsteller der ersten nachchristlichen Jahrhunderte. In ihnen scheint der dorische Ursprung der Stadt vollkommen vergessen zu sein; Reichtum, Üppigkeit und Lebensgenuß sind die hervorstechenden Merkmale Korinths. So will Maximus von Tyros, ein Popularphilosoph des 2. nachchristlichen Jahrhunderts, bei der Behandlung griechischer Verfassungsformen sich die „genußsüchtigen" Korinther sowenig zum Vorbild nehmen wie die „verweichlichten" Syrakusaner, die „reichen" Chier, die Lesbier „mit dem besten Wein" oder die „bestgekleideten" Milesier, sondern lieber Athener und Spartaner (32,10). Da sich die griechischen Städte im allgemeinen durch ihre Schlichtheit und nicht durch ihren Luxus auszuzeichnen pflegten, unterstreicht das Beiwort gerade im Fall Korinths die Sonderstellung der Stadt in auffälliger Weise.

Einen erheblichen Schuß Sozialkritik läßt der Redner Alkiphron in sein Genrebild einfließen, das er – ebenfalls im 2. Jahrhundert n. Chr. – in einem fingierten Brief vom Leben der ärmeren Bevölkerungsschichten der Stadt entwirft (III 24). Zwar ist Korinth auch für ihn noch eine „reizvoll anzuschauende" Stadt, die im Luxus schwimmt, aber im Gegensatz dazu findet er die Einwohner gerade „nicht reizend und nicht gesegnet mit den Gütern der Aphrodite", deren Tempel sie doch beherberge. Der Briefschreiber beobachtet, wie junge Männer sich in der Gegend des Kraneions herumtreiben, dort, wo Bäcker und Obsthändler sich aufzuhalten pflegen. Der eine sammelt die liegengebliebenen Schoten von Lupinen auf, der andere kratzt aus Nußschalen den letzten eßbaren Rest, ein dritter schabt mit den Nägeln die Schale von Granatäpfeln ab, um vielleicht noch ein paar Kerne zu erhaschen, und wieder andere lesen schmutzige Brotreste vom Boden auf und schlingen sie herunter. Diese Beobachtung zwingt Alkiphron zu der sarkastischen Schlußbemerkung, für die Frauen könnten Aphrodite vielleicht noch die Schutzgottheit der Stadt sein, für die Männer jedenfalls sei es der Hunger. Und dieser Gegensatz zwischen der Unverschämtheit der Reichen und dem Elend der Armen habe ihm einen längeren Aufenthalt in Korinth verleidet.

Bei Paulus war das Gegenteil der Fall. In keiner Stadt Griechenlands hat er sich so lange aufgehalten wie in Korinth, keine Stadt hat er später so häufig wiederbesucht wie die Hauptstadt Achaias. Die Gründe liegen auf der Hand. Die paulinische Mission war eine Stadtmission. Paulus brauchte den multiplikatorischen Effekt, wenn er sein ehrgeiziges Unternehmen in der Kürze der zur Verfügung stehenden Zeit zu Ende bringen wollte. Da war Korinth, zeitweilig die dichtbevölkertste Stadt Griechenlands, die nicht nur zur Zeit der Isthmischen Spiele zahllose in- und ausländische Besucher anlockte, der geradezu ideale Standort. Zudem war es in einem Zentrum des griechischen Geistes wie Athen ungleich schwerer, missionarische Erfolge zu erzielen, als im wenig traditionsbewußten und kulturell eher heterogenen Korinth. Andererseits bestand die korinthische Gemeinde vorwiegend aus Heidenchristen; der Bruch mit der Synagoge wird in der Apostelgeschichte nirgendwo so radikal dargestellt wie im Fall Korinths (18,6). Ein Großteil der im 1. Korintherbrief angesprochenen Schwierigkeiten erklärt sich aus diesem hellenistisch-römisch geprägten geistigen Umfeld. Probleme mit Götzenopferfleisch, Mysterienkulten und dergleichen konnte es bei Judenchristen nicht geben.

Weitere Schwierigkeiten ergaben sich aus den sozialen Unterschieden, die in keiner anderen Stadt Griechenlands so kraß ausgeprägt waren wie in Korinth. Das Gleichgewicht zwischen den verschiedenen sozialen Gruppen, das lange Zeit in den Betrieben bestand und Freien, Freigelassenen und Sklaven zwar ein unterschiedlich hohes, aber im allgemeinen ausreichendes Einkommen garantierte, hatte sich energisch zugunsten der Sklaven verschoben. Die niedrigen Löhne, die für Sklavenarbeit gezahlt wurden, drückten auf die Preise und schufen damit eine Konkurrenz, der das freie Handwerk in vielen Fällen nicht gewachsen war. Die Folge davon waren zunehmende Arbeitslosigkeit und ständige Auseinandersetzungen zwischen Arbeitern und Unternehmern, die die Löhne nicht zahlen wollten. So hatten sich die sozialen Maßnahmen Perianders, der den Erwerb von Sklaven verboten und Müßiggang unter Strafe gestellt hatte, um dadurch den Wert der freien Arbeit zu steigern, in ihr Gegenteil verkehrt. Die große Zahl von Arbeitslosen vermehrte das in Korinth ohnehin schon stark vertretene Proletariat und erhöhte damit die Gefahr revolutionärer Unruhen.

In diesem Zusammenhang verdient die Ausführlichkeit, mit der Lukas in seiner Korinthschilderung bei Aquila und Priscilla, den ersten Gastgebern des Paulus in Korinth, verweilt, besondere Beachtung. Ohne Zweifel waren die beiden wichtige Figuren der frühen Kirche. Aber Paulus nimmt bei ihnen nicht als Christen Wohnung, sondern als „Berufskollegen" (18,3). Daß Paulus sich nach seiner Ankunft in Korinth nach einer geeigneten Arbeitsmöglichkeit umsieht, ist nach seiner bisherigen Praxis nicht selbstverständlich, entspricht aber dem notorischen Gewerbefleiß der Stadt. Paulus arbeitete in Korinth als *skenopoiós*. Was immer man sich unter diesem Handwerk vorzustellen hat, wahrscheinlicher als der immer wieder vorgeschlagene „Lederarbeiter" ist die Annahme, daß Paulus sich mit der Herstellung von Teppichen oder Zelten, vielleicht auch von speziellen Kleidungsstücken aus Ziegenhaar beschäftigt hat. Darüber hinaus ist unsere Stelle ein gutes Beispiel dafür, daß auch in der Zeit zunehmender Industrialisierung ein Teil der Produktion immer noch in Privathäusern erfolgte, was in besonderem Maß für die Textilbranche gegolten haben dürfte, bei der lediglich das Walken und Färben im Haus selbst schlecht möglich waren. Bei solchen kleinen Hausbetrieben lagen Herstellung und Verkauf oft noch in einer Hand.

Es ist eine weitverbreitete Meinung, daß sich die frühen Gemeinden vorwiegend aus Angehörigen der niederen Schichten, der Armen und Mittellosen, rekrutiert hätten. Aber diese Sicht ist zu einseitig. Natürlich ist von vornherein nicht zu erwarten, daß sich eine Christengemeinde im sozialen Schnitt vom bekannten Pyramiden-Modell der römischen Gesellschaft grundlegend unterschieden hätte. Da gab es, stark vereinfacht, an der Basis die gewaltige Masse der Besitzlosen, Tagelöhner, Sklaven, Kleinhandwerker und Bauern, an der Spitze die kleine Gruppe von Senatoren und Rittern und dazwischen in unterschiedlich starker Ausprägung die Klasse derer, die sich durch Handel, auf dem Sektor der Dienstleistung oder in der Produktion ihren Lebensunterhalt verdienten. Selbstverständlich hatte es Paulus fast ausschließlich mit Vertretern der beiden unteren Schichten zu tun. Aber die Stelle aus dem 1. Korintherbrief, die gerne als Kardinalbeleg für die Armut der korinthischen Gemeinde angeführt wird, gibt nicht ganz her, was sie hergeben soll. Paulus stellt fest, daß es in der Gemeinde nach menschlichem Maßstab „nicht viele Weise, nicht viele Einflußreiche, nicht viele Vornehme" gebe (1,26). Aber immerhin, es hat sie gegeben. Immer wieder wird deutlich, daß Paulus Wert darauf legte, gerade mit diesen Leuten in Verbindung zu treten, offenbar, weil er von ihnen mehr erwarten konnte. So gehörten zum Beispiel alle von ihm selbst in Korinth getauften Christen bessergestellten Kreisen an. Da ist Krispus, der Synagogenvorsteher (Apg 18,8), sicher ein angesehener Mann, der den jüdischen Gottesdienst zu leiten hatte. Da ist Gaius, der Röm 16,23 als „Gastgeber von mir und der ganzen Gemeinde" erscheint, was wahrscheinlich bedeutet, daß er alle durchreisenden Christen bei sich aufnahm, sein Haus also über entsprechende Unterbringungsmöglichkeiten verfügte; selbst bei der Annahme von nur etwa hundert Gemeindemitgliedern in der Frühphase würde ein noch so großzügig angelegtes Haus zur Aufnahme der Gesamtgemeinde nicht genügend Platz gehabt haben. Da ist schließlich Stephanas, der sich mit seinem „Haus" taufen läßt, die ersten Christen in der Provinz Achaia (1 Kor 1,16; 16,15). „Haus" bezeichnet hier die Großfamilie oder Sippe, wozu auch Sklaven gehören konnten; ein armer Mann war Stephanas mit Sicherheit nicht. Übrigens dürften die „Spaltungen" in der

45 Korinth, Flötenbläser: Detail aus dem Mosaik einer römischen Villa (2. Jh.). Es handelt sich um eine bei den verstädterten Römern besonders beliebte ländliche (bukolische) Szene, wohl die Kopie eines griechischen Gemäldes: der Hirte bei seiner Herde. Der etwas füllig geratene Hirtenjunge ist wahrscheinlich Paris, der auf dem Ida seine Herden weidet. Das Bild ist ein hervorragendes Beispiel für die hochentwickelte Mosaikkunst dieser Zeit und den feinen Lebensstil der wohlhabenden Klasse von Korinth.

Gemeinde, über die sich Paulus mehrfach beklagt, in der Aufteilung in einzelne Hausgemeinden mit begründet gewesen sein.

Wenn immer wieder von **„Hausgemeinden“** die Rede ist, so kann damit das „Haus“ im obigen Sinn, also der personale Kern der Gemeinde, gemeint sein. Ebenso aber auch die Gemeindeglieder, die sich in einem bestimmten Haus versammelten. Denn in den ersten Jahrhunderten gab es noch keine Kirchen oder eigene Versammlungsräume für die Christen; man war auf entsprechend große Zimmer in Privathäusern angewiesen. Bislang sind lediglich vier solcher Privatvillen (*Abb. 45*) freigelegt worden, und nur eine von ihnen existierte schon zur Zeit des Paulus. Es ist die in einem westlichen Stadtteil von Korinth gelegene **Villa von Anaploga.** Stellen wir uns hier einmal eine Gemeindeversammlung vor. Zur Verfügung stand das Triclinium, der Speisesaal des Hauses, mit 5,5 × 7,5 Metern, der in der zweiten Hälfte des 1. Jahrhunderts mit einem prächtigen Mosaikboden ausgelegt wurde. An den Wänden standen die Klinen, niedrige Betten, auf denen man sich zum Essen niederlegte. Dazu kam das Atrium, ein Hof von 5 × 6 Metern mit dem Impluvium, in dem das Regenwasser vom Dach gesammelt wurde. Die restlichen Räume kamen für Besucher kaum in Betracht. Das ergibt etwa 70 qm, von denen aber mindestens die Fläche des Impluviums abzuziehen wäre. Mehr als 30 Personen können hier also kaum Platz gefunden haben, denn man brauchte für sie alle Sitzplätze. Stellen wir uns weiter vor, daß die 14 Männer, die Paulus in seinen Briefen als Mitglieder der korinthischen Gemeinde namentlich nennt, mit ihren Familien hier zum Gottesdienst erschienen wären, also mit Frau, etlichen Kindern und wahrscheinlich einigen Sklaven – das Haus hätte sie nicht alle aufnehmen können. Aber natürlich gab es noch andere Häuser in der Stadt mit ähnlichen Größenverhältnissen, und erst alle Hausgemeinden zusammen machten die korinthische Gesamtgemeinde aus.

Dazu paßt auch die Mobilität, die Paulus in Korinth an den Tag legt. Zunächst kommt er bei Aquila und Priscilla unter. Nach dem Bruch mit den Juden zieht er um in das Haus des Titius Iustus, das gleich neben der Synagoge lag, und setzt dort seine Lehrtätigkeit fort (Apg 18,7). Im Haus des Gaius schließlich diktiert er seinem Schreiber Tertius den Römerbrief (Röm 16,22). Das sieht alles nicht armselig aus, und wären die Zusammenkünfte in Privathäusern von wohlhabenderen Gemeindegliedern nicht möglich gewesen, hätte sich die Gemeinde in Korinth nicht so erfreulich entwickeln können.

Schließlich muß in diesem Zusammenhang noch von einem Mann die Rede sein, der in der Grußliste des Römerbriefs ebenfalls erwähnt wird (16,23), von **Erastus.** Er dürfte identisch sein mit jenem Erastus von 2 Tim 4,20 und Apg 19,22, denn an allen Stellen erscheint er als Mitarbeiter des Paulus und steht mit Korinth und Timotheus in Beziehung. Fraglich ist nur, was mit dem ihm im Römerbrief beigelegten Titel *oikonómos tes póleos* gemeint ist. War dieser Erastus subalterner Beamter in der Finanzverwaltung Korinths, oder war er der Inhaber eines hohen städtischen Amtes, vielleicht sogar einer der beiden Ädilen, die gleich auf die beiden höchsten Beamten der Stadt, die *duumviri,* folgten? Die Frage ist letztlich nicht zu klären, weil *oikonómos* keine gängige Umschreibung eines römischen Titels war. Jedoch hätte Paulus kaum den Titel zum Namen hinzugefügt, wenn es sich nur um eine unbedeutende Stellung gehandelt hätte.

Und noch ein Zweites kommt hinzu. 1929 fanden amerikanische Archäologen in dem damals noch wenig erforschten Gebiet nordöstlich vom Theater eine Inschrift, die – offenbar zur Aufnahme von Bronzebuchstaben – auffallend tief in einen langen Kalkstein eingemeißelt war (*Abb. 46*):

ERASTUS PRO AED
S. P. STRAVIT

Weil Erastus nur mit dem Beinamen, also ohne Vor- und Geschlechtsnamen, genannt ist, kann es sich nur um einen Teil, und zwar den rechten, des ursprünglich viel längeren Steins handeln. Der Stein wurde also erst bei späteren Straßenarbeiten an diese Stelle verlegt. Um diese Zeit muß der in der Inschrift genannte Stifter seit längerem tot gewesen sein. Da einige Kriterien für eine Datierung der Inschrift in die 2. Hälfte des 1. Jahrhunderts sprechen, könnte er sehr wohl zur Zeit des Paulus in Korinth gelebt haben.

Auch der Inhalt der Inschrift ist umstritten. Feststeht lediglich, daß Erastus einen neuen Straßenbelag gestiftet hat (STRAVIT), und zwar S. P., also *sua pecunia*, aus eigenen Mitteln; eine solche Stiftung zum Wohl der Stadt war keine Seltenheit. Für den Rest der Inschrift ist die plausibelste, wenn auch nicht einzig mögliche Deutung *pro aedilitate.* Dann hätte Erastus die Stiftung zum Dank für die Erlangung der Ädilität gemacht. Nun läßt sich ein *oikonómos*, eher die Bezeichnung für einen untergeordneten Beamten, nicht ohne weiteres mit einem Ädilen gleichsetzen. Aber warum sollte der ehemals kleine Beamte Erastus später, als Paulus Korinth längst verlassen hatte, nicht zum Ädilen aufgestiegen sein? Hätte er eine derartige Spitzenposition schon in früheren Jahren innegehabt, hätte er wohl kaum Zeit gefunden, für Paulus zu arbeiten.

Für einen gehobenen Bildungsstand wenigstens eines Teils der korinthischen Gemeinde zeugen schließlich die Briefe selbst, die Paulus nach Korinth geschickt hat. So appelliert der Apostel zum Beispiel 1 Kor 10,15 an das eigene Urteilsvermögen der Korinther, wenn er sie auffordert, den alten Glauben aufzugeben; er spreche ja zu „vernünftigen Leuten". Und eine Argumentation wie 1 Kor 8–10 oder 2 Kor 10–13 nachvollziehen zu können setzt ein beachtliches geistiges Niveau voraus. Immer wieder klingen Parolen an wie „Der Weise ist König", „Dem Weisen ist alles erlaubt", „Erkenntnis macht frei". Das waren zwar gängige Allgemeinplätze der Popularphilosophie, aber offenbar wußten die Korinther damit umzugehen und ihre Position Paulus gegenüber zu verteidigen. Auch in diesem Punkt macht die korinthische Gemeinde den Eindruck bürgerlicher

46 Korinth, Erastus-Inschrift. Der Stein ist in zweiter Verwendung beim Theater in das Pflaster eingelassen. Der hier genannte Erastus kann mit dem Erastus des Neuen Testaments durchaus identisch sein.

Normalität, der alles Revolutionäre fehlt. Da sollte keine neue, gerechtere Gesellschaft geschaffen, kein Sklavenproblem gelöst, keine Macht umverteilt werden. Man lebte eher unauffällig, und manchem Korinther wird die Christengemeinde vorgekommen sein wie ein neuer privater Kultverein, der sich um eine orientalische Mysteriengottheit scharte. Was neu war, war die Mischung unterschiedlicher Schichten in einer gesellschaftlichen Gruppe ohne spezielle Interessenvertretungen. Und wenigstens vorübergehend war auch die Gleichberechtigung der Frauen, die den althergebrachten patriarchalischen „Haus"-Begriff aufsprengte, verwirklicht.

11. Paulus und seine Mitarbeiter

Nach der Apostelgeschichte sieht es so aus, als ob Paulus sein ganzes missionarisches Werk fast im Alleingang vollbracht hätte. Lukas wollte offensichtlich Paulus als den Heidenmissionar schlechthin herausstellen. Da blieb für Mitarbeiter, die ihm einen Teil der Arbeit hätten abnehmen können, kein Platz. Die Paulusbriefe vermitteln da ein ganz anderes Bild. Gerade in Korinth, das Paulus wegen seiner günstigen Verbindungen zu den Gemeinden in Nordgriechenland und Kleinasien zum Zentrum der westlichen Mission machte, zeichnet sich wenigstens in Umrissen so etwas wie ein Mitarbeiterstab ab. Da ist Silvanus, der Silas der Apostelgeschichte, und vor allem Timotheus, der ständige Begleiter des Apostels, der für ihn manche heikle Aufgabe gelöst hat. Beide gehörten zum engsten Kreis des Paulus und haben am Aufbau der korinthischen Gemeinde tatkräftig mitgewirkt (2 Kor 1,19). Daneben gab es eine eher selbständig arbeitende Gruppe, zu der Aquila und Priscilla gehörten, ebenso Apollos, der das Werk des Paulus in Korinth weitergeführt hat. Schließlich ist mit einer großen Zahl von zeitweiligen Mitarbeitern zu rechnen, die von den Gemeinden in andere Gemeinden geschickt wurden, um dort auszuhelfen. So hören wir 1 Kor 16,17 von drei Korinthern, Stephanas, Fortunatus und Achaikus, die zu Paulus nach Ephesus gekommen sind, um dort irgendeinen Engpaß zu beheben.

Diesen Kreis von Mitarbeitern darf man sich jedoch nicht als eine Art Generalstab oder mobile Einsatztruppe vorstellen. Eine feste Organisation hat es mit Sicherheit nicht gegeben, weder in Korinth noch in den anderen Griechenstädten. Die von Paulus wegen ihres multiplikatorischen Effekts betriebene „Zentrumsmission" setzte jedoch eine intensive Reisetätigkeit aller Beteiligten voraus. Trotzdem gewinnt man nie den Eindruck, daß Paulus keine Zeit gehabt hätte, was sicher auch damit zusammenhängt, daß er seinen Gemeinden viel Freiheit ließ und sie möglichst selbständig sehen wollte. Auch seine Mitarbeiter betrachtete er nicht als Untergebene, sondern als Partner, zu denen er zum Teil sogar ein herzliches Verhältnis gehabt zu haben scheint. Sie führten nicht lediglich seine Anweisungen aus oder gaben seine theologischen Gedanken weiter, vielmehr herrschte in diesem Kreis eine große Lebendigkeit, auch in der theologischen Diskussion. So gab es zum Beispiel in Korinth eine Gruppe, die sich – gegen Paulus – auf die Autorität des Apollos berief (1 Kor 1,12). Das hinderte Paulus jedoch nicht daran, sich mit ihm als „Diener" (*diákonos*) und „Mitarbeiter" (*synergós*) verbunden zu fühlen (1 Kor 3,5.9).

Daß auch Frauen im korinthischen Umkreis des Paulus eine nicht unerhebliche Rolle gespielt haben, beweist allein schon Phöbe, wahrscheinlich die Überbringerin des Römerbriefs nach Rom. Dieser Brief erwähnt sie als „Diakonin in der Gemeinde von Kenchreai" (16,1), wo sie demnach mit karitativen Aufgaben und dem Verkündigungsdienst betraut war. Darüber hinaus hat sie Paulus wie auch viele andere betreut (V. 2), wahrscheinlich, wenn sie im Hafen von Kenchreai ankamen oder von dort aufbrachen; offensichtlich war sie eine wohlhabende Hausbesitzerin. Auch sonst machen die korinthischen Frauen durchaus einen emanzipierten Eindruck, wenn sie etwa auf die Verschleierung des Kopfes bei Kulthandlungen glaubten verzichten zu können, was Paulus allerdings ablehnt (1 Kor 11,5). Andererseits gibt die Stelle zu verstehen, daß die Frauen am Gottesdienst in Korinth als Beterinnen und „Prophetinnen" aktiv teilnahmen. Trotzdem blieb natürlich die Spannung zwischen der patriarchalischen Gesellschaftsordnung und der theologisch begründeten Gleichrangigkeit der Geschlechter – das Heilswerk Christi hebt trennende Unterschiede auf – bestehen.

12. Die Zeit nach Paulus

Ohne Zweifel gehört Korinth zu jenen Städten, in denen günstige Voraussetzungen für eine rasche Entwicklung des Christentums gegeben waren. Als Wirtschaftszentrum zwischen Ost und West war es Sammelbecken vieler Völker mit unterschiedlichen Glaubensrichtungen, und die Kulte der Isis etwa oder der phrygischen Göttermutter hatten die Korinther schon längst mit den ekstatischen Formen östlicher Religionen bekanntgemacht. Jedoch sind die christlichen Spuren in archäologischer Hinsicht nicht so reichhaltig, wie man bei der Größe und Bedeutung der korinthischen Kirche erwarten würde; selbst das kleine Philippi steht in diesem Punkt besser da. Ein Grund mag darin liegen, daß Korinth in den ersten nachchristlichen Jahrhunderten mehrfach von Katastrophen heimgesucht wurde. 267 wurde es von den germanischen Herulern verwüstet, 395 von Alarich, 551 durch ein schweres Erdbeben. Später zwangen die Einfälle der Slawen zur Aufgabe der Unterstadt, die erst im 10. Jahrhundert wieder besiedelt wurde.

Die Jahrzehnte nach der Gründung der Gemeinde jedoch müssen eine außerordentlich glückliche Zeit gewesen sein. **Clemens,** einer der Apostolischen Väter und Presbyter in Rom (nach späteren Bischofslisten auch Bischof von Rom), der um 96 einen Brief an die Korinther schrieb, preist Korinth in den höchsten Tönen als eine weltweit bekannte, angesehene, vielbesuchte und gastliche Stadt. Jedermann könne dort den festen Glauben der Gemeinde kennenlernen, ihre liebenswerte Frömmigkeit sowie den hohen Stand ihrer christlichen Bildung bewundern. Thema seines Briefes ist jedoch eine aufrührerische Gruppe von jungen Leuten, die unter Berufung auf ihre charismatischen Gaben die – in Korinth lebenslänglich gewählten – Presbyter kurzerhand abgesetzt und einen Großteil der Gemeinde auf ihre Seite gebracht hatten. Clemens fordert die Gemeinde zur Umkehr auf und mahnt zur Einigkeit, letztendlich mit Erfolg. Der Brief wurde später in den korinthischen Gemeinden regelmäßig im Gottesdienst vorgelesen.

Dem Schreiben sind auch einige Angaben über die Organisation der frühen korinthischen Kirche zu entnehmen. An der Spitze stand kein monarchischer Bischof – den scheint es in Korinth erst ab der Mitte des 2. Jahrhunderts gegeben zu haben –, sondern ein Kollegium von Ältesten oder Presbytern mit bestimmten Aufgaben in Gottesdienst, Verwaltung und Armenfürsorge.

Auch im 2. Jahrhundert stand die Kirche von Korinth in großem Ansehen, nicht zuletzt wegen ihrer tatkräftigen Bischöfe. Unter ihnen ragt **Dionysius** hervor, der weit über die Grenzen Achaias hinaus geschätzt wurde. Man fragte ihn um Rat, um die eigenen Schwierigkeiten besser bewältigen zu können. Er selbst schrieb Briefe nicht nur nach Athen und Sparta, sondern auch an die Gemeinden auf Kreta und im kleinasiatischen Nikomedia. Hauptthema war neben mancherlei Ratschlägen die Warnung vor Irrlehren. So ist es kein Wunder, daß die korinthische Kirche ihre führende Position weiter ausbauen konnte. Unbestritten war Korinth das kirchliche Zentrum von Achaia, auch wenn die für das Christentum allgemein kritischen Zeiten unter den Kaisern Decius und Diokletian im folgenden Jahrhundert nicht spurlos vorbeigegangen sein werden. Jedoch ist außer den Namen von etwa 25 Märtyrern und legendären Erzählungen über sie nicht viel bekannt. Die beiden wichtigsten, in Korinth hoch verehrten Märtyrer waren **Quadratus** und Leonidas.

Der erste erlitt den Märtyrertod unter Decius oder Valerian, also zwischen 250 und 260. Im späten 4. Jahrhundert errichtete man ihm eine Basilika (heute im Bereich des nördlichen Dorffriedhofs an der Straße nach Lechaion) mit einer Bestattungskapelle und einem Hagiasma: Der Ort der Reliquien wurde zu einer Stätte der Heilung. Von den zahlreichen Gräbern in und außerhalb der Kirche ist das vornehmste das des Bischofs Eusthatius, das mit einem Ableitungssystem für Weihegüsse ausgestattet war.

Zu Ehren des **Leonidas,** der um 258 zusammen mit sieben Mädchen als Märtyrer starb, erbaute man um die Mitte des 5. Jahrhunderts in der Nähe des alten Lechaionhafens ebenfalls eine dreischiffige Basilika, mit einer Gesamtlänge von über 200 Metern die größte auf griechischem Boden. Vor allem die Westpartie war großartig angelegt. Auf ein rechteckiges Atrium mit drei Pfeilerhallen folgte ein zweiter, halbkreisförmiger Vorhof mit Säulenarkaden und Wasserbecken. Erst von hier erreichte man den schmalen Exonarthex mit zwei quadratischen Räumen an den Enden, dann den fünfschiffigen inneren Narthex. Auffallend ist ferner die Gliederung der Langwände des Kirchenschiffs mit Pilastern und Blendbögen, wofür es statische und ästhetische Gründe gegeben haben mag; auch außen wurden die Mauern von Wandpfeilern gestützt. Am nördlichen Seitenschiff angebaute Räume werden als Inkubationsräume gedeutet, hätten also wie in den alten Asklepiosheiligtümern dem Heilschlaf gedient. Das dreiteilige Baptisterium im Nordosten mit Vorhalle, Vierkonchenbau (zum Ablegen der Kleider?) und achteckigem Taufraum war eine selbständige Anlage, die älter zu sein scheint als die Basilika. Deswegen hat man auch vermutet, daß dieser Bau das ursprüngliche Heiligtum der Märtyrer gewesen sei.

Noch um 400 beschreibt Johannes Chrysostomos, der Patriarch von Konstantinopel, in einer Auslegung des 1. Korintherbriefs des Paulus Korinth als die führende Stadt Griechenlands im Hinblick auf Bevölkerung, Wohlstand und Weisheit.

Literaturverzeichnis

Aufgenommen sind neben einigen grundlegenden Werken vor allem Neuerscheinungen der letzten zwanzig Jahre. Für die ältere Literatur sei auf das ausführliche Literaturverzeichnis in „Paulus in Griechenland“ S. 252–259 verwiesen.

Allgemeines

Becker J., Paulus. Der Apostel der Völker, Tübingen 1989
Dautzenberg G., Zur Stellung der Frauen in den paulinischen Gemeinden, in: ders. (Hg.), Die Frau im Urchristentum, Freiburg 1983, 182–224
Hugédé N., Saint Paul et la Grèce, Paris 1982
– Saint Paul et la culture grecque, Paris 1966
Klauck H.-J., Gemeinde zwischen Haus und Stadt, Stuttgart 1992
– Herrenmahl und hellenistischer Kult, Neutestamentliche Abhandlungen NF 15,1982
Lake K./Cadbury H., The Beginnings of Christianity IV und V, London 1933
Meeks W. A., The First Urban Christians. The Social World of the Apostle Paul, New Haven und London 1983
Ollrog W. H., Paulus und seine Mitarbeiter, Wissenschaftliche Monographien zum Alten und Neuen Testament 50, 1979
Riesner P., Die Frühzeit des Apostels Paulus, Wissenschaftliche Untersuchungen zum Neuen Testament 71, 1994
Sherwin-White A. N., Roman Society and Roman Law in the New Testament, Oxford 1963
Stegemann E.W./Stegemann W., Urchristliche Sozialgeschichte, Stuttgart 1995
Weiser A., Zur Rolle der Frau in der urchristlichen Mission, in: G. Dautzenberg (Hg.), Die Frau im Urchristentum, Freiburg 1983, 158–181
Wilkens H., Paulus. Drei Schauplätze: Philippi, Athen, Korinth, Verlag am Goetheanum 1994

Philippi

Abrahamsen V.A., Women and Worship at Philippi, Portland 1995
Bormann L., Philippi. Stadt und Christengemeinde zur Zeit des Paulus, Neutestamentliche Studien 78, 1995
Collart P., Philippes, ville de Macédoine. École française d'Athènes, Traveaux et memoires V, Paris 1937
Lemerle P., Philippes et la Macédoine Orientale à l'époque chrétienne et byzantine. Recherches d'histoire et d'archéologie (BEFAR 158) Paris 1945
Pilhofer P., Philippi Bd.1: Die erste christliche Gemeinde Europas, Wissenschaftliche Untersuchungen zum Neuen Testament 87, 1995
Portefaix L., Paul's Letter to the Philippians and Lucas-Acts as Received by First-Century Philippian Women, Coniectanea Biblica, New Testament Series 20, Uppsala 1988

Thessaloniki

Edson Ch., Inscriptiones Thessalonicae et viciniae (Inscriptiones Graecae Epiri, Macedoniae, Thraciae, Scythiae II/1), Berlin 1962
Kleinbauer W. E., The Orants in the Mosaik Decoration of the Rotunda at Thessaloniki: Martyrs Saints or Donors? Cahiers archéologiques 30 (1982) 25–45
Laubscher H. P., Der Reliefschmuck des Galeriusbogens in Thessaloniki, Deutsches Archäologisches Institut, Archäologische Forschungen 1, Berlin 1975
Meyer H., Die Frieszyklen am sogenannten Triumphbogen des Galerius in Thessaloniki, Jahrbuch des Deutschen Archäologischen Instituts 95 (1980) 374–444
Spieser J.-M., Thessalonique et ses monuments du IV au VI siècle. Contribution à l'étude d'une ville paléochrétienne, Bibliothèque des Écoles françaises d'Athènes et de Rome 254, Athen 1984
Vickers M., Hellenistic Thessaloniki, Journal of Hellenistic Studies 92 (1972) 156–170

Athen

Artikel Athenai, in: Pauly-Wissowa, Realenzyklopädie der Klassischen Altertumswissenschaft. Erg.-Bd. I (1903) 159–219 (Topographie); X (1965) 48–89 (Geschichte); Suppl. XIII (1973) 56–140 (Agora, Akropolis u.a.)
Elliger W., Die Rede des Apostels Paulus auf dem Areopag (Apg 17,16–34), Der Altsprachliche Unterricht 25 (1982) H.2, 63–79
Travlos J., Bildlexikon zur Topographie des antiken Athen, Tübingen 1971

Korinth

Bookidis N., Ritual Dining in the Sanctuary of Demeter and Kore at Corinth: Some Questions. In: Murray O. (Hg.), Sympotica, Oxford 1990, 86–94
Corinth. Results of Excavations conducted by the American School of Classical Studies at Athens, bislang 32 Bde, Cambridge Mss. (ab I/3 Princeton) 1929–1990
Engels D., Roman Corinth, Chicago 1990
Hawthorne J.G., Cenchreai. Port of Corinth, Archaeology 18 (1965)191–200
Klauck H.-J., Gemeindestrukturen im ersten Korintherbrief, in: ders., Gemeinde, Amt, Sakrament, Würzburg 1989, 37–45
–, Der Gottesdienst in der Gemeinde von Korinth, ebd. 46–58
Lampe P., Das korinthische Herrenmahl im Schnittpunkt hellenistisch-römischer Mahlpraxis und paulinischer theologia crucis (1 Kor 11,17–34), Zeitschrift für die Neutestamentliche Wissenschaft 82 (1991) 183–213
Murphy D., The Apostle of Corinth, Melbourne 1966
Murphy-O'Connor J., St.Paul's Corinth, Wilmington 1983
Pallas D. I., Artikel „Korinth“, in: Reallexikon der byzantinischen Kunst, Bd.4 (1990) Sp.746–811
Pesch R., Paulus ringt um die Lebensform der Kirche. Vier Briefe an die Gemeinde Gottes in Korinth (Herderbücherei 1291) Freiburg 1986
Roebuck C., The Asklepieion, Excavations Bd.15, 1971
Scranton R./Shaw J.W./Ibrahim L./Brill R., Kenchreai: Eastern Port of Corinth I: Topographie and Architecture, Leiden 1978; II: The Panels of Opus Sectile in Glass, Leiden 1976
Smith E. S., The Egyptian Cults at Corinth, The Havard Theological Review 70 (1977) 201–231

Theißen G., Soziale Schichtung in der korinthischen Gemeinde, in: ders., Studien zur Soziologie des Urchristentums, Wissenschaftliche Untersuchungen zum Neuen Testament 19, 3.Aufl. 1989, 231–271
–, Die Starken und die Schwachen in Korinth. Soziologische Analyse eines theologischen Streites, ebd. 272–289
Waele F.-J. de, Corinthe et saint Paul, Les hauts lieux de l'histoire, Paris 1961
Wiseman J., Corinth and Rome I: 228 B.C. – 267 A.D., in: Aufstieg und Niedergang der römischen Welt II/7,1 (1979) 438–548

Bildnachweis

Farbabbildungen: Winfried Elliger, Tübingen

Abb. 3: P. Pilhofer, Philippi Bd.1 (WUNT 87) Tübingen 1995, S.87.
Abb. 5: C. Romiopoulou, BCH 98, S. 816.
Abb. 7: D. Lazaridis (Hrsg.), Philippi, in: Athens Technological Organization, Ancient Greek Cities 20, Athens Center of Ekistics 1973, Fig. 13, nach: P. Collart, Philippes, Paris 1973, Pl. XLIV.
Abb. 11: R.F. Hoddinott, Early Byzantine Churches in Macedonia and Southern Serbia, Macmillan, London 1963, Fig. 80, S.170.
Abb. 12: R. F. Hoddinott, a.a.O., Fig. 98, S. 189.
Abb. 14: W. Müller-Wiener, Bischofsresidenzen im östl. Mittelmeerraum. Actes du XI. Congrès international d'archéologie chrétienne Bd.1, Abb. 4, S.662 (nach St. Pelekanides).
Abb. 16: Ch. Koukouli-Chrysanthaki/Ch. Bakirtzis, Philippi, Athen 1995, Abb. 10, S. 14.
Abb. 19: G. Gounaris, Τα τειχη της Θεσσαλονικης, Thessaloniki 1976, Plan 1.
Abb. 21: M. Vickers, Observations on the Octagon at Thessaloniki, in: JRS 63 (1973), Published by the Society for the Promotion of Roman Studies at the Office of the Society, London 1973, Fig. 9, S. 114.
Abb. 22: E. Dyggve, La région palatiale de Thessalonique, in: Acta congressus Madvigiani Hafniae II/1, Munksgaard, Copenhagen 1958, Fig. 9, S. 360.
Abb. 24: Zeichnung von A. K. Lutz, in: Logbuch des Karawane-Verlags 6b.
Abb. 26: H.R. Goette, Athen–Attika–Megaris, Köln/Weimar/Wien 1993, Abb. 19, S. 70.
Abb. 28: S. Maletzis/H. Papadakis, Athen. Akropolis und Museum, München 6. Auflage 1976 (nach: J. Travlos).
Abb. 30: Goette, a.a.O., Abb. 9, S. 26.
Abb. 33: H. Kähler, Der griechische Tempel, Gebr. Mann Verlag, Berlin 1964, Tafel 7a (Zeichnung vom Verfasser).
Abb. 37: H. Temporini/W. Haase (Hrsg.), Aufstieg und Niedergang der römischen Welt II 7,1, Berlin 1979 (Fig. 11).

Personen- und Sachregister